業種別アカウンティング・シリーズ 7

不動産業の会計実務 第2版

あずさ監査法人 [編]

中央経済社

©2018 KPMG AZSA LLC, a limited liability audit corporation incorporated under the Japanese Certified Public Accountants Law and a member firm of the KPMG network of independent member firms affiliated with KPMG International Cooperative ("KPMG International"), a Swiss entity. All rights reserved.
The KPMG name and logo are registered trademarks or trademarks of KPMG International.

ここに記載されている情報はあくまで一般的なものであり、特定の個人や組織が置かれている状況に対応するものではありません。私たちは、的確な情報をタイムリーに提供するよう努めておりますが、情報を受け取られた時点及びそれ以降においての正確さは保証の限りではありません。何らかの行動を取られる場合は、ここにある情報のみを根拠とせず、プロフェッショナルが特定の状況を綿密に調査した上で提案する適切なアドバイスをもとにご判断ください。

はじめに

　不動産業はカントリービジネスだという。その国に生まれ，育ち，ビジネスキャリアを積み重ねた者がもっとも上手にビジネスを進めていくことができるのだと。確かに，不動産を取り巻く法規制や商慣習等は国ごとにさまざまであり，理解するのに時間を要することがある。開発のための許認可の取り方にも国ごとにノウハウとコツがあるようだ。

　それでは，国ごとに不動産ビジネスを考えていけばいいのかと言えば，必ずしもそうとばかりは言えないこともある。たとえば，東京都心エリアの不動産について，日本の不動産の常識では理解できず，むしろ，ロンドンやニューヨークなどの世界の主要都市の不動産との比較で考えるほうが納得感を得られることが増えてきている。一方で，日本固有の不動産らしさも色濃く残っている。こうしたグローバルとドメスティックとが相まって，日本の不動産ビジネスは成り立っている。また，日本の大手不動産会社のような形態で発展してきた不動産関連企業は，世界でも珍しいかもしれない。

　本書は，2010年7月に出版された同書名の初版本の改訂版である。初版本に引き続き，我が国における不動産の会計に関するトピックスを網羅的に取り上げている。初版本が出されてから現在までの間に新たに生まれたトピックスもある。収益認識の会計基準は，不動産業にも少なからず影響を与えるだろう。空港が先行している公共施設等運営権（コンセッション）については，今後，国や地方公共団体が所有する多くの不動産を対象とする形で広がっていくであろう。

　本書の構成について触れたい。

　「第1編　経営」では，「第1章　不動産業の概況」において，不動産開発，分譲，賃貸，流通（仲介），運営管理，不動産ファンドなどの業態ごとの概要や特徴，これらの業態を束ねた総合デベロッパーという組織体制について説明している。不動産業にかかわっておられる方々には自明のことも多いと思われ

るが，これから不動産業にかかわる方は，まずここから目を通していただきたい。

「第2章　不動産テック」では，不動産業および不動産取引における最近のITの発展と影響について，今後の展望も踏まえて述べている。「第3章　今さら聞けないキーワード」は，不動産用語の説明であるが，皆さんも当たり前のように使っている不動産用語の中にはその意味が若干不安なものもあるかもしれない。この章を読むことで改めて専門用語の意味の整理ができることを意図しているとともに，不動産業に携わるようになったばかりの人たちは本章を読んで大いに知ったかぶりをしてほしい。多くの業界の先達たちも，知ったかぶりからそのキャリアをスタートしているのである。

「第2編　会計・税務」では，まず，「第1章　不動産賃貸事業」，「第2章　不動産分譲事業」および「第3章　不動産仲介事業」において，不動産業の主要ビジネスである賃貸，分譲および仲介の各ビジネスの概要および取引フローを記述した後，会計上・監査上の取扱いについて記述している。

「第4章　不動産証券化・流動化」においては，匿名組合，特定目的会社（TMK），不動産投資法人（REIT）およびその他のスキームごとの概要と会計・税務上の特徴や留意点について記述している。「第5章　海外不動産投資」は，最近，日本の不動産会社の間でも飛躍的に増加している海外不動産投資についてである。直接投資と間接投資があるが，それぞれ会計上，税務上の取扱いおよび留意点は異なる。

不動産業の会計および監査においては，固定資産の減損，棚卸不動産の評価，賃貸等不動産の時価等の注記など，不動産の評価が必要になってくることは多い。不動産鑑定評価の概要や不動産業会計との関連，鑑定評価等を利用する際の留意点について記述したのが「第6章　不動産鑑定評価」である。

「第7章　個別トピック」では，圧縮記帳，定期借地借家権および資産除去債務などの個別論点について記述するとともに，リゾートビジネス展開をしておられる不動産会社には馴染みのある施設利用会員権の会計上の留意点，今後，空港だけではなく，国や地方公共団体が所有する多くの不動産が対象となって広がっていくであろう公共施設等運営権（コンセッション）の会計上の取扱いについても記述している。

「第8章　IFRS」では，不動産業特有のIFRS（国際財務報告基準）について簡単に記述した。主要企業のすべてがIFRSに移行した業界も多い中で，日本の大手不動産会社のIFRSに対する関心は薄く，移行への動きは鈍い。IFRSでは，投資不動産の当初認識後の測定モデルとして原価モデルと公正価値モデルがある。IFRSの導入の検討が我が国で始まった頃に，海外の不動産企業はほとんど公正価値モデルを採用しているという情報や資産負債アプローチを採用するIFRSでは資産の評価は公正価値であるべきではないかという極めて表面的な理解が広がったことなどにより，IFRSに移行する＝公正価値モデルの採用と考えられてしまった，いわばボタンの掛け違いが日本の不動産業におけるIFRSに対するネガティブな姿勢に少なからず影響している気がする。資産負債アプローチが公正価値による資産評価を推奨していることはないし，日本の大手不動産会社がIFRSに移行するとしても，公正価値モデルを採用しなければいけないわけではない。本来の意味での資産負債アプローチを基本概念とするIFRSは，実は，不動産業にとって極めて親和性の高い会計基準である。

「第3編　監査」においては，いわゆる三様監査の会計監査人，監査役等および内部監査との連携について記述するとともに，不動産会社における内部監査の実務と留意点について触れている。不動産会社の内部監査の体制構築や実施については，金融機関などと比較すると遅れている場合も多い。しかしながら，昔から従業員不正の多い不動産会社における内部監査の高度化は，極めてその意義と有効性が高いものであり，積極的に経営者が取り組むべきものと考えている。

監査法人という組織は，他の多くの組織も同様であろうが，長年にわたり諸先輩方が脈々と築き上げてきた土台の上に立っており，日々の仕事の中で，そうした諸先輩方の足跡に触れる機会は多く，ただただ感謝の念が深まるばかりである。

我々あずさ監査法人で不動産業の監査に従事する約170名も，かつて不動産業の監査に従事していた諸先輩方の築き上げた堅固な基盤の上にいる。今般，2010年7月に出版された初版本の改訂にあたり，改めて初版本を精読し，その品質の高さを再認識した。初版本の編集責任者であり，敬愛する先輩である

村尾裕氏に心から感謝の意を表したい。そして，後を継ぐ者を代表して，改訂版である本書の内容についても少なからず自負するものがあることを申し添えたい。

　また，本書の出版に際しては，(株)中央経済社の末永芳奈氏に多大なご協力をいただいた。この紙面を借りて感謝の意を表したい。

　本書が，不動産業に携わるたくさんの方々やこれから不動産業に携わらんとしている方々の有益なインプットたることを願ってやまない。

2018年6月

編集責任者　貞廣　篤典

目　次

「収益認識に関する会計基準」および「同適用指針」の公表

第1編　経営

第1章
不動産業の概況 ―――――――――――――――― 3

- 1 開発／3
    - (1) 開発とは／3
    - (2) 一般的な業務フロー／3
- 2 分譲／4
    - (1) 分譲とは／4
    - (2) 一般的な業務フロー／4
- 3 賃貸／4
    - (1) 賃貸とは／4
    - (2) 一般的な業務フロー／4
- 4 流通／5
    - (1) 流通とは／5
    - (2) 売買仲介の一般的な業務フロー／5
- 5 運営管理／5
    - (1) アセットマネジメント／6
    - (2) プロパティマネジメント／7
    - (3) 広義のプロパティマネジメント／7
    - (4) 狭義のプロパティマネジメント（ビルディングマネジメント）／7
        - ① ビルメンテナンス業務／8

② 施設運営業務／8
　(5) リーシングマネジメント／8
　(6) コンストラクションマネジメント／8
　(7) ファシリティマネジメント／9
　(8) 今後の展望／9
6 デベロッパー／9
　(1) デベロッパーとは／9
　(2) 総合デベロッパーの組織体制／10
　(3) 総合デベロッパーのガバナンス体制／11
　(4) 総合デベロッパーにおけるさまざまなリスクへの対応／12
　　　① 利益相反管理／12
　　　② 規制変更の影響／13
　　　③ 金利・為替・株価動向の影響／13
　　　④ 主要事業の免許および許認可等／14
　　　⑤ コンプライアンスやレピュテーションリスクへの対応／14
　　　⑥ 天変地異等による影響／14
7 不動産ファンド（J-REIT，私募リート，私募ファンド）／15
　(1) REITとは／15
　(2) J-REITの特長／16
　(3) 私募リートとその特長／17
　(4) 私募ファンドとその特長／17

第2章
不動産テック ―― 19

1 情報機器の発展／19
2 不動産取引プロセスへの応用／20
3 適正価格／21
4 物件視察／21
5 「適正価格」と「成約価格」／22
6 今後の課題／22

第3章
今さら聞けないキーワード ── 24

建ぺい率，建築面積，敷地面積，容積率，延床面積　権利床，保留床・24　流動化，証券化　コーポレートファイナンス，プロジェクトファイナンス，ノンリコースローン　コベナンツ　コンプライ・オア・エキスプレイン　スチュワードシップ・コード，コーポレートガバナンス・コード・25　ビークル，SPE，SPC，TMK　フィデューシャリー・デューティー・26　プリンシプルベース・アプローチ，ルールベース・アプローチ　ADR，OCC，RevPar　ARES　AUM　CA，LOI　CAPレート（キャップレート）・27　CAPEX　CRE，PRE　DPU，EPS　DSCR・28　ER　ESG，PRI，SDGs　FFO　GP，LP・29　GRESB　IPO，PO　IR　LTV・30　NAV　NOI，NCF　PBR　PMレポート・31　REINS　SESC　SL（サブリース），ML（マスターリース）・32

第2編　会計・税務

第1章
不動産賃貸事業 ── 35

① 不動産賃貸事業の概要，取引フロー／35
　(1) 開発／35
　　① 開発用地の選定・デューデリジェンス等に関する業務／35
　　② 計画・承認・決定に関する業務／36
　　③ 資金調達に関する業務／36
　　④ 売買契約・決済に関する業務／36
　　⑤ 委託業者の選定・契約に関する業務／36
　　⑥ テナント募集に関する業務／36
　(2) 運営　テナント請求／36
　(3) 運営　保守運営／37
　(4) 運営　契約管理／37

2 会計上・監査上の取扱い／38
 (1) 取得時／38
  ① 取得原価の範囲／38
  ② 減価償却方法，耐用年数および残存価額の決定／41
  ③ 敷金保証金・建設協力金の取扱い／44
 (2) 保有時／48
  ① サブリース・マスターリース物件の管理（ネットとグロス）／48
  ② 賃貸収益・賃貸費用の範囲と期間帰属／50
  ③ 改修工事の取扱い（資本的支出と修繕費）／51
  ④ 未収入金管理／53
  ⑤ 修繕積立金と大規模修繕，管理組合／53
  ⑥ リース会計／55
  ⑦ 固定資産の減損会計／60
 (3) 売却と除却時／68
  ① 売却損益の認識時期／68
  ② 除却時の取扱い／70
  ③ 自社保有物件の建替え／71
 (4) 賃貸等不動産の時価開示／72
  ① 基準設定の経緯／72
  ② 適用範囲／72
  ③ 注記に関する概要／74

第2章
不動産分譲事業 ——— 77

1 不動産分譲事業の概要，取引フロー／77
 (1) 仕入れ（用地取得）／77
 (2) 企画・設計／78
 (3) 確認申請／79
 (4) 施工／80
 (5) 販売／81

(6)　関連する事業／82
　　　　①　土地区画整理事業／82
　　　　②　市街地再開発事業／83
② 会計上・監査上の取扱い／84
　　(1)　勘定科目の流れ／84
　　　　①　前渡金／84
　　　　②　開発用不動産／85
　　　　③　仕掛不動産／88
　　　　④　販売用不動産／91
　　　　⑤　売上（引渡し）と収益認識／95
　　　　⑥　プロジェクト仮払金／101
　　(2)　会計上・監査上のその他の論点／101
　　　　①　流動資産と固定資産との振替え（保有目的の変更）／101
　　　　②　共同事業方式／102
　　　　③　関係会社間の不動産取引／103
　　　　④　諸税金の会計処理／105
　　(3)　販売用不動産等の期末評価／106
　　　　①　概要と具体例／106
　　　　②　棚卸資産の評価（簿価切下げ額）の会計処理／108
　　　　③　不動産開発計画の実現可能性／109
　　　　④　販売用不動産等の正味売却価額の算定方法の選択と継続性／110
③ 類似業務（販売代理）／113
　　(1)　販売代理の業務内容／113
　　　　①　代理と仲介／113
　　　　②　業務内容／114
　　(2)　会計上・監査上の取扱い／114
　　　　①　収益認識／114
　　　　②　原価計上／116

第3章
不動産仲介事業 ―――――――――――118

- ① 不動産仲介事業の概要／118
  - (1) 仲介の意義／118
  - (2) 不動産仲介事業の役割／118
- ② 取引の概要と取引フロー／119
  - (1) 売買仲介／119
    - ① 物件調査・価格査定／119
    - ② 媒介契約の締結／120
    - ③ 販売活動（購入希望者の探索）／121
    - ④ 取引交渉（条件調整）／122
    - ⑤ 重要事項説明／122
    - ⑥ 売買契約の締結／122
    - ⑦ 契約の履行／122
  - (2) 賃貸仲介／123
- ③ 内部統制／124
  - (1) 売買仲介／124
  - (2) 賃貸仲介／126
- ④ 会計上・監査上の取扱い／126
  - (1) 収益認識／126
    - ① 売買仲介／127
    - ② 賃貸仲介／129
  - (2) 直接原価と販売管理費／130

第4章
不動産証券化・流動化 ―――――――――131

- ① 匿名組合（GK-TK）／131
  - (1) 匿名組合（GK-TK）の概要／131
  - (2) 匿名組合（GK-TK）の会計・税務／132

　　　　① 匿名組合（GK-TK）の会計／132
　　　　② 匿名組合（GK-TK）の税務／133
　　(3) 匿名組合員の会計・税務／135
　　　　① 匿名組合員の会計／135
　　　　② 匿名組合員の税務／135
2 特定目的会社（TMK）／136
　　(1) 特定目的会社（TMK）の概要／136
　　(2) 特定目的会社（TMK）の会計・税務／138
　　　　① 特定目的会社（TMK）の会計／138
　　　　② 特定目的会社（TMK）の税務／140
　　(3) 投資家の会計・税務／145
　　　　① 投資家の会計／145
　　　　② 投資家の税務／146
　　(4) オリジネーターの会計／146
　　　　① 不動産の売却取引について／146
3 不動産投資法人（REIT）／158
　　(1) 不動産投資法人（REIT）の概説／158
　　(2) 不動産投資法人（REIT）の会計／158
　　　　① 開示制度の概要／158
　　　　② 会計上・監査上の取扱い／163
　　(3) 不動産投資法人（REIT）の税務／170
　　　　① 支払配当の損金算入／170
　　(4) 税会不一致における会計・税務／173
　　　　① 税会不一致の例示／173
　　　　② 税会不一致を起因とした配当調整／174
　　(5) 分配金への影響がある論点／180
　　　　① 圧縮記帳／180
　　　　② 買換特例圧縮積立金（積立て）／181
　　　　③ 買換特例圧縮積立金の取崩し／183
　　　　④ 欠損填補のための無償減資／184

　　　　⑤　その他の税務上の特例措置／184
　　(6)　投資家の会計／185
　　(7)　投資家の税務／185
　　　　①　利益（一時差異等調整引当額を含む）の分配／185
　　　　②　出資等減少分配／186
4　投資事業有限責任組合（LPS）／188
　　(1)　投資事業有限責任組合（LPS）の概要／188
　　(2)　投資事業有限責任組合（LPS）の会計・税務／188
　　　　①　投資事業有限責任組合（LPS）の会計／188
　　　　②　投資事業有限責任組合（LPS）の税務／189
5　不動産信託受益権／189
　　(1)　不動産流動化における信託の活用／189
　　(2)　不動産信託受益権の会計・税務／190
　　　　①　不動産信託受益権の会計／190
　　　　②　信託の税務／191

第5章
海外不動産投資 ── 195

1　海外不動産投資の概要／195
　　(1)　直接投資／196
　　(2)　間接投資（法人型）／間接投資（パススルー型）／196
2　会計上の取扱い／197
　　(1)　直接投資／197
　　(2)　間接投資／200
　　　　①　組合等への出資に該当する場合／200
　　　　②　組合等以外の場合／202
3　税務上の取扱い／206
　　(1)　直接投資／206
　　　　①　外国税額控除／206
　　　　②　所得認識／206

(2)　間接投資（法人型）／207
　　　①　外国子会社配当益金不算入制度／207
　　　②　外国子会社合算税制（タックス・ヘイブン対策税制）／208
　　　③　外国源泉税等への租税条約の適用／211

第6章
不動産鑑定評価 ─────────────── 213

1 不動産鑑定評価の概要／213
　(1)　不動産の鑑定評価に関する基礎知識／213
　　　①　不動産の鑑定評価／213
　　　②　不動産鑑定士／214
　　　③　不動産の鑑定評価が必要とされる理由／214
　(2)　不動産の鑑定評価における基準等／214
　(3)　不動産の鑑定評価業務の流れ／214
　(4)　鑑定評価の基本的事項／216
　　　①　鑑定評価の基本的事項／216
　　　②　不動産の種別および類型／217
　(5)　鑑定評価の手法／218
　　　①　価格形成要因の分析（最有効使用の判定）／218
　　　②　鑑定評価の各手法／221
　　　③　試算価格の調整／223

2 不動産鑑定評価と会計／224
　(1)　財務諸表のための鑑定評価等を依頼する場合の具体例／224
　　　①　固定資産の減損／224
　　　②　棚卸資産の評価／224
　　　③　賃貸等不動産の時価等の注記／224
　　　④　企業結合等／224
　(2)　原則的時価算定とみなし時価算定／225
　　　①　取得年度における時価算定の方法／225
　　　②　翌期以降における時価算定の方法／226

③ 利用目的に応じた時価算定方法／227
(3) 不動産鑑定評価書と不動産鑑定基準に則らない調査報告書等／230
① 鑑定評価等業務／230
② 価格等調査ガイドラインにおける価格等調査の業務と鑑定評価等業務との関連／231
③ 成果報告書の名称の使い分け／231
④ 鑑定評価等業務および価格調査業務と財務諸表のための時価算定方法との関係性の整理／233
(4) 鑑定評価等における条件設定／235
① 条件設定により，利用者の利益に重大な影響を及ぼさない場合／235
② 条件設定により，利用者の利益に重大な影響を及ぼす場合／237

3 鑑定評価等を利用する際の留意点／238
(1) 鑑定評価等を利用する際の留意事項／238
① 依頼内容の整理／240
② 依頼の相談／241
③ 不動産鑑定業者選定／241
④ 契約の締結（業務開始）／242
⑤ 不明事項等に係る協議やドラフト等の確認／243
⑥ 業務完了／243
(2) その他の留意事項（依頼者プレッシャー）／246

第7章
個別トピック ─────────── 248

1 圧縮記帳／248
(1) 圧縮記帳の意義／248
(2) 圧縮記帳の趣旨／248
(3) 圧縮記帳の種類／249
(4) 圧縮記帳の経理処理の方法／249
(5) 圧縮限度額／250
① 国庫補助金等で取得した固定資産等／250

　　　　② 保険金等で取得した固定資産等／250
　　　　③ 交換により取得した資産／250
　　　　④ 収用等に伴い代替資産を取得した場合の課税の特例／251
　　　　⑤ 特定の資産の買換えの場合の課税の特例／251
　　(6) 圧縮記帳の会計上の取扱い／251
　　　　① 国庫補助金等で取得した固定資産の場合の圧縮記帳／251
　　　　② 交換等の場合の圧縮記帳／251
　　　　③ その他の場合の圧縮記帳／252
　　(7) 積立金方式による場合の会計処理／253
　　(8) 財務諸表上の表示／253
　　　　① 圧縮損および譲渡益等の表示／253
　　　　② 圧縮記帳を行った場合の注記／253
　　(9) 会計処理の具体例／254
② **定期借地借家権**／257
　　(1) 概要／257
　　　　① 定期借地権／257
　　　　② 定期借家権／260
　　(2) 会計上の取扱い／260
　　　　① 定期借地権に基づく借地の上に建てた建物等に係る耐用年数／261
　　　　② 定期借地権により授受される一時金の会計処理／263
　　　　③ 定期借地権のリース会計基準上の取扱い／265
　　　　④ 定期借地権契約と資産除去債務に関する会計基準／266
③ **資産除去債務**／267
　　(1) はじめに／267
　　(2) 資産除去債務とは（概念および範囲）／268
　　　　① 資産除去債務会計基準の対象となる「有形固定資産」の範囲／268
　　　　② 「通常の使用」の意義／268
　　　　③ 「除去」の意義／268
　　　　④ 「法律上の義務及びそれに準ずるもの」の意義／269
　　(3) 会計処理の具体例／269

(4) 資産除去債務に係る会計処理にあたっての留意事項／271
　　　　① 資産除去債務の負債計上／271
　　　　② 資産除去債務を合理的に説明できない場合／272
　　　　③ 資産除去債務の算定／272
　　　　④ 割引前の将来キャッシュ・フロー見積りに際しての留意事項／272
　　　　⑤ 多数の有形固定資産について同種の資産除去債務が生じている場合の取扱い／273
　　　　⑥ 資産除去債務の算定に際して用いられる割引率／274
　　　　⑦ 資産除去債務に対応する除去費用の資産計上と費用配分／274
　　　　⑧ 資産除去債務会計基準適用後の減損会計基準適用における留意点／275
　　　　⑨ 土地に関連する除去費用の取扱い／275
　　　　⑩ 資産除去債務が使用のつど発生する場合の費用配分の方法／275
　　　　⑪ 時の経過による資産除去債務の調整額の処理／275
　　　　⑫ 特別の法令等により除去費用を適切に計上する方法がある場合／276
　　　　⑬ 建物等賃借契約に関連して敷金を支出している場合／276
　　　(5) 財務諸表上の表示／277
　　　　① 貸借対照表上の表示／277
　　　　② 損益計算書上の表示／278
　　　　③ キャッシュ・フロー計算書上の表示／278
　　　　④ 注記事項／279

4 **施設利用会員権**／280
　　(1) リゾートと観光との違い／281
　　(2) リゾート施設の会員とデベロッパーとの関係／283
　　(3) 収益認識／284
　　(4) 入会金の収益認識時期／285

5 **公共施設等運営権（コンセッション）**／287
　　(1) 概要／287
　　(2) 実務対応報告の公表／288

(3) 公共施設等運営権の取得時に関する会計処理／289
　　　　① 公共施設等運営権の計上／289
　　　　② 運営権対価を分割で支払う場合／290
　　　　③ 見積りの変更／290
　　　　④ 公共施設等運営権の減価償却方法および耐用年数／290
　　　　⑤ 公共施設等運営権の減損損失／291
　　(4) 更新投資に関する会計処理／291
　　　　① 更新投資に係る資産の計上，減価償却方法および耐用年数／291
　　　　② 更新投資に係る見積りの変更／292

第8章
IFRS——————————————————294

- 1 不動産業とIFRS／294
- 2 不動産の会計処理／296
  - (1) IFRSにおける不動産の分類／296
  - (2) 棚卸資産／297
  - (3) 有形固定資産／298
    - ① 当初測定／298
    - ② 事後測定／299
  - (4) 投資不動産／300
  - (5) 売却目的非流動資産／303
  - (6) 使用権資産／303
- 3 収益認識／306
  - (1) 不動産賃貸事業における収益認識／306
    - ① リース判定における土地部分・建物部分へのリース料の配分／307
    - ② サブリース／308
  - (2) 不動産販売事業その他における収益認識基準／309
    - ① 契約の識別／310
    - ② 履行義務の識別／310
    - ③ 取引価格の算定／311

④ 取引価格の各履行義務への配分／311
⑤ 履行義務の充足と収益の認識／311

4 その他のトピック／314
(1) 連結（SPEの連結）／314
(2) 資産除去債務／316
(3) 敷金等／317
(4) 賦課金／318
(5) その他／319

5 初度適用／319
(1) 概要／319
① 原則および例外／319
② 開示／319
(2) 不動産業における初度適用／321
① 特徴／321
② 免除規定／321
(3) 禁止規定／323

第3編 監査

第1章
監査の概要 ——— 327
1 監査の分類と三様監査／327
2 内部監査と監査役等による監査の連携／329

第2章
会計監査人と監査役等との連携 ——— 330
1 我が国における監査役等の制度／330

2　会計監査人と監査役等との連携強化の制度的背景／331
3　会計監査人と監査役等との連携の必要性とその効果／332
4　会計監査人と監査役等との連携に関する基本的事項／333

第3章
会計監査人と内部監査との連携 ─── 335

1　会計監査人との連携／335
　(1)　内部監査の意義・定義／335
　(2)　会計監査人と内部監査との連携の意義と制度的背景／336
2　内部監査の概要／336
　(1)　内部監査体制の構築／336
　(2)　内部監査プロセス／337
　　①　リスク分析・評価／337
　　②　内部監査計画の立案／337
　　③　予備調査／338
　　④　実地監査／338
　　⑤　監査報告／339
　　⑥　改善計画立案とフォローアップ／339
　(3)　内部監査体制の整備／339
　(4)　内部監査に期待する役割の整理／340
　(5)　重点項目の絞込みと監査計画の立案／341
　(6)　内部監査報告とフォローアップ／341

第4章
不動産会社における内部監査の実務 ─── 342

1　総論／342
2　総合デベロッパー（主に開発・分譲事業，賃貸事業を中心に）／344
　(1)　開発・分譲事業／344
　(2)　賃貸事業／345

(3) その他（内部管理等）／349
3 不動産仲介業者／349
4 不動産アセットマネジメント会社／350
　　(1) 基本的考え方／352
　　(2) 主な監査項目／352
　　(3) 内部監査人に求められる専門性／353

参考文献／356

凡　例

法令，会計基準等	略　称
金融商品取引法	金商法
金融商品取引法第2条第8項第5号	金商法2⑧五
金融商品取引法施行令	金商法施行令
金融商品取引業等に関する内閣府令	金商業等府令
財務諸表等の用語，様式及び作成方法に関する規則	財規
連結財務諸表の用語，様式及び作成方法に関する規則	連結財規
資産の流動化に関する法律	資産流動化法
投資信託及び投資法人に関する法律	投信法
投資信託及び投資法人に関する法律施行令	投信法施行令
投資信託及び投資法人に関する法律施行規則	投信法施行規則
投資法人の計算に関する規則	投資法人計算規則
投資信託及び投資法人に係る運用報告書等に関する規則	投資法人運用報告書規則
不動産投資信託及び不動産投資法人に関する規則	不動産投資法人規則
特定有価証券の内容等の開示に関する内閣府令	特定有価証券開示内閣府令
会計上の変更及び誤謬の訂正に関する会計基準	遡及会計基準
金融商品に関する会計基準	金融商品会計基準
金融商品会計に関する実務指針	金融商品会計実務指針
金融商品会計に関するQ&A	金融商品会計Q&A
リース取引に関する会計基準	リース取引会計基準
リース取引に関する会計基準の適用指針	リース取引適用指針
固定資産の減損に係る会計基準の設定に関する意見書	減損意見書
固定資産の減損に係る会計基準	減損会計基準
固定資産の減損に係る会計基準の適用指針	減損会計適用指針
資産除去債務に関する会計基準	資産除去債務会計基準
資産除去債務に関する会計基準の適用指針	資産除去債務適用指針
賃貸等不動産の時価等の開示に関する会計基準	賃貸等不動産会計基準
賃貸等不動産の時価等の開示に関する会計基準の適用指針	賃貸等不動産適用指針
棚卸資産の評価に関する会計基準	棚卸資産会計基準
外貨建取引等会計処理基準	外貨建会計基準
外貨建取引等の会計処理に関する実務指針	外貨建実務指針
連結財務諸表に関する会計基準	連結会計基準

法令，会計基準等	略　称
連結財務諸表における子会社及び関連会社の範囲の決定に関する適用指針	連結範囲適用指針
特別目的会社を活用した不動産の流動化に係る譲渡人の会計処理に関する実務指針	不動産流動化実務指針
特別目的会社を利用した取引に関する監査上の留意点についてのQ＆A	特別目的会社Q＆A
会社法	会
会社計算規則	会計規
法人税法施行令	法施行令
法人税基本通達	法基通
租税特別措置法	措法
租税特別措置法施行規則	措法施行規則
所得税基本通達	所基通
減価償却資産の耐用年数に関する省令	耐令
消費税法	消法
地方税法	地法
商法	商
民法	民
宅地建物取引業法	宅建業法
住宅の品質確保の促進等に関する法律	住宅品確法
特定住宅瑕疵担保責任の履行の確保等に関する法律	住宅瑕疵担保履行法
宅地建物取引業者が宅地又は建物の売買等に関して受けることができる報酬の額	国交省告示
一般社団法人	（一社）
公益社団法人	（公社）
一般社団法人投資信託協会	投信協会
東京証券取引所	東証

「収益認識に関する会計基準」および「同適用指針」の公表

　2018年3月30日に企業会計基準委員会は、企業会計基準第29号「収益認識に関する会計基準」および同適用指針第30号「収益認識に関する会計基準の適用指針」を公表した（以下「本会計基準」という。）。
　この収益認識基準等におけるポイントは以下のとおりとなる。
- IFRS第15号「顧客との契約から生じる収益」と同様に、収益を認識するための5ステップモデルを採用している。具体的に各ステップでは次のような論点に関係している。
  - ステップ1（契約の識別）とステップ2（履行義務の識別）は、収益を「どのような単位で」計上するか
  - ステップ3（取引価格の算定）とステップ4（取引価格の各履行義務への配分）は、収益を「いくらで」計上するか
  - ステップ5（収益の認識）は、収益を「いつ、どのように」計上するか
- IFRS第15号で規定されている「契約コスト」については、本会計基準の範囲から除かれている。
- 本会計基準は、次の1.から6.を除く、顧客との契約から生じる収益に関する会計処理および開示を適用範囲としている。また、顧客との契約の一部が次の1.から6.に該当する場合には、1.から6.に適用される方法で処理する額を除いた取引価格について、本会計基準を適用する。
  1. 企業会計基準第10号「金融商品に関する会計基準」の範囲に含まれる金融商品に係る取引
  2. 企業会計基準第13号「リース取引に関する会計基準」の範囲に含まれるリース取引
  3. 保険法（平成20年法律第56号）における定義を満たす保険契約
  4. 顧客または潜在的な顧客への販売を容易にするために行われる同業他社との商品または製品の交換取引
  5. 金融商品の組成または取得に際して受取る手数料
  6. 会計制度委員会報告第15号「特別目的会社を活用した不動産の流動化に係る譲渡人の会計処理に関する実務指針」の対象となる不動産（不動産信託受益権を含む）の譲渡
- 本会計基準には、IFRS第15号の規定に拠らず、主に代替的な取扱いとして追加された独自の規定を含む。
- 当面（本会計基準を早期適用した場合を含む）は、必要最低限の定めを除き基本的に注記事項を定めないこととし、本会計基準が強制適用される時までに、注記事項の定めを検討する。
- 原則として2021年4月1日以後開始する連結会計年度および事業年度の期首から適用することとし、別途早期適用の定めを設ける。

　本書出版時点（2018年6月）では基準適用前であることを前提にした上で、本会計基準の不動産業に対する影響は、「契約コスト」や「リース」が適用範囲外となったこと等から勘案すると限定的な範囲に収まる可能性はあるが、たとえば、今後検討が進められる注記事項の内容・範囲次第では、経理システムや業務システムの見直しを検討する必要性も考えられる。

経営

第1章

不動産業の概況

　不動産業の伝統的な業務内容には，開発，分譲，賃貸，流通および運営管理の5つの分野がある。

　また，昨今は不動産証券化の進展を背景に，アセットマネジメントやプロパティマネジメント等の不動産金融市場の周辺業務が成長を遂げている。

1　開発

(1)　開発とは

　不動産開発とは，土地を取得し造成・インフラ整備を行う，また，土地に住宅や事業用施設等を建設することにより，不動産の価値創造・向上を行う業務であり，開発した不動産の売却・分譲や賃貸事業の展開によって収益の実現するものである[1]。

　不動産開発には，オフィスビル開発，分譲・賃貸マンション開発，商業施設開発，ホテル・リゾート開発，物流施設開発などがある。

(2)　一般的な業務フロー

　①開発候補地の規模，形状，都市計画等，インフラ整備の状況，周辺施設の集積状況などの調査を実施した後，②開発コンセプトや建築計画・事業収支等の事業計画を立案し，③用地取得，④具体的な建築等の設計，⑤開発・建築等の許認可取得，⑥宅地造成・建物建設，⑦完工（分譲・賃貸）へとなり，

一般に，数年を要するプロジェクトとなる。

2 分譲

(1) 分譲とは

不動産分譲とは，主として宅地や戸建住宅，マンション等の住宅を開発し販売する事業である[2]。なお，住宅分譲には戸建分譲やマンション分譲のほか，リゾート分譲なども含まれる。

(2) 一般的な業務フロー

①土地情報の収集，②分譲事業・商品内容の企画，③近隣の事前調査，④用地の仕入れ，⑤自治体からの許認可取得，⑥宅地造成・建物建設，⑦販売，⑧完工・引渡しとなる。

3 賃貸

(1) 賃貸とは

不動産賃貸とは，自らが所有する不動産を賃貸し，賃料を得る事業であり，賃貸の対象は住宅からオフィスビル・商業施設・ホテル・物流施設など多岐にわたる[3]。また，事業内容として，運営管理を物件所有者自らが行うケースと，その一部または全部を外部に委託するケースとがある。

(2) 一般的な業務フロー

①開発用地の選定・デューデリジェンス等に関する業務，②計画・承認・決定に関する業務，③資金調達に関する業務，④売買契約・決済に関する業務，⑤委託業者の選定・契約に関する業務，⑥テナント募集に関する業務，が挙げられる。

4　流通

(1) 流通とは

　不動産流通とは，主として，土地建物等の売買・交換・賃貸の仲介，住宅分譲の販売代理を行う事業である[4]。

　このうち不動産仲介事業とは，いわゆる媒介・斡旋のことであり，不動産取引の成立に向けて相手方の探索，当事者の間に立った交渉支援等を行う業務である。宅建業法に規定する媒介契約には，一般媒介契約，専任媒介契約および専属専任媒介契約の3種類がある。

(2) 売買仲介の一般的な業務フロー

　仲介業者は売主の物件調査や価格調査，買主の価格等希望条件の確認し，媒介契約を締結する。そして，双方の立場になって価格・引渡し時期等の条件の交渉・確認をし，重要事項説明を行う。そして，契約締結に至り，登記・代金精算・物件引渡し等が終了すると，仲介業者は仲介手数料を受領することになる。

5　運営管理

　不動産証券化の進展は不動産の「所有と経営の分離」の進行をもたらしたが，それに伴い運営管理の分野においても，さまざまなマネジメント業務の形態が現れてきた。ここで，マネジメント業務の専業化の概観を示すと図表1-1-1となる。

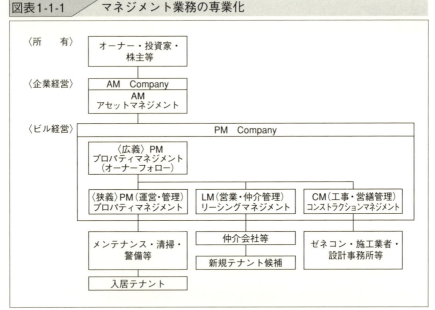

図表1-1-1　マネジメント業務の専業化

(出所)（一社）日本ビルヂング協会連合会「不動産経営管理業務委託契約書作成の手引き」

(1) アセットマネジメント

　アセットマネジメント（Asset Management：AM）とは，投資家や資産所有者等から委託を受けて行う不動産や金融資産の総合的な運用・運営・管理業務である[5]。そして，投資家や不動産所有者等に代わってポートフォリオ全体の運営管理を行う会社のことを，一般にアセットマネジメント会社（以下「AM会社」という。）と呼ばれている[6]。

　主な対象資産が不動産の場合，対象資産の保有形態（不動産として現物保有するのか，不動産信託受益権等のかたちで金融商品として保有するのか，など），およびスキーム別に，関係法令（宅建業法，金商法等）に基づき必要な許認可や登録を行う必要がある。たとえば，上場リートおよび私募リートのAM会社については，宅建業の免許取得と宅建業法に基づく取引一任代理の認可，金商業（投資運用業）の登録を得る必要がある。

　具体的な業務内容としては，不動産の取得に関する計画立案・投資判断・実行，運用方針・運用計画（収支・予算計画，賃貸計画，管理計画，大規模

修繕・改修計画等）の策定，売却に関する計画立案・売却判断・実行，運用不動産の運営管理を行うプロパティマネジメント会社の選定・管理，ならびに投資家等への報告・説明などが挙げられる。

　一般的なアセットマネジメント業務の担い手は不動産投資顧問会社や不動産会社であるが，こうした会社は金商法が定める業務内容の範囲に応じて，「投資運用業」「投資助言・代理業」「第二種金融商品取引業」の登録を行い，同法の各規制等の適用を受けることになる。

(2) プロパティマネジメント

　プロパティマネジメント（Property Management：PM）とは，不動産所有者やAM会社のアセットマネジャー等から委託を受けて，不動産の収益性や資産価値の向上を目的として運営と管理を行うことであり，経営代行（オーナーフォロー）的な側面を持つ。プロパティマネジメントもアセットマネジメントと同じく不動産投資における「所有と経営の分離」が進む中で発展したが，アセットマネジメントがポートフォリオを対象とするのに対して，プロパティマネジメントは個別不動産を対象にする点が異なる。

　プロパティマネジメントの業務範囲は前記図表1-1-1のとおり広義・狭義に分かれるが，具体的な内容は以下のとおりとなる。

(3) 広義のプロパティマネジメント

　広義のプロパティマネジメントとは，後記の「狭義のプロパティマネジメント」，「リーシングマネジメント」および「コンストラクションマネジメント」から構成される。

(4) 狭義のプロパティマネジメント（ビルディングマネジメント）

　一般的に狭義のプロパティマネジメントとは，ビルディングマネジメント（Building Management：BM）と同義であると考えられている。ビルディングマネジメントはさらに，下記のように施設維持管理面のビルメンテナンス業務と運営業務とに大別される（なお，ビルメンテナンス業務のみをビルディングマネジメントと定義することもある。）。

① ビルメンテナンス業務

　ビルメンテナンス業務とは，①環境衛生管理業務（清掃管理業務・衛生管理業務），②設備管理業務（運転保守業務），③建物・設備保全業務（点検整備業務），④保安警備業務，⑤その他管理業務（ビルマネジメント業務，管理サービス業務），⑥建築物のエネルギー管理から構成される[7]。

② 施設運営業務

　ビルメンテナンス会社の選定・管理，テナントリレーションに基づくテナント窓口・クレーム対応・賃料改定業務，契約・請求・入金等の事務代行業務，「PMレポート」等のレポート作成業務，オーナー負担工事（共用部，バリューアップ目的等）などが挙げられる。

(5) リーシングマネジメント

　リーシングマネジメント（Leasing Management：LM）とは，新規テナントの獲得（空室営業）を目的とした業務であり，誘致戦略・企画の策定，募集業務などが挙げられる。
　実際に営業活動を行う際には，仲介会社を活用する場合と，PM会社等が直接行う場合とがある。

(6) コンストラクションマネジメント

　コンストラクションマネジメント（Construction Management：CM）とは，日本語に訳せば工事管理であり，品質，工程，コスト等をいかに所期の目標どおりに達成するかの管理であり，技術のこととされている[8]。
　日本では従来から総合工事業者（いわゆるゼネコン）に対して一括発注する方式が採用されていたが，アメリカで確立したプロジェクト実施方式であるCM方式では，第三者性を持つ専門職であるコンストラクションマネジャーがプロジェクト全体をマネジメントすることで，発注者にとってコストの透明性の向上や，経済的な工事の可能性を高めることを目的としている。

(7) ファシリティマネジメント

　ファシリティマネジメント（Facility Management：FM）とは，企業・団体等が保有または使用する全施設資産およびそれらの利用環境を経営戦略的視点から総合的かつ統括的に企画，管理，活用する活動とされている[9]。

　FMが持つ側面として，経営にとって全ファシリティの全体的な最適のあり方を追求する経営戦略的な側面，各個の設備の最適な状態への改善などの管理的な側面，および日常の清掃，保全，修繕等への計画的・科学的な方法の採用などの日常業務的な側面がある。

(8) 今後の展望

　これまで各マネジメント業務の概要を記載したが，現在ではさまざまな業態が見られることから，今後ますます業務の垣根を越えた展開が予想される。

　たとえば，AM会社がリートの内部成長（物件取得等によるリートの規模拡大を目指す外部成長に対して，バリューアップ等によりテナント満足度の向上などを実現することでテナント退去リスクの低下や賃料アップを目指すこと）の観点から，PM会社やBM会社との連携を強化したり，また，ビルメンテナンス会社がPM業務を志向したりするといった傾向が見られる。

6　デベロッパー

(1) デベロッパーとは

　デベロッパーとは，一般的に前記の不動産開発事業を手掛ける企業のことを指し，自ら土地を取得したり市街地再開発事業を手掛けたりして，オフィスビル開発，分譲・賃貸マンション開発，商業施設開発，ホテル・リゾート開発，物流施設開発などを行い，不動産を価値創造・向上させる大規模プロジェクトを計画・推進する企業のことである。

　このうち，不動産開発のみならず，分譲・賃貸・流通・運営管理の各事業を全国規模で展開したり，各種マネジメント業務，請負工事，海外事業等を併せ

て展開したりする企業を一般的に総合デベロッパーと呼ぶ。

(2) 総合デベロッパーの組織体制

　総合デベロッパーの組織は，分譲，賃貸，流通，運営管理，マネジメント，請負工事等の各事業を子会社や関連会社に分業させ緊密に連携を図ることで，企業グループ全体の価値向上を図るグループ経営を行っているところに特徴がある。

　参考までに，総合デベロッパーの企業グループのイメージを示すと図表1-1-2のとおりとなる。

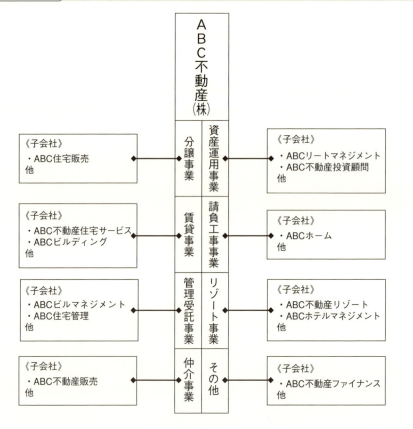

図表1-1-2　ABC不動産(株)企業グループ状況

(3) 総合デベロッパーのガバナンス体制

　総合デベロッパー各社は，その企業グループ全体の価値向上と投資家等からの信頼確保のため，経営の健全性，透明性および効率性を高める観点で，コーポレートガバナンスの継続的な改善・強化が求められている。

　具体的に，まず監督機関に関しては，現行会社法では，従来の監査役制度（会381）および監査役会制度（会390）に加え，監査等委員会制度（会399の2）や監査委員会制度（会400）が整備されており，企業が自社の経営理念や実態に即したガバナンス体制を選択できるようになった。

　また，業務執行機関に関しては，取締役会制度のほか，経営の効率化および意思決定の迅速化に資するための執行役員制度の導入，さらに，業務執行上の重要事項の審議・報告のための会議体として経営会議を設置する企業も多い。なかには，経営の多面的視野を確保するため，外部の経営者や専門家等で組織されるアドバイザリー・コミッティを設置するなどして客観的かつ大局的見地から助言を受ける企業もある。

　内部管理態勢としては，法令等遵守を確保するためのコンプライアンス規程を整備・運用するとともに，コンプライアンス部やコンプライアンス委員会，あるいはCSR（Corporate Society Responsibility：企業の社会的責任）委員会といったコンプライアンス組織を設置するなどしている。

　情報セキュリティ管理態勢としては，情報セキュリティ管理規程や文書規程等の関連規程を整備・運用し，情報セキュリティの適切な管理・保管・保存に努めている。

　リスク管理態勢としては，リスク管理関連規程を整備・運用するとともに，リスク管理委員会等のリスクマネジメント組織を設置するなどしている。さらに，緊急事態発生時の行動指針として緊急事態対応マニュアルや事業継続計画（いわゆる「BCP」）ガイドラインを整備するなどしている。

　グループ経営管理体制としては，企業グループの業務執行に関する重要な意思決定機関としてグループ経営会議を設置したり，グループ全体としてのコンプライアンス風土の醸成や法令等遵守の確保のためのグループ行動指針やグループコンプライアンス規程などを整備・運用したりするなどしている。さらに，

グループ経営の意思決定の迅速化，各種リスクの回避，コスト・業績評価に対する意識強化等を目的として持株会社化へ移行するケースもある。

　こうした各種管理態勢に関する内部統制の整備・運用状況や法令等遵守状況をモニタリングする機能として，内部監査が果たすべき役割は重要性を増すばかりか，昨今はより広範囲かつ深度ある監査の実施が求められている。その守備範囲は国内グループ企業のみならず，総合デベロッパーの海外展開の進展に伴い海外グループ企業に対する内部監査態勢のあり方にも注目が集まっている。

(4) 総合デベロッパーにおけるさまざまなリスクへの対応

　総合デベロッパーはその事業範囲の大きさゆえ，常にさまざまなリスクにさらされている。代表的なリスクを記載すると以下のとおりとなる。

① 利益相反管理

　まず，利益相反取引に対する対応が挙げられる。一般に利益相反取引とは，たとえば総合デベロッパーと，同デベロッパーグループのAM会社が資産運用を行う上場リート・私募リート・私募ファンドが不動産等の売買取引を行う際，当該ビークルの投資家と当該企業グループとの間で，利害が対立する構図が生じ得る取引のことをいう。この利益相反取引の防止，すなわち，企業グループの利益を不当にビークルの投資家の利益より優先する（または投資家の利益を不当に劣後させる）ことのないよう適切な内部統制システムを構築する必要があり，AM会社にとどまらず，スポンサーである総合デベロッパーにおいてもこうした利益相反防止のための内部統制の構築に取組んでいる。

　そして，前記のとおりAM会社は「投資運用業」「投資助言・代理業」「第二種金融商品取引業」の登録を行っており，また，一部の総合デベロッパーも金融商品取引業の登録を行っていることから，金商法の各規制等の適用を受けることになる。このため，金融当局により立入検査や報告の徴取を受ける義務があり，法令違反があったときや，投資家の利益を害する事実があったとき，あるいは公益または投資家保護に反するような著しい内部統制の欠陥があったときは，業務停止や業務改善命令等の処分を受ける可能性がある。こうした処分を受けた場合，AM会社や当該企業グループがマーケットから受ける批判，さ

らには取引先との関係悪化など，その影響は決して無視できないものと考えられる。

② 規制変更の影響

総合デベロッパーの事業は，宅建業法，建築基準法，国土利用計画法，都市計画法，土壌汚染対策法，住宅品確法などの不動産の取引・開発・分譲に関する法律や，金商法，不動産特定共同事業法，資産流動化法などの不動産金融・証券化に関する法律等の各種法令のほか，各自治体が制定する条例等による規制を受けている。したがって，これらの関係法令・条例等が改定または新たに制定された場合，新たな義務の発生や権利の制限，費用負担の増大など，事業にさまざまな影響を及ぼす可能性がある。

また，税制が変更された場合には，資産の保有・取得・売却等に要するコストの増加，個人の購買意欲の低下，企業の投資計画の見直しやCRE（Corporate Real Estate，企業不動産）戦略の変更等により，総合デベロッパーの事業展開，業績，財政状態等に影響を及ぼす可能性がある。

③ 金利・為替・株価動向の影響

総合デベロッパーは固定資産の比率が高いという事業特性から，資金調達の面から借入依存度が相対的に高く，金利が急激に上昇した際の資金調達コストの上昇影響は大きいものと考えられる。加えて，不動産の期待利回りの上昇や個人の住宅購買意欲の減退等を通じて，企業業績に影響を及ぼす可能性がある。

また，金利や為替の両面という点では，アウトバウンドとインバウンドそれぞれの影響が考えられる。まずアウトバウンドでは，総合デベロッパーが海外不動産へ投資する際に建築コストをはじめとする各種事業化コストへの影響や，海外不動産への投資を検討している日本の投資家サイドの期待利回りへの影響などが考えられる。そしてインバウンドでは，訪日外国人の消費動向に伴う商業施設やホテル・リゾートへの影響や，国内不動産への投資を検討している海外の投資家サイドの期待利回りへの影響などが考えられる。

さらに，株価の動向に関しては，賃料水準やテナント動向への影響，上場リート等の不動産ファンドへの影響，個人富裕層の住宅購買意欲への影響な

どが考えられる。

④　主要事業の免許および許認可等

　総合デベロッパーの企業グループはその事業活動にあたり，宅建業免許，建設業許可，マンション管理業者登録，金融商品取引業登録，不動産鑑定業者登録等のさまざまな免許や許認可等を取得している。このため，仮にグループ企業のどこかで重大な法令等違反が発生し，免許や許認可等の業務停止や取消等の行政処分を受けた場合，当該企業グループの業績や事業活動に著しい影響を及ぼす可能性がある。

⑤　コンプライアンスやレピュテーションリスクへの対応

　上記の業法上の法令等違反や個人情報の流出，各種ハラスメントやダイバーシティへの取組みなど，企業を取り巻くコンプライアンスの状況は広範囲かつ複雑化してきており，かつ，社会全体の背景や解釈，社会が求める企業への対応等が時世に応じて変化してきている。特に，総合デベロッパーは事業のすそ野が広く，利害関係者も国内・海外を問わず多種多様化していることから，日常的なコンプライアンス意識の浸透，法令等の改正に対する適時・適切な遵守，情報伝達ルートの確立，問題発生時の迅速な対応等，国内・海外の双方を網羅したコンプライアンス内部管理態勢の構築が求められる。

　さらに，昨今の情報化社会においては，コンプライアンス違反はレピュテーションリスクと即時的に結び付く。レピュテーションリスクは問題を起こした企業のみならず企業グループ全体に影響を及ぼし，その範囲や影響の度合いは容易に計り知れない。そのため，リスクの顕在化に備えて企業が内部管理態勢を構築しておくことはもちろんのこと，実際に発生した場合には，専門家からの助言を受けた上でより慎重な対応が求められるものと考えられる。

⑥　天変地異等による影響

　総合デベロッパーは，その企業グループにおいて国内外を問わず多くの不動産を保有・賃貸・運営管理していることから，地震や風水害等の天変地異や突発的な事故やテロ等が発生した場合，こうした不動産が毀損や滅失などする

リスクが顕在化し，総合デベロッパーの業績や財政状態に影響を及ぼす可能性がある。

特に，総合デベロッパーが海外展開を推進すると，こうしたリスクは世界各国に点在することから，今後はグローバルなリスク管理態勢の構築が求められることになる。

7　不動産ファンド（J-REIT,私募リート,私募ファンド）

(1) REITとは

REITとは，Real Estate Investment Trustの略称であり，不動産投資信託と訳される。REITには会社型の投資法人制度と契約型の投資信託制度があるが，会社型の投資法人は投資主総会や役員会といった機関を有するなどガバナンスの観点から優れている一方で，契約型は手続が煩雑等の理由から，日本では会社型の投資法人が一般的となっている。

J-REITとは，US-REIT等などの海外REITと区別するため，日本で組成された不動産投資法人の意味で使われることもあるが，広く一般には東証上場リートのことを指すことから，以降は東証上場リートのことをJ-REITと呼ぶこととする。なお，非上場リートは一般に私募リートと呼ばれる。

(2) J-REITの特長

まず，IRやディスクロージャーの観点から見ると，J-REITはプロの投資家だけでなく広く一般投資家も対象としているため，情報開示に関する規制が厳しく設けられており，東証の規程，投信法および金商法に基づいて情報開示が行われる。具体的には，発行時開示・継続開示・適時開示のほか，任意開示が積極的に行われている。

また，組織・ガバナンス・経営管理体制にも特長がある。すなわち，J-REITは単なるビークルであることから，不動産の運用管理に関する一切の業務をAM会社に委託しなければならない。このAM会社の組織体制は，概ね図表1-1-3のようになっている。

具体的には，主に不動産の取得・売却プロセスを担当する部署（図表1-1-3では「不動産投資部」が該当），主に運用不動産のリーシングや修繕工事やプロパティマネジメント会社の管理・監督などの運用管理プロセス（いわゆる「期中管理」）を担当する部署（同「不動産管理部」が該当），主に投資法人の財務経理を担当する部署（同「財務部」が該当），AM会社の人事，財務経理，総務およびIRを担当する部署（同「企画総務部」が該当），ならびにコンプラ

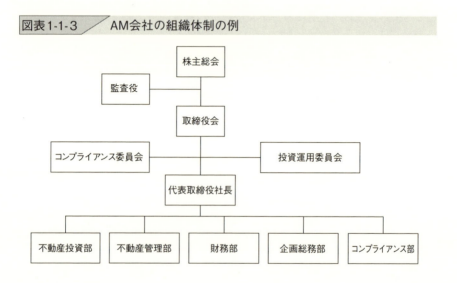

図表1-1-3　AM会社の組織体制の例

イアンスおよび内部監査を担当する部署（同「コンプライアンス部」が該当）から構成される。

さらに，J-REITの投資主等保護の観点に資すべく，AM会社では通常の株主総会や取締役会に加えて，投資運用委員会やコンプライアンス委員会等の各種会議体を設置し，J-REITが運用する不動産の取得・売却やコンプライアンスに関する事項を審議することで，ガバナンス態勢のさらなる強化を図っている。

(3) 私募リートとその特長

私募リートとは，一般に非上場のオープン・エンド型リートのことを指すが，J-REITと比べた場合，投資主等保護の観点に資すべく点は同様であることから，私募リートやAM会社のガバナンス態勢などは同様の水準が求められるものと考えられる。また，開示に関しては，J-REITと異なり金商法の適用（すなわち有価証券報告書の作成）はないものの，投信法ベース（すなわち資産運用報告の作成）での開示内容では大差ないものと考えられる。さらに，会計監査上の考え方も両者に差異はないものと考えられる。

また，投資家サイドからの見方として，J-REITと比べて金融・資本市場における価格変動リスクを受けにくいことや，有期限の私募ファンドに比べて運用期間の定めがなくEXIT（出口）リスクを回避しやすいといった特長があることから，中長期的な安定運用を志向する年金・生損保・地銀等の機関投資家にとっては魅力的な商品となっている。

(4) 私募ファンドとその特長

私募ファンド（プライベートファンド）とは，TMK（特別目的会社），GK-TKスキーム，匿名組合，任意組合等のビークルを利用して，特定または少数の機関投資家等から資金を募る投資形態のものをいう。私募ファンドもJ-REITや私募リートと同じく単なるビークルであることから，一般的には，資産の運用管理に関する業務をAM会社に委託している事例が多い。

一方で，投資家も少数かつプロであり，商品設計等もオーダーメード的な性格を有することから，開示等に関する規制はJ-REITや私募リートに比べると緩やかなものとなっている。

私募ファンドは運用期間が通常3～5年程度と予め決められている(有期限)ことから，その組成目的はハイリスク・ハイリターン型の商品設計のケースのほか，不動産の開発段階でのビークルとして利用し竣工後に収益物件としてJ-REITや私募リート等に売却するケースや，J-REITや私募リートがPO（30頁参照）に備えるため物件を仕込んでおくビークル（いわゆるブリッジファンド）として利用するケースなどが挙げられる。

　上記いずれのケースにおいても，EXIT（出口）時には投資家に対する出資の払戻しや社債の償還，金融機関に対する借入金の返済を行わなければならないストラクチャーであることから，商品設計の段階でEXIT（出口）リスクをどのように回避するかを検討しておく必要がある。

注
1　(一社)不動産協会『日本の不動産業2017』。
2　(一社)不動産協会『日本の不動産業2017』。
3　(一社)不動産協会『日本の不動産業2017』。
4　(一社)不動産協会『日本の不動産業2017』。
5　(一社)不動産証券化協会『不動産証券化ハンドブック2017』。
6　AM会社について法令上の定義は該当しない。なお，上場リートおよび私募リートのAM会社については，投信法において「資産運用会社」と表現されている。
7　(公社)全国ビルメンテナンス協会「ビルメンテナンス業の業務体系と主な資格」。
8　(一社)日本コンストラクション・マネジメント協会HP。
9　(公社)日本ファシリティマネジメント協会HP。

第 2 章

不動産テック

　金融業界には，フィンテック（Fin Tech）という言葉がある。IT技術を利用して，金融業界における業務プロセスの飛躍的効率化や新たな事業分野の開拓に大きな期待がなされているものである。不動産業界においても「不動産テック」（Real Estate Tech）として，2015年ごろからさまざまな試みがなされてきている。

　不動産業界は，扱うべき商品が高額な不動産であり，慎重を期すうえで専門業者に仲介業務を依頼したり，多くの書面を取り交わしながら取引したりするなど，取引スタイルはここ数十年あまり変化がなかった。一般顧客が不動産取引を行うためには，不動産情報が集まっている業者の門を叩き，業者から提供された情報を元にして，売買意思決定等を行うこととなる。このスタイルに従う限り，結果として業者による顧客の囲い込み現象が発生し，顧客にとっては業者の質により，取引の公平性や効率性に影響が出る場合もある。この不動産業における情報の非対称性の問題は，長い間解決する糸口がなかった。しかしながら，近年のIT技術を応用することで，すべてではないにせよ各種の問題を解決しようとする試みが起きている。

1　情報機器の発展

　情報機器の発展は，中央処理装置と呼ばれるコンピューター本体の発展と通信の発展の相乗効果で，現代におけるIT機器の発展につながるものと考えら

れる。

　1946年，世界初のコンピューターである，ENIACが開発された。当時は，機械面積約170㎡，重量およそ30ｔと記録されている。1万8,000本程度の真空管が使われていたようであるが，真空管1本で1ビットとして換算すると2.2キロバイトとなる。そこから70年ほど経て，現代，我々の手元には手軽に持ち運びできるPCが安価で手に入る時代となった。扱われる本体の記憶容量は，低価格機種で4ギガバイトとENIACの約180万倍の容量である。性能差をこれ以上論ずるつもりはないが，飛躍的な進歩であることに変わりはない。また，通信技術においても同様であり，1876年に電話が発明され140年以上経っているが，電話線を必ず必要とした音声のみの通話だったものが，今や無線で電話機自身も重さを感じさせない程度まで軽く小さくなっている。コンピューター自体の進歩と通信技術の進歩とが，現代水準のIT技術を生み出した。特に，情報伝達速度の進展と情報処理技術の超高速化との相乗効果により，インターネット初期ではテキストデータレベルが限界であったものが，今では精細な動画の送受信や蓄積にまで変化を遂げている。

2　不動産取引プロセスへの応用

　情報の非対称性の問題は，情報のオープン化を推進することが解決策の一つと考えられる。今では個人がスマホを通して自分の情報を発信しているが，極めて高額な取引をこうした情報機器の利用だけですべてを推進することは，セキュリティ面で大きな課題が残る。一方，不動産のようにインターネット上でさまざまなオークションサイト等が立ち上がっているなど，これらを利用して，業者が介在することなく売り手と買い手とが直接取引を行っているという現実もある。いずれにせよ，不動産取引は高額になる以上，最終的に仲介業者を関与させる現行のスタイルは，当面続くものと考えられる。

3 適正価格

　不動産売買取引において,「今の相場はいくらか?」という問いは,取引時の大きなテーマとなる。この点についてまさに不動産業者は,長年のノウハウの蓄積や各社独自の手法によって「現在相場」を算出し,顧客に提供してきた。

　不動産というものは,似た住所であっても,立地や道幅など不動産価格に影響を与える要因を考慮して算出される。ちなみに,不動産鑑定評価基準では最低でも100を超える要因を挙げており,それらを物件ごとに調査・ウエイト付けし,価格推定の材料とするが,その作業は膨大なものとなる。したがって,現実的な対応としては,各業者が価格に影響を与えるような要素を順位付けし,調査可能な範囲の要因に絞って価格推定を行っていると考えられる。

　これらの要素をシステム化して算出することは,以前から行われてきたものの,データ自体のメンテナンスの手間が膨大であった等の理由から,実用的ではないとされてきた。すなわち,価格に影響を与える要因はさまざまなものがあり,時の経過によって影響を受けるものと考えられるからである。具体的には,システム化を行っても入力する各種データが陳腐化した際は修正入力しなければならないが,短期間で環境が変わる時代ではこの陳腐化の速度はかなり早いものと推定される。したがって,システム化構想はかなり以前からあったものの,実用的ではないとされてきたのである。

　しかしながら,近年は「AI」と「ビッグデータ」等を高度に応用することにより,これまで人間が行っていた要因やウエイト付けの修正を,環境変化という事象をトリガーとして自動的に修正するようなシステムが考案されてきている。

4 物件視察

　いくつかの物件をセレクトし,また,価格面でも折り合いがつきそうな場合,次に対象物件の視察が行われる。

　売買取引であれ賃貸取引であれ,物件を視察せずに契約するケースは稀であるが,これは近隣の状況や実際の公共機関の利便性,日当たりなどは,現地に

足を運ばなければ判らない情報だからである。一方で，眺望を売りにしている物件の視察当日の天気が悪く，物件本来の魅力の半分も伝わらないなどというケースも結構聞かれる。また，そもそも物件視察に時間を割くことが，仕事や季節などさまざまな事情で難しい面もあることから，あらゆる条件が整った状態で物件視察を行うこと自体が難しくなってきている。

こうした問題点は，最近のVR技術を利用することでかなりの割合で解決できる可能性が大きいと考えられる。すなわち，最寄駅から物件までの道のりの映像や物件自体の映像を3D映像技術でまとめることで，さまざまな条件に左右されることなく希望の条件下で物件の状況を確認することができるようになってきた。

5 「適正価格」と「成約価格」

不動産マーケットにおいては，証券市場と異なり，同じ物件に対して数多くの売主と買主が存在するものではない。1つの物件に対し売主は1人であり，買主も同時期にせいぜい3人程度であろう。仲介業者は，エリアの人気度などで，提示する価格に関して強気に行く場合もあれば弱気に行く場合もある。適正価格で売り出すことに売主が同意していればよいが，諸般の事情で適正価格を上回る価格を提示しなければならない場合もある。買主にとっても，ローン限度額などの理由で適正価格に届かないケースもあり得る。

すなわち，計算される適正価格とは，算出時点では取引参考価格の意味合いを持つものであり，実際の成約価格は通常，双方の個人的な事情により変動するものである。したがって，いくら適正価格を精緻化したとしても，あくまでも取引における参考値となってしまう点に，多少のパラドックス感を抱くことになる。

6 今後の課題

これまで不動産取引に関する情報の非対称性について，各不動産会社がさまざまな試みで対応していることを紹介してきたが，VR技術の活用など，プロ

セスレベルの改善は行われ成果も出ていると思われるが，手続上の書類の簡素化については行政に頼らざるを得ないと思われる。

　たとえば，今ではさまざまな場面で帳票類の電子化が行われているものの，不動産取引に関しては随所に旧態依然として「書面」によることが義務付けられている。これは，売り手と買い手との間で争いが生じた際の証拠としての意味合いが強い。一方で，一般的な取引においては電子化された帳票を正とする動きもあることから，不動産取引についてもそう遠くない将来，単に書面を電子化するのではなく，すべての段階において電子化したもので取引されるようになることも考えられる。

第3章

今さら聞けないキーワード

■ 建ぺい率，建築面積，敷地面積，容積率，延床面積

　建ぺい率とは，建築面積（建築物の外壁，柱の中心線で囲まれた部分の面積で，おおよそ建物の1階部分の面積に相当）を敷地面積で割った率のこと。

　容積率とは，延床面積（各階の床面積を合計したもので，「延べ面積」ともいう）を敷地面積で割った率のこと。

　100㎡の敷地面積に容積率300%の建物を建築すると延床面積は300㎡となるが，建ぺい率が異なると建物の階数が異なる。たとえば，建ぺい率50%の場合は建築面積が50㎡となるため6階建てとなり，60%の場合は60㎡となるため5階建てとなる。

■ 権利床，保留床

　市街地再開発事業は超高層ビルの建設などに利用され，細分化された土地の統合や公共施設の整備などにより前記の容積率の緩和などを得ることで都市空間の高度な利用を実現することを目的としている。

　この市街地再開発事業において，開発前の土地や建物は再開発事業に参加しない場合は金銭で補償を受け，参加する場合は権利割合に応じて開発後の床（床と土地の権利）に変換される。こうした行為を「権利変換」と呼び，変換された床のことを「権利床」と呼ぶ。

　そして，この権利変換後に再開発事業組合などの事業施工者に帰属する床を「保留床」と呼ぶ。事業施工者はこの保留床を売却して事業資金の返済に充てたり，保有して賃貸事業を行ったりする。

■流動化，証券化

　流動化とは，資産を保有する者が，特定の資産保有を目的とする別の主体（特別目的事業体＝SPE：Special Purpose Entity）を設立して，そこに当該資産を移転してその資産が生み出す将来のキャッシュ・フローを原資に資金調達を行う手法のこと[1]。

　このうち証券化とは，金融機関や事業会社などの資産の所有者が，ローン債権の元利金返済やビルテナントの賃料等のキャッシュ・フローを生み出す特定の資産を自身のバランスシートから切り離し，当該資産に係るリスクを目的に見合った形に加工して，有価証券等の流動性の高い投資商品を発行する手法のこと[2]。

　すなわち，単に「流動化」としたケースでは資金調達に際して証券発行の有無は問わないのに対して，「証券化」では証券発行を伴う点で異なる。

■コーポレートファイナンス，プロジェクトファイナンス，ノンリコースローン

　企業そのものの信用力に基づき融資するコーポレートファイナンスに対して，事業や不動産（賃料収入や売却収入）などの特定の資産が生み出すキャッシュ・フローに返済原資を限定する融資のこと。

　プロジェクトファイナンスの場合，返済原資が限定されていることから，債務者の他の資産に遡及しないノンリコースローンの形態で実行される。

■コベナンツ

　融資を受ける際に設定される特約条項。不動産金融では後記のDSCRやLTVに対して，コベナンツ条項が設定されることが一般的。

■コンプライ・オア・エキスプレイン

　Comply or Explainとは，コード等にある原則を実施（遵守，コンプライ）するか，しない場合はその理由等を十分に説明（エキスプレイン）すること。

■スチュワードシップ・コード，コーポレートガバナンス・コード

　スチュワードシップ・コードとは機関投資家に対する行動原則であり，スチュ

ワードシップ責任を果たすことになる。すなわち、機関投資家が、投資先企業やその事業環境等に関する深い理解に基づく建設的な「目的を持った対話」などを通じて、当該企業の企業価値の向上や持続的成長を促すことにより、「顧客・受益者」の中長期的な投資リターンの拡大を図ることを意味する。

コーポレートガバナンス・コードとは企業に対する行動原則であり、ここでコーポレートガバナンスとは、企業が、株主をはじめ顧客・従業員・地域社会等の立場を踏まえた上で、透明・公正かつ迅速・果断な意思決定を行うための仕組みを意味する。このコードが適切に実践されることは、それぞれの企業において持続的な成長と中長期的な企業価値の向上のための自律的な対応が図られることを通じて、企業、投資家、ひいては経済全体の発展にも寄与するものと考えられている。

■ビークル, SPE, SPC, TMK

ビークル（vehicle）とは英語の「器」の意味であり、SPE（Special Purpose Entity）と同義。ビークル／SPEのうち法人格を有するのがSPC（Special Purpose Company）であり、SPCの中でさらに日本の「資産の流動化に関する法律（いわゆる「資産流動化法」）」に基づき設立された法人を、TMK（特定目的会社：Tokutei Mokuteki Kaisha）と呼称して区別している。

■フィデューシャリー・デューティー

Fiduciary Dutyとは、一般に「受託者責任」とほぼ同義であり、委任者のために裁量性をもって専門性を提供する者の基本的義務と解されている。この義務は、主に、「善管注意義務」および「忠実義務」にて構成されており、一般法における理念であることに加え、金商法においても個別規定が設けられている。

また、金融庁はフィデューシャリー・デューティーに関する原則として、「顧客本位の業務運営に関する原則」を公表している。これは、金融事業者（金融商品の販売、助言、商品開発、資産管理、運用等を行うすべての金融機関等）が、顧客本位の業務運営におけるベスト・プラクティスを目指す上で有用と考えられる原則を定めたもの。

■プリンシプルベース・アプローチ，ルールベース・アプローチ

ルールの内容が個別的・具体的に規定されているルールベース・アプローチに対して，プリンシプルベース・アプローチとはルールの規定は最小限に止められ，企業が遵守すべき具体的なルールや行動は企業自らが適切に判断していくことが求められるアプローチのこと。

■ADR，OCC，RevPar

いずれもホテル業界で利用される指標。ADR（Average Daily Rate：客室平均単価）にOCC（Occupancy：稼働率）を乗じたものがRevPar（Revenue Par Available Room：販売可能一室当たり収益）であり，稼働していない客室を勘案した収益指標となる。

■ARES

（一社）不動産証券化協会の略称（The Association for Real Estate Securitization：エイリス）。

■AUM

Asset Under Management（運用資産）の略称で，資産運用会社（AM会社）の規模を示す指標の一つ。

■CA，LOI

CAはConfidential Agreement（秘密保持誓約書），LOIはLetter Of Intent（買付申込書）の略称。

不動産の取得を検討する際に，テナントの状況や設備・管理の状況等の情報を入手して検討することになるが，当該情報の秘密保持を売主へ制約するために買主が提出するのがCA。その後買主側の取得検討が進み，取得の意思を表明するものがLOI。LOIには価格・条件等が記載されるが，法的拘束力はない。

■CAPレート（キャップレート）

不動産鑑定評価の方法の一つである収益還元法（直接還元法）で採用される

還元利回りのこと。本来は不動産評価の際の要素の一つだが，CAPレートの水準そのものでマーケットの相場観を示すこともある。

なお，CAPレートには後述するNOIベースのものとNCFベースのものがあるので，どちらを採用しているのか留意する必要がある（理論上，NOIベースのほうがNCFベースより高位となる。）。

■CAPEX

Capital Expenditureの略称で，狭義には会計上の資本的支出，すなわち固定資産に計上され減価償却によって費用化されるものを指す。広義には建物設備を維持管理するためのもので，発生時に期間損益として修繕費に計上されるもの（OPEX（Operating ExpenseまたはOperating Expenditure），修繕費）も含む概念となる。

なお，不動産鑑定評価上は，通常，CAPEXと修繕費とに分けて計上される。

■CRE, PRE

Corporate Real Estateの略称で，企業不動産と訳される。ROEの上昇など企業価値の向上を目的として，企業が保有・賃貸する不動産の有効活用を経営戦略の一環として捉える考え方。

地方公共団体等に対する同様の概念がPRE（Public Real Estate）。

■DPU, EPS

DPUとはDistributions Per Unitの略称で投資口1口当たり分配金のことであり，EPSとはEarnings Per Shareの略称で投資口1口当たり当期純利益のこと。

J-REITや私募リートでは利益の大半を配当することから，DPU＝EPSとなるケースが多い。

■DSCR

Debt Service Coverage Ratioの略称で，元利金支払金額控除前のキャッシュ・フローを元利金支払金額で割ったもの。借入金償還余裕率と訳され，借入金の返済余裕度や債務支払能力を判断する指標。通常は1を超える値であり，

1を下回るとデフォルト状態であるとみなされる。

■ER

　Engineering Repotの略称。不動産投資・取引等において，買主の立場，売主の立場，融資の立場等から，取引対象の不動産を適正評価するために，デューデリジェンス（DD：Due Diligence）と呼ばれる調査が行われる。DDは，①弁護士等の専門家が行う法的調査，②会計士や不動産鑑定士の行う経済的調査，③建築士や技術士等のエンジニアが行う物理的調査の3つに区分され，そのうち③の建物に内在する物理的なリスクを評価した物理的調査報告書をエンジニアリング・レポートという[3]。

　なお，会計監査上は，耐用年数や取得価額の簿価按分の検討などに利用されることがある。

■ESG，PRI，SDGs

　環境（Environment），社会（Society），ガバナンス（Governance）の3つの頭文字を合わせた用語。2006年の国連の責任投資原則（Principles for Responsible Investment：PRI）では，6つの原則に基づきこうしたESG要因を投資判断や株主としての行動に組込むことで，資本市場の側面から世界の持続的な発展を目指し，ひいてはSDGs（Sustainable Development Goals：持続可能な開発目標）の実現へとつなげていく。

■FFO

　Funds From Operationの略称で，当期純利益に非資金費用である減価償却費を加えたもの。前記のEPSは減価償却費の影響を受けるが，減価償却費は保有物件の耐用年数等により計上額が左右されてしまうため，キャッシュ・フローベースでの分配金の支払能力を示しているFFOを重視するJ-REITは多い。なお，不動産の売却損益は除外して算定する。

■GP，LP

　LPS（Limited Partner Ship，投資事業有限責任組合）における構成員のこと。

GP（General Partner）は，業務執行を行う一方で無限責任を負う。

一方でLP（Limited Partner）は，業務執行に関与しない代わりに，その責任範囲は出資額を上限とした有限責任となる。

■GRESB

Global Real Estate Sustainability Benchmarkの略称で「グレスビー」と呼ばれる。2009年に欧州の年金基金グループが中心となって創設した投資家主導の組織であり，年次のベンチマーク調査を行っている。

この調査は個々の不動産を対象としたものではなく，企業の取組みやポートフォリオ全体に対するESGへの配慮を測るものであり，不動産会社やリート，ファンド等のサステナビリティへの取組みを評価する。国内外の機関投資家が投資先を選定する際などに活用している。

■IPO, PO

IPOはInitial Public Offeringの略称で，新規公開・上場のこと。

企業が株式等により資金調達する場合，IPOとははじめて市場取引を通じて募集または売出しを行うことであり，POとは既に市場取引されている株式等を対象に募集または売出しを行うこと。

■IR

不動産業界では一般的なInvestor Relationsの他に，Integrated Resort（統合型リゾート）の略称として用いられることがある。

カジノ施設および会議場施設，レクリエーション施設，展示施設，宿泊施設等が一体となっている施設のこと。

■LTV

Loan To Valueの略称で，借入金や投資法人債等の負債の額を資産の額で割った比率。このLTVを算定する際，分母である資産の額を，帳簿価額を用いる場合と不動産鑑定評価額等の時価を用いる場合とがある。

J-REITは長期安定的な運用を基本としている中で，LTVが低いほど負債返

済の安全性が高く，新たな不動産投資を行う際の追加借入余力も高いことから，LTVに上限を設けているケースが多い。

■NAV

NAVはNet Asset Valueの略称で，純資産総額のこと。J-REITでは，保有不動産の含み損益を反映して算出される場合が多い。また，NAV倍率（＝投資口価格÷1口当たりNAV）はJ-REITの投資指標として用いられる。

■NOI, NCF

NOIはNet Operation Incomeの略称で，事業によって直接的に生み出されるキャッシュ・フロー概念。賃料から固定資産税等の税金や管理費用を控除したもので，減価償却費や支払利息等の金融費用は控除しない。

NOIから前記のCAPEXを控除したものがNCF（Net Cash Flow）であり，不動産鑑定評価の方法の一つである収益還元法（直接還元法とDCF法）では通常NCFが採用される。

■PBR

Price Book-value Ratioの略称で，投資口価格純資産倍率のこと。PBRの値が高いほど投資口が純資産と比較して高く評価されており，1を下回ると解散価値を下回る評価となる。

■PMレポート

PM会社が物件所有者・AM会社・信託銀行等に対して作成・提出するレポート。レポートの内容は，物件概況（稼働・空室状況，キャッシュ・フロー，テナント営業等），レントロール（賃貸条件の一覧），契約の異動状況（新規・解約・更新），物件の収支実績（キャッシュベース，P/Lベース），予実分析，資金管理（入出金，未収金等），敷金関連，経費明細，領収・支払明細，修繕費，工事関連（進捗管理等），清掃等メンテナンス関連，PMフィー明細等がある。

■REINS

Real Estate Information Network System（不動産流通標準情報システム：レインズ）の略称で，国土交通大臣から指定を受けた指定流通機構（これをレインズと呼ぶこともある。）が運営している。各指定流通機構に入会している各不動産会社が，売主情報を登録したり買主情報を検索したりできるネットワークが構築されている。

なお，一般ユーザー向けにREINS Market Informationが開設されている。

■SESC

証券取引等監視委員会の略称（Securities and Exchange Surveillance Commission：セスク）。

■SL（サブリース），ML（マスターリース）

日本におけるSL（Sub Lease：サブリース）事業とは，いわゆる転貸借事業のことであり，物件所有者（リートや私募ファンドが該当するケースもある）が転貸借事業を行う企業とリース契約（賃貸借契約）を締結し，当該企業がエンドユーザー（テナント・入居者など）とリース契約（賃貸借契約）を締結する。

この物件所有者と当該企業との契約をML（Master Lease：マスターリース），当該企業とエンドユーザーとの契約をSLと，それぞれ呼んでいる。

注
1　国土交通省HP。
2　国土交通省HP。
3　（公社）ロングライフビル推進協会（BELCA）HP。

第2編

会計・税務

第1章

不動産賃貸事業

1 不動産賃貸事業の概要，取引フロー

(1) 開発

賃貸用不動産の開発においては，主に以下のような業務プロセスがある。
- 開発用地の選定・デューデリジェンス等に関する業務
- 計画・承認・決定に関する業務
- 資金調達に関する業務
- 売買契約・決済に関する業務
- 委託業者の選定・契約に関する業務
- テナント募集に関する業務

これらの業務プロセスの概要は以下のとおりである。なお，実務上はさまざまなパターンが想定されるため，あくまでも一つのパターンを示したものである。

① 開発用地の選定・デューデリジェンス等に関する業務

売却物件の情報などをもとに，開発用地の選定が行われる。その際に，不動産鑑定評価書などを入手して土地価格の調査が行われるとともに，土地の現況，権利関係，法令準拠性，近隣状況や収益性等に関する調査が行われ，賃貸用不動産の開発に適した土地であるかどうか，社内における取得方針などに合致しているかどうかなどの検討が行われる。

② 計画・承認・決定に関する業務

デューデリジェンス等の結果，開発用地として適していた場合，どのような用途の賃貸用不動産を開発し，どれ位の収益性が見込めるかなどの開発計画を作成する。これらの計画について稟議書などを作成・回付し，承認を得ることにより，正式に開発計画が決定される。

③ 資金調達に関する業務

開発計画が決定されると，開発に必要な資金をどのように調達するかなどを検討し，銀行借入れの場合には銀行と折衝するなど，開発計画に必要な資金を確保する必要がある。

④ 売買契約・決済に関する業務

売主と価格や契約条件等の交渉を行い，不動産売買契約書の記載内容を確定させ，契約を締結する。通常，不動産の引渡しは売買代金全額の決済が条件となるため，不動産売買契約書に記載された引渡日に不動産の所有権移転登記に必要な書類の受領と決済が行われ，引渡しを受けた後に登記を行う。

⑤ 委託業者の選定・契約に関する業務

企画・設計をする設計事務所や賃貸用不動産を建設する施工業者などを選定し，各々の委託業者との契約を締結し業務を委託する。企画・設計が完了し建築確認申請を行って確認済証が交付されると着工となる。

⑥ テナント募集に関する業務

建物が竣工すると施工業者から建物の引渡しを受けるが，引渡しを受けてすぐに満室稼働となるように，竣工前からテナントの募集を行っていく。テナントの募集は自社内で行うケースと，プロパティマネジメント会社（以下「PM会社」という。）に委託するケースとがある。

(2) 運営　テナント請求

開発が終了し賃貸が開始された後は，賃貸借契約書に従って入居しているテ

ナントへの賃料請求・回収業務が発生する。賃料は毎月固定されている固定賃料やテナントの売上高などに連動した変動賃料，水道光熱費などの使用に応じて請求するものなどからなる。このうち，固定賃料については賃貸開始月の前月までに請求・入金してもらう前受けが通常であるが，変動賃料や水道光熱費などは実績確定後に請求すべき賃料が決まることになる。そして，固定賃料は賃料改定がない限り毎月同額請求となることから，システムを導入して自動的に請求書を発行する場合が一般的である。さらに，請求金額と入金金額とをテナントごとに毎月管理した上で，賃料の未収が発生した場合には督促を実施するなど，状況に応じて対応していくことになる。

(3) 運営　保守運営

　保守運営のうち，建物の維持・修繕・改良などに関する業務は，賃貸用不動産の所有者が実施する。また，設備の保守・修繕や建物の清掃管理などは，建物委託管理契約などに基づきグループ内外のビル管理会社に委託する場合が多いと考えられる。

(4) 運営　契約管理

　契約管理は，テナント募集，契約の締結・更新・解約などの業務があるが，通常はテナントごとに賃貸面積や賃料，契約期間などを記載したレントロールと呼ばれる資料を作成して管理をしている。たとえば，テナント募集は仲介業者などに委託することが多いと考えられる。そして，実際に応募のあったテナントに対しては，社内や外部の信用情報などに基づいて信用調査を実施し，契約の可否を決定する。また，解約については，テナントは6ヵ月前までに解約予告することが必要な旨が賃貸借契約書に記載されているため，テナントから6ヵ月前までに解約通知書などを入手して解約手続を進めることになる。具体的には，貸室を賃貸前の状態に戻す原状回復の手配や預り敷金の精算などが行われる。

2　会計上・監査上の取扱い

(1) 取得時

① 取得原価の範囲

有形固定資産の取得原価の範囲に関しては，「連続意見書第三　有形固定資産の減価償却について」に規定されているものの，固定資産の取得にはさまざまなケースがあり，それに応じて取得原価の計算も異なることから，連続意見書第三では購入，自家建設，現物出資，交換および贈与に区分している。ここでは購入と自家建設について説明する。

i）購入

賃貸用不動産を購入によって取得した場合には，購入代金に付随費用を加えて取得原価とする。ただし，正当な理由がある場合には，付随費用の一部または全部を加算しない額をもって取得原価とすることができる。そのため，付随費用のうちどの範囲までを取得原価とするかは期間損益計算に重要な影響を及ぼすことになる。

なお，取得原価の範囲に関する具体的な判断基準の規定がないため，実務上は次の法施行令54などを参考にしながら実態判断することになると考えられる。

一　購入した減価償却資産　次に掲げる金額の合計額
　イ　当該資産の購入の代価（引取運賃，荷役費，運送保険料，購入手数料，関税（関税法第二条第一項第四号の二（定義）に規定する附帯税を除く。）その他当該資産の購入のために要した費用がある場合には，その費用の額を加算した金額）
　ロ　当該資産を事業の用に供するために直接要した費用の額

賃貸用不動産の取得時に付随して発生する支出としては，後記のものが挙げられる。

- 不動産仲介手数料
- 不動産鑑定費用
- デューデリジェンス費用

- 取得年度における固定資産税のうち，買主が負担すべき精算額
- 不動産取得税
- 所有権移転等に伴う登録免許税

　前記のとおり，付随費用については一部または全部を加算しないことも可能であるが，正当な理由が必要となることから個々の支出ごとに判断する必要がある。なお，法基通7-3-3の2において固定資産の取得価額に算入しないことができる付随費用の例示として以下の規定がある。

> 　次に掲げるような費用の額は，たとえ固定資産の取得に関連して支出するものであっても，これを固定資産の取得価額に算入しないことができる。
> (1)　次に掲げるような租税公課等の額
> 　イ　不動産取得税又は自動車取得税
> 　ロ　特別土地保有税のうち土地の取得に対して課されるもの
> 　ハ　新増設に係る事業所税
> 　ニ　登録免許税その他登記又は登録のために要する費用
> (2)　建物の建設等のために行った調査，測量，設計，基礎工事等でその建設計画を変更したことにより不要となったものに係る費用の額
> (3)　一旦締結した固定資産の取得に関する契約を解除して他の固定資産を取得することとした場合に支出する違約金の額

　租税公課に関しては，会計上は付随費用として取得原価に算入するという処理と，取得後に事後的に支払う費用のため取得原価に算入しないという処理とがあるが，継続適用を条件にいずれも容認されている。

　なお，付随費用を取得原価に算入する際には，土地に関する費用は土地に，建物に関する費用は建物に，それぞれ計上する。ただし，土地と建物の両方に関する費用は合理的な方法に基づき按分する必要がある。

　また，土地以外の資産は，耐用年数や管理の単位ごとに，建物及び構築物，機械装置及び運搬具，その他の有形固定資産などに按分する必要があるが，購入の場合には売主から入手した固定資産台帳やエンジニアリング・レポートなどが根拠資料になると考えられる。

　ⅱ）自家建設

　固定資産を自家建設した場合には，適正な原価計算基準に従って製造原価を計算し，これに基づいて取得原価を計算するとされている（連続意見書第三）。

実務上，取得原価の範囲については購入の場合と同様に，法施行令54などを参考にしながら実態判断することになると考えられる。

> 二　自己の建設，製作又は製造（以下，「建設等」という。）に係る減価償却資産次に掲げる金額の合計額
> 　イ　当該資産の建設等のために要した原材料費，労務費及び経費の額
> 　ロ　当該資産を事業の用に供するために直接要した費用の額

不動産会社が賃貸用不動産を開発する場合，土地を仕入れ，建物の設計を設計事務所に依頼し，建設を建設会社に発注すると考えられる。そこで，前記 i ）購入で挙げた以外で開発に特有の支出としては，次のものが挙げられる。

- 土地造成費または改良費
- 埋蔵文化財発掘費用
- 既存建物がある場合には既存建物の取壊費
- 立退料
- 住民対策費
- 開発負担金等
- 建築費
- 設計監理委託費

　（注）　上に掲げた支出に関して，法基通第7章第3節 固定資産の取得価額等 第1款 固定資産の取得価額（土地造成費又は改良費：法基通7-3-4，埋蔵文化財発掘費用：法基通7-3-11の4，既存建物の取壊し費：法基通7-3-6，立退料：法基通7-3-5，住民対策費：法基通7-3-7，開発負担金等：法基通7-3-11の2および法基通7-3-11の3）の規定が参考となる。

ア）当初より取壊す目的で取得した既存建物の取得原価および取壊し費用

当初より既存建物を取壊し開発する目的で土地を取得した際の既存建物の取得原価および取壊し費用は，通常は土地の取得原価に算入されると考えられる。しかしながら，既存建物にテナントが入居しており立退き時期が未定で，賃貸が相当期間継続することが見込まれる場合などは，既存建物を土地の取得原価に算入せずに建物として計上して減価償却していくことも考えられる。

イ）支払利息の原価算入

連続意見書第三では，建設に要する借入資本の利子で稼働前の期間に属するものは取得原価に算入することができるとされている。実際の建設に要する支払利息の原価算入の可否については，次のすべての条件を満たしているかどうかで判断することになる（業種別監査研究部会「不動産開発事業を行う場合の支払利息の監査上の取扱いについて」）。なお，すべての条件を満たしている場合，期間費用とするか原価算入とするかは企業が判断することになる。

- 所要資金が特別の借入金によって調達されていること
- 適用される利率は一般的に妥当なものであること
- 原価算入の終期は開発の完了までとすること
- 正常な開発期間の支払利子であること
- 開発の着手から完了までに相当の長期間を要するもので，かつ，その金額の重要なものであること
- 財務諸表に原価算入の処理について具体的に注記すること
- 継続性を条件とし，みだりに処理方法を変更しないこと

『監査人はここを見る!!』
☑ 取得原価に含まれるものは当該資産の開発のために直接要した支出であるか。

② 減価償却方法，耐用年数および残存価額の決定

減価償却は，原価を配分することにより適正な期間損益計算を行う目的で実施される。このため，合理的に決定された一定の方法に従い毎期計画的・規則的に実施する必要がある。企業会計原則第三 貸借対照表原則五によれば，有形固定資産は，当該資産の耐用期間にわたり，定額法，定率法等の一定の減価償却の方法によって，その取得原価を各事業年度に配分しなければならないとされている。また，原則として固定資産の取得原価から残存価額を控除した額を，耐用期間の各事業年度に一定の減価償却の方法を用いて配分することから，減価償却方法，耐用年数および残存価額の決定は，減価償却を実施する際に重要な要素となる。以下では，減価償却方法，耐用年数および残存価額のそれぞれについて説明する。

ⅰ）減価償却方法

定額法や定率法などの減価償却方法については「企業会計原則注解20」に規定されているが，定額法と定率法の定義については次のとおりとなる。

定額法	固定資産の耐用期間中，毎期均等額の減価償却費を計上する方法
定率法	固定資産の耐用期間中，毎期期首未償却残高に一定率を乗じた減価償却費を計上する方法

なお，減価償却方法は会計方針の一つとされており（企業会計原則注解1-2），その変更は会計方針の変更ではあるものの，その変更の場面においては固定資産に関する経済的便益の消費パターンに関する見積りの変更を伴うものと考えられる（遡及会計基準62）。

そのため，減価償却方法については，これまでどおり会計方針として位置付けるものの，減価償却方法の変更は，会計方針の変更を会計上の見積りの変更と区別することが困難な場合に該当するものとし，会計上の見積りの変更と同様に会計処理を行い，その遡及適用は求めないこととされている。ただし，減価償却方法は会計方針であり，変更に当たって正当な理由が求められることから，会計方針の変更と同様に次の内容を注記する必要がある（遡及会計基準18,19,20）。

- 会計方針の変更の内容
- 会計方針の変更を行った正当な理由
- 会計上の見積りの変更が，当期に影響を及ぼす場合は当期への影響額。当期への影響がない場合でも将来の期間に影響を及ぼす可能性があり，かつ，その影響額を合理的に見積ることができるときには，当該影響額。ただし，将来への影響額を合理的に見積ることが困難な場合には，その旨

ⅱ）耐用年数，残存価額

耐用年数については，物理的耐用年数ではなく，当該資産の特殊的条件を考慮した経済的耐用年数を自主的に決定することを原則としている。

また，残存価額については，合理的な見積りを原則としている。

耐用年数	減価償却資産の取得価額から見積残存価額を控除した金額を，規則的，合理的に費用として配分すべき期間であり，経済的使用可能予測期間に見合ったもの
残存価額	固定資産の耐用年数到来時において予想される当該資産の売却価格または利用価格から解体，撤去，処分等の費用を控除した金額

　このように，経済的耐用年数が原則のため，耐用年数の決定にあたっては，物理的減価と機能的減価との双方を考慮して経済的使用可能予測期間を見積って決定することになる。このうち，機能的減価についてはその偶発性から的確に予測することは困難なため，一般的に税務上の法定耐用年数が広く利用されてきた。

　また，残存価額の設定についても，多くの企業が法人税法の規定に従っているのが現状である。

　このような事情に鑑み，監査・保証実務委員会実務指針第81号「減価償却に関する当面の監査上の取扱い」によると，法人税法に規定する普通償却限度額（耐用年数の短縮による場合および通常の使用時間を超えて使用する場合の増加償却額を含む。）を正規の減価償却費として処理する場合においては，企業の状況に照らして耐用年数または残存価額に不合理と認められる事情のない限り，当面監査上妥当なものとして取扱うことができるとされている。

　なお，固定資産の使用状況や環境の変化等により，当初予定していた残存耐用年数と今後の経済的使用可能予測期間との乖離が明らかになった場合には，耐用年数を変更する必要がある。耐用年数の変更は会計上の見積りの変更に該当するため，軽微であるときを除き，財務諸表に注記する必要がある（遡及会計基準18）。ただし，耐用年数の変更等に関する影響額をその変更期間で一時に認識する臨時償却は，実質的に過去の期間への遡及適用と同様の効果をもたらす処理となる。そのため，国際的な会計基準とのコンバージェンスの観点も踏まえ現行の会計基準では廃止されており，こうした固定資産の耐用年数の変更等については，当期以降の費用配分に影響させる方法のみが認められている（遡及会計基準57）。

ア）特別償却

　措法に規定する特別償却（一時償却および割増償却）については，一般に正

規の減価償却に該当しないものと考えられる。ただし、割増償却については、正規の減価償却費として処理することが不合理でない限り、当面監査上妥当なものとして取扱うことができる。

イ）中古資産取得時の耐用年数

中古の固定資産を取得した場合、会計上は経過年数を考慮した残存耐用年数を見積る必要がある。なお、法人税法上は法定耐用年数を用いることも可能であるが、経過年数を考慮していないため、会計上は法定耐用年数が見積残耐用年数と近似するなど合理的な根拠が必要となると考えられる。

この点、法人税法では見積が困難な場合に下記の簡便法が認められているが（耐令3）、この簡便法は経過年数が考慮されていることから、会計上も中古資産の耐用年数の算定方法として一般的に採用されている。

法定耐用年数の全部を経過した資産	法定耐用年数×20％
法定耐用年数の一部を経過した資産	（法定耐用年数 − 経過年数）＋経過年数×20％

③ 敷金保証金・建設協力金の取扱い

ⅰ）敷金保証金

賃貸ビル等にテナントとして入居する際に差入れる敷金は、取得原価で計上するものの、回収不能と見込まれる金額に対して貸倒引当金を設定する必要がある。さらに、差入れた敷金のうち返還されない部分に対しては、金融商品会計実務指針に準拠して賃貸借期間にわたって定額法により償却する（金融商品会計実務指針133）。

また、賃貸ビルの所有者としてテナントから預かった敷金についても、同様に処理することになる。

なお、敷金を取得原価で認識するとされているのは、次のように建設協力金とは異なる性格を有するためである（金融商品会計実務指針309）。

- 賃料および修繕の担保的性格を有すること
- 償還期限は賃貸借契約満了時であり、法的には契約期間満了時に返還請求権が発生すること

●通常，無金利であること

　さらに，敷金は賃貸借契約と不可分の関係にあり，賃貸人が変更された場合は自動的に権利義務関係が新賃貸人に承継される（建設協力金の場合は，承継されず旧賃貸人に残る）ことから，金融商品以外の性格も併せ持つ資産であると考えられる（特別目的会社Q&A　Q21）。

ⅱ）建設協力金

　建設協力金の典型例としては，当初無利息で10年経過後に低利となり，その後10年間にわたり現金で返済されるというものが挙げられる。将来返還される建設協力金については，当初認識の時価（返済期日までのキャッシュ・フローを割り引いた割引現在価値）で測定して資産計上することになる。これは，建設協力金は寄託債権のため取得原価で計上する考え方もあるが，時価評価することで，売却された際に売却損が発生するという矛盾が生じさせないようにしたためである。また，建設協力金を支払った際は賃料を低く設定されるのが通常であり，建設協力金の支払額と時価との差額は賃料の前払いと考えられるため，契約期間にわたって毎期の損益に期間按分することになる。

　なお，金融商品会計実務指針によれば，返済期日までの期間が短い建設協力金など損益に与える影響額等に重要性がない場合は，取得原価で計上することができるとされている。

設例2-1-1　建設協力金の会計処理

【前提条件】

A社は賃借予定のビル建設に要する資金として，地主B社に以下の条件で建設協力金2,280を支払った。

期　　間：X1年4月1日から10年間
金　　利：当初5年間は無利息，その後は年率1％の利息
返済条件：当初5年は据置き，X7年3月31日から毎期末に元金456を金利とともに返済
割　引　率：期間10年の国債の利回りを基に4％

各年度の利息計上額，帳簿価額等は以下のとおりである。

	キャッシュ・フロー	うち元金回収	うち利息回収	利息計上額	帳簿価額加算額	帳簿価額
	a	b	c	$d=f^{-1}$(注)×0.04	$e=d-c$	$f=f^{-1}+e-b$
X1/4	-2,280					1,720
X2/3	0	0	0	69	69	1,789
X3/3	0	0	0	72	72	1,861
X4/3	0	0	0	74	74	1,935
X5/3	0	0	0	77	77	2,012
X6/3	0	0	0	80	80	2,092
X7/3	479	456	23	84	61	1,697
X8/3	474	456	18	68	50	1,291
X9/3	470	456	14	52	38	873
X10/3	465	456	9	35	26	443
X11/3	461	456	5	18	13	0

（注）　f^{-1}は，帳簿価額fの前期末残高である。

なお，X1年4月1日における建設協力金の帳簿価額は各年度のキャッシュ・フローの現在価値の合計1,720であり，内訳は次のとおりである。

	現在価値
X 7/3	379(*1)
X 8/3	360
X 9/3	343
X10/3	327
X11/3	311
合計	1,720

(*1) X7年3月に返済した金額のX1年4月の現在価値
　　$1/(1+0.04)^6 = 0.7903$　$479 \times 0.7903 = 379$

【会計処理】

① X1年4月（建設協力金支払時）

（借）長 期 貸 付 金	1,720	（貸）現 金 預 金	2,280
長 期 前 払 賃 料	560		

（注）長期貸付金の1年以内回収部分の短期への振替は行っていないものとする。

② X2年3月（無利息期間の決算時）

（借）長 期 貸 付 金	69	（貸）受 取 利 息	69
支 払 賃 料 注	56	長 期 前 払 賃 料	56

（注）長期前払賃料は毎期均等額を費用化する。
　　　支払賃料：560（前払賃料）×1年／10年＝56

③ X7年3月（元本と利息回収期間の決算時）

（借）長 期 貸 付 金	61	（貸）受 取 利 息	84
現 金 預 金	23		

（借）現 金 預 金	456	（貸）長 期 貸 付 金	456

（借）支 払 賃 料	56	（貸）長 期 前 払 賃 料	56

④ X11年3月（元本最終償還時）

（借）長 期 貸 付 金	13	（貸）受 取 利 息	18
現 金 預 金	5		

(借)現 金 預 金	456	(貸)長 期 貸 付 金	456
(借)支 払 賃 料	56	(貸)長 期 前 払 賃 料	56

上記の仕訳のうち以下の勘定科目の算定方法は，以下のとおりとなる。

科　目	算　定　方　法
長期貸付金 (貸付時)	時価（返済期日までのキャッシュ・フローを割引いた現在価値）
長期前払賃料	支払額と時価との差額をビルの賃貸借期間にわたって毎期の損益に合理的に配分
受取利息	時価と回収金額（元本＋利息）との差額を建設協力金の預託期間にわたって利息法で配分

（注）建設協力金に関して，通常，差入企業は対象となった土地建物に抵当権を設定しているから，現在価値に割引くための利子率は，原則としてリスク・フリーの利子率（たとえば，契約期間と同一期間の国債の利回り）を使用する（金融商品会計実務指針133）。

(2) 保有時

① サブリース・マスターリース物件の管理（ネットとグロス）

不動産の所有者（以下「マスターレッサー」という。）が不動産を一括賃貸する契約（以下「マスターリース契約」という。）を転貸人（以下「マスターレッシー」という。）と締結し，マスターレッシーが転借人（以下「エンドテナント」という。）に転貸（以下「サブリース」という。）する場合がある。このように，マスターレッサーがマスターレッシーと締結する賃貸借契約をマスターリースと呼び，不動産賃貸借契約の一形態とされている。

このマスターリース契約においては，賃料を固定する場合と，賃料をパススルー（エンドテナントからの入金額からプロパティマネジメント報酬を差引いた分をマスターレッサーに送金する。）する場合とがある。

ⅰ）賃料を固定する場合

マスターレッサーとマスターレッシーとの賃料を固定する場合，マスターレッシーとエンドテナントとの賃貸借契約において，固定のマスターリース料

図表2-1-1　マスターリースとサブリースとの関係

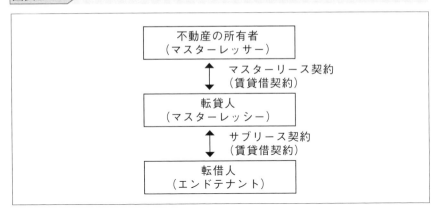

よりも高い賃料で転貸できれば利益を得られるが、低い賃料であれば赤字となり、さらに空室リスクやエンドテナントのデフォルトリスクも負うことになる。このため、マスターレッシー側ではエンドテナントから得た賃料を賃貸収益として損益計算書に計上し、マスターレッサーに支払う固定賃料を賃貸費用として計上するグロス処理となる。

　一方で、マスターレッサー側ではマスターレッシーから固定賃料を得るのみで空室リスクやエンドテナントのデフォルトリスクからは解放されるため、マスターレッシーから得た固定賃料をそのまま賃貸収益として損益計算書に計上する。

ⅱ）賃料をパススルーする場合

　賃料をパススルーする場合、マスターレッシーが能動的に賃貸事業を営んでいるというよりも、PM会社にプロパティマネジメント業務（以下「PM業務」という。）を委託するケースが多いと考えられる。この場合、マスターレッサーが空室リスク等を負うため、マスターレッサー側の会計処理はパススルーされてきた賃料をそのまま賃貸収益として損益計算書に計上するのではなく、賃貸収益と賃貸費用とをグロス処理（PM会社からの報告をもとに、マスターレッシーとエンドテナントとの契約額を賃貸収益とし、管理業務費・水道光熱費・公租公課・修繕費・保険料・減価償却費などを賃貸費用とする。）することになると考えられる。

一方で，マスターレッシー側ではPM業務を実施し手数料収入を得ているのみと考え，エンドテナントから得た賃料（賃貸収益）とマスターレッサーに支払う賃料（プロパティマネジメント報酬控除後の賃貸費用）とをネット処理し，結果としてプロパティマネジメント報酬のみを管理収益として損益計算書に計上するのが一般的と考えられる。なお，損益計算書上ネット処理した場合でも，エンドテナントからの預り敷金とマスターレッサーへの差入敷金は異なる相手先であり，金融商品会計実務指針140の要件を満たさないため，貸借対照表上はグロス処理することになる。

また，不動産が信託されている場合，信託銀行が不動産の所有者（マスターレッサー）となるため，信託銀行と信託受益者がマスターリース契約を，信託受益者とエンドテナントがサブリース契約を，それぞれ締結することになるが，信託受益者が実質的な所有者であることから賃貸収益と賃貸費用とをグロス処理することになると考えられる。

② 賃貸収益・賃貸費用の範囲と期間帰属

賃貸収益としては，賃料・共益費・駐車場使用料・施設使用料・解約違約金など，不動産を賃貸することにより得られる収益が計上される。また，賃貸費用としては，ビル管理会社やPM会社などに支払う業務委託費・水道光熱費・固定資産税などの公租公課・修繕費・保険料・減価償却費など，不動産を所有・賃貸するために発生する費用が計上される。

不動産の賃貸については，賃貸開始月の前月までに賃料を請求し入金してもらう前受処理が一般的となっている。なお，賃貸開始後の一定期間について賃料を免除する（いわゆる「フリーレント」）付きの契約について，会計上は賃料発生時から収益計上する考え方と，解約不能の期間にわたって収益を平準化させるという考え方の2通りがある。

水道光熱費などについては，テナントが水道局や電力会社などに直接支払う場合もあるが，不動産の所有者がテナントから一定額を徴収する場合や実費を徴収する場合もある。こうした共益費収入と，所有者が水道局や電力会社などに支払う費用とが同期間に計上されているかどうかについて留意する必要がある。

固定資産税などの公租公課・保険料については期間帰属が適切かどうか，また，修繕費については完了工事に対して代金未済の場合に適切に未払計上されているかどうか，それぞれ留意する必要がある。

③ 改修工事の取扱い（資本的支出と修繕費）

資本的支出と修繕費の区分において，通常その支出により，ⅰ）当該資産の取得時に予想される使用可能期間を延長させる，ⅱ）当該資産の価値を増加させると判断される，いずれかの場合は，当該金額は資本的支出として固定資産の取得原価に算入して残存耐用年数にわたって減価償却により費用化される。一方，資本的支出以外の支出については，修繕費として支出した期の期間費用として処理されることになる。

このように，資本的支出と修繕費とでは費用として計上される年度が異なるため，両者の区分は適切な期間損益計算を行う上で極めて重要となる。

資本的支出の金額は次の算式で求められる。

$$\text{ⅰ})\ \text{使用可能期間の延長をもたらす資本的支出} = \text{支出金額} \times \frac{\text{支出後の使用可能期間} - \text{支出しなかった場合の残存使用可能期間}}{\text{支出後の使用可能期間}}$$

$$\text{ⅱ})\ \text{価値の増加をもたらす資本的支出} = \text{支出直後の金額} - \text{通常の管理または修理をするものとした場合に予想されるその支出時における価額}$$

上記のように，当該資産の使用可能期間がどれくらい延長したのか，あるいはその価値がどれくらい増加したのかなどを見積ることは，実際には困難と考えられる。

したがって，実務上は次の法基通に則った処理が行われることが一般的である。

(資本的支出の例示)

法基通 7-8-1

法人がその有する固定資産の修理，改良等のために支出した金額のうち当該固定資産の価値を高め，又はその耐久性を増すこととなると認められる部分に対応する金額が資本的支出となるのであるから，例えば次に掲げるような金額は，原則として資本的支出に該当する。
(1) 建物の避難階段の取付等物理的に付加した部分に係る費用の額
(2) 用途変更のための模様替え等改造又は改装に直接要した費用の額
(3) 機械の部分品を特に品質又は性能の高いものに取り替えた場合のその取替えに要した費用の額のうち通常の取替えの場合にその取替えに要すると認められる費用の額を超える部分の金額
(注) 建物の増築，構築物の拡張，延長等は建物等の取得に当たる。

(修繕費に含まれる費用)

法基通 7-8-2

法人がその有する固定資産の修理，改良等のために支出した金額のうち当該固定資産の通常の維持管理のため，又はき損した固定資産につきその原状を回復するために要したと認められる部分の金額が修繕費となるのであるが，次に掲げるような金額は，修繕費に該当する。
(1) 建物の移えい又は解体移築をした場合（移えい又は解体移築を予定して取得した建物についてした場合を除く。）におけるその移えい又は移築に要した費用の額。ただし，解体移築にあっては，旧資材の70％以上がその性質上再使用できる場合であって，当該旧資材をそのまま利用して従前の建物と同一の規模及び構造の建物を再建築するものに限る。
(2) 機械装置の移設（法人税基本通達7-3-12《集中生産を行う等のための機械装置の移設費》の本文の適用のある移設を除く。）に要した費用（解体費を含む。）の額
(3) 地盤沈下した土地を沈下前の状態に回復するために行う地盛りに要した費用の額。ただし，次に掲げる場合のその地盛りに要した費用の額を除く。
　イ　土地の取得後直ちに地盛りを行った場合
　ロ　土地の利用目的の変更その他土地の効用を著しく増加するための地盛りを行った場合
　ハ　地盤沈下により評価損を計上した土地について地盛りを行った場合
(4) 建物，機械装置等が地盤沈下により海水等の浸害を受けることとなったために行う床上げ，地上げ又は移設に要した費用の額。ただし，その床上工事等が従来の床面の構造，材質等を改良するものである等明らかに改良工

> 事であると認められる場合のその改良部分に対応する金額を除く。
> (5) 現に使用している土地の水はけを良くする等のために行う砂利，砕石等の敷設に要した費用の額及び砂利道又は砂利路面に砂利，砕石等を補充するために要した費用の額

　さらに，法基通では，次頁の形式基準（図表2-1-2）による区分も認められている。

④　未収入金管理

　前記のとおり，賃料については賃貸開始月の前月までに請求し入金してもらう前受処理が一般的となっている。また，賃料等の賃貸借契約上の債務を担保するため，貸手は借手から賃料の数ヵ月分を敷金として預かるのが一般的である。そして，貸手である不動産の所有者は，一定のルールに基づいて督促や退去通知の時期などを定めた上で，未収入金を預り敷金の範囲内で収めて貸倒れが発生しないように管理している。

　また，預り敷金を超えた未収入金が発生した場合，会計上は貸倒引当金計上の要否を検討する必要がある。これは，借手に原状回復義務があるにもかかわらず原状回復を実施しない場合も同様である。また，そもそも賃料の未収計上をどのタイミングで中止するかについては，退去通知の発送時までなどの一定のルールを定めているのが通常であり，そのルールに従って運用していく必要がある。

⑤　修繕積立金と大規模修繕，管理組合

　区分所有物件の場合，「建物の区分所有等に関する法律」3「区分所有者は，全員で，建物並びにその敷地及び附属施設の管理を行うための団体を構成し，この法律の定めるところにより，集会を開き，規約を定め，及び管理者を置くことができる。一部の区分所有者のみの共用に供されるべきことが明らかな共用部分（以下「一部共用部分」という。）をそれらの区分所有者が管理するときも，同様とする。」に基づいて管理組合を設立することになる。

　組合員が管理組合に支払った金額について，管理組合は通常の管理に充当する管理費と，大規模修繕等の支出に備えるために支出する修繕積立金とに区分

図表2-1-2　資本的支出と修繕費との区分フロー

```
                  ┌─────────────────────────────────────────┐
                  │ 一の修理,改良等のために要した費用の額(法基通7-8-3) │
                  └─────────────────────────────────────────┘
                                      ↓
         ← Yes    ┌─────────────────────────────────────────┐
                  │ 20万円に満たない場合(法基通7-8-3)            │
                  └─────────────────────────────────────────┘
                                      ↓ No
         ← Yes    ┌─────────────────────────────────────────┐
                  │ 概ね3年以内の期間を周期として行われることが既往の実 │
                  │ 績その他の事情からみて明らかである場合(法基通7-8-3)│
                  └─────────────────────────────────────────┘
                                      ↓ No
                  ┌─────────────────────────────────────────┐
                  │ 明らかに資本的支出(価値を高め,またはその耐       │    Yes →
                  │ 久性を増すこととなると認められる部分)である場合   │
                  │ (法基通7-8-1)                              │
                  └─────────────────────────────────────────┘
                                      ↓ No
         ← Yes    ┌─────────────────────────────────────────┐
                  │ 明らかに修繕費(通常の維持管理のため,またはき損した │
                  │ 固定資産につきその原状を回復するために要したと認めら│
                  │ れる部分)である場合(法基通7-8-2)              │
                  └─────────────────────────────────────────┘
                                      ↓ No
         ← Yes    ┌─────────────────────────────────────────┐
修                │ 60万円に満たない場合(法基通7-8-4)            │    資
繕                └─────────────────────────────────────────┘    本
費                                    ↓ No                        的
         ← Yes    ┌─────────────────────────────────────────┐    支
                  │ 前期末における取得価額の概ね10%相当額以下である場  │    出
                  │ 合(法基通7-8-4)                             │
                  └─────────────────────────────────────────┘
                                      ↓ No
         ← Yes    ┌─────────────────────────────────────────┐
       (a)全額    │ 災害により被害を受けた固定資産について支出した場合で,│    Yes →
       (b)全額    │ (a) 原状回復費用,(b) 被災前の効用を維持するための │   (c)の70%
    (c)の30%相当額│ 費用および(c) 30%相当額を修繕費とし残額を資本的支  │    相当額
                  │ 出とする場合(法基通7-8-6)                    │
                  └─────────────────────────────────────────┘
                                      ↓ No
         ← Yes    ┌─────────────────────────────────────────┐
      (d)と(e)の  │ 継続して(d) 支出金額の30%相当額と(e) その修理, │    Yes →
      いずれか    │ 改良等をした固定資産の前期末における取得価額の10%  │   修繕費とした
      少ない金額  │ 相当額とのいずれか少ない金額を修繕費とし,残額を資本 │   以外の残額
                  │ 的支出とする経理をしている場合(法基通7-8-5)    │
                  └─────────────────────────────────────────┘
                                      ↓ No
         ← No     ┌─────────────────────────────────────────┐
                  │ 実質的に資本的支出(使用可能期間を延長させる部分や  │    Yes →
                  │ 価額を増加させる部分)に該当する場合(法施行令132) │
                  └─────────────────────────────────────────┘
```

して管理することが原則となっている。また，組合員の会計処理は，管理費として拠出した金額は費用計上し，修繕積立金として拠出した金額は修繕積立金として資産計上するのが一般的である。

　管理組合が大規模修繕等による支出を行った場合，組合員の修繕積立金が持分割合に応じて取崩す必要があると考えられるが，通常管理組合の総会や決算報告は年１回の開催のため，修繕積立金の取崩しも年１回になると考えられる。さらに，修繕積立金を取崩す際の会計処理として，支出内容により資本的支出か修繕費かを判断する必要がある。

⑥　リース会計
　土地，建物等の不動産のリース取引の判定フローの概要は，図表２-１-３のとおりとなる。
　土地，建物等の不動産のリース取引（契約上，賃貸借となっているものも含む。以下同じ。）については，ファイナンス・リース取引に該当するかオペレ

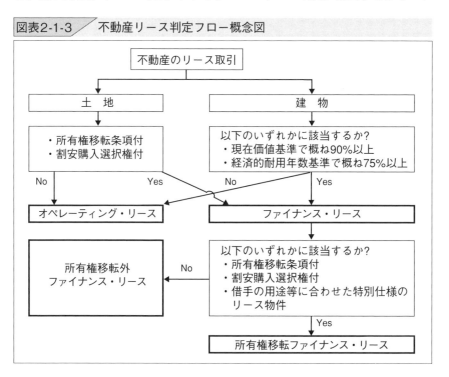

図表２-１-３　不動産リース判定フロー概念図

ーティング・リース取引に該当するかを判定する必要がある。特に賃貸用不動産の賃貸借において途中解約不能の長期の定期借家契約などの場合，ファイナンス・リース取引に該当する可能性があるため留意する必要がある。

ただし，ファイナンス・リース取引に該当した場合でも，土地については以下のア）またはイ）のいずれかに該当する場合を除き，オペレーティング・リース取引に該当するものと推定するとされている（リース取引適用指針19）。これは，土地の経済的耐用年数は無限であるため，通常フルペイアウトのリース取引に該当しないと考えられるからである（リース取引適用指針98）。

ア）リース契約上，リース期間終了後又はリース期間の中途で，リース物件の所有権が借手に移転することとされているリース取引（所有権移転条項）

イ）リース契約上，借手に対して，リース期間終了後又はリース期間の中途で，名目的価額又はその行使時点のリース物件の価額に比して著しく有利な価額で買い取る権利が与えられており，その行使が確実に予想されるリース取引（割安購入選択権）

なお，現在価値基準の判定式は次のとおりであり，該当する場合にはファイナンス・リース取引と判定される。

$$\frac{\text{解約不能}^{(*1)}\text{のリース期間中のリース料総額の現在価値}}{\text{見積現金購入価額}^{(*2)}} \geq \text{概ね90\%}^{(*3)}$$

*1 解約不能のリース取引に関して，法的形式上は解約可能であるとしても，解約に際し，相当の違約金（以下「規定損害金」という。）を支払わなければならない等の理由から，事実上解約不能と認められるリース取引を解約不能のリース取引に準ずるリース取引として扱う（リース取引会計基準36）。リース契約上の条件により，このような取引に該当するものとしては，次のようなものが考えられる（リース取引適用指針6）。

・解約時に，未経過のリース期間に係るリース料の概ね全額を，規定損害金として支払うこととされているリース取引

・解約時に，未経過のリース期間に係るリース料から，借手の負担に帰属しない未経過のリース期間に係る利息等として，一定の算式により算出した額を差し引いたものの概ね全額を，規定損害金として支払うこととされているリース取引

*2 　当該リース物件を借手が現金で購入するものと仮定した場合の合理的見積金額
*3 　具体的数値として「概ね90パーセント以上」としているのは，現在価値基準の判定に見積りの要素が多いためであり，たとえば，それぞれの数値が88パーセントといった場合でも実質的にフルペイアウトと考えられる場合には，ファイナンス・リース取引と判定されることになる（リース取引適用指針94）。

ⅰ）土地と建物等を一括したリース取引

通常，土地と建物等を一括したリース取引が多いと考えられるが，その場合は原則として，リース料総額を合理的な方法で土地に係る部分と建物等に係る部分とに分割した上で，現在価値基準の判定を行う必要がある（リース取引適用指針20）。

なお，リース料総額を土地に係る部分と建物等に係る部分とに合理的に分割する方法としては後記が考えられ，このうち最も実態に合った方法を採用することになる（リース取引適用指針99）。

ア）賃貸借契約書等で，適切な土地の賃料が明示されている場合には，全体のリース料総額から土地の賃料を差し引いた額を，建物等のリース料総額とする。

イ）全体のリース料総額から土地の合理的な見積賃料を差し引いた額を，建物等のリース料総額とみなす。合理的な見積賃料には，近隣の水準などを用いることが考えられる。

ウ）全体のリース料総額から土地の時価に借手の追加借入利子率を乗じた額の総額を差し引いた額を，建物等のリース料総額とみなす（借手の場合）。

貸手においても，土地と建物等を一括としたリースと考えられており，両者の賃料を分けているケースは少なく，実務上は上記イ）の方法で算出する場合が多いと考えられる。このため，上記ア）のように適切な土地の賃料が契約書で明示されているなどの場合を除いて，借手においてはリース料に含まれている土地の賃料相当の金額の算出は容易ではないことが想定される。したがって，ファイナンス・リース取引に該当するかどうかが売却損益の算出に影響を与えるセール・アンド・リースバック取引を除き，土地の賃料が容易に判別可能でない場合は，借手は両者を区分せずに現在価値基準の判定を行うことができるものとされている（リース取引適用指針100）。

ⅱ）リースに関する会計処理・開示・注記の概要
リースに関する会計処理・開示・注記の概要は次のとおりである。

● ファイナンス・リース取引（借手側）

会計処理	開示	注記
● 通常の売買取引に係る方法に準じた会計処理（リース取引会計基準9） ● 原則として，リース契約締結時に合意されたリース料総額からこれに含まれている利息相当額の合理的な見積額を控除する方法。当該利息相当額は，原則として，リース期間にわたり利息法により配分（リース取引会計基準11）	リース物件とこれに係る債務をリース資産およびリース債務として計上（リース取引会計基準10） リース資産： 原則として，有形固定資産，無形固定資産の別に，一括してリース資産として表示。 ただし，有形固定資産または無形固定資産に属する各科目に含めることもできる（リース取引会計基準16）。 リース債務： ● 貸借対照表日後1年以内に支払の期限が到来するもの 　→流動負債 ● 貸借対照表日後1年を超えて支払の期限が到来するもの 　→固定負債 （リース取引会計基準17）	リース資産について，以下を注記 ● その内容（主な資産の種類等） ● 減価償却の方法 ただし，重要性が乏しい場合には，注記不要（リース取引会計基準19）。

　また，ファイナンス・リース取引における借手側の会計処理において，所有権移転ファイナンス・リースと所有権移転外ファイナンス・リースとでは以下のように計上額と償却方法に違いがある。

	計上価額（リース取引適用指針22, 33）		償却方法（リース取引会計基準12）
	貸手の購入価額等が明らかな場合	貸手の購入価額等が明らかでない場合	
所有権移転ファイナンス・リース取引	貸手の購入価額等	リース料総額の割引現在価値と見積現金購入価額とのいずれか低い額	自己所有の固定資産に適用する減価償却方法と同一の方法により算定
所有権移転外ファイナンス・リース取引	リース料総額の割引現在価値と貸手の購入価額等とのいずれか低い額		原則として，リース期間を耐用年数とし，残存価額をゼロとして算定

なお，個々のリース資産に重要性が乏しいと認められる場合は，オペレーティング・リース取引の会計処理に準じて，通常の賃貸借取引に係る方法に準じて会計処理を行うことができる（リース取引適用指針34, 45）。

● オペレーティング・リース取引（借手側および貸手側）

会計処理	注記
通常の賃貸借取引に係る方法に準じた会計処理（リース取引会計基準15）	オペレーティング・リース取引のうち解約不能のものに係る未経過リース料は，以下に区分して注記 ただし，重要性が乏しい場合には，注記不要（リース取引会計基準㉒）。 ● 貸借対照表日後1年以内のリース期間に係るもの ● 貸借対照表日後1年を超えるリース期間に係るもの

● ファイナンス・リース取引（貸手側）

会計処理	開示	注記
● リース取引開始日に，通常の売買取引に係る方法に準じた会計処理（リース取引会計基準13） ● 利息相当額の総額は，リース契約締結時に合意されたリース料総額及び見積残存価額の合計額から，これに対応するリース資産の取得価額を控除することによって算定。当該利息相当額については，原則として，リース期間にわたり利息法により配分（リース取引会計基準14）	所有権移転ファイナンス・リース取引におけるリース債権と所有権移転外ファイナンス・リース取引におけるリース投資資産の表示は以下のとおり（リース取引会計基準18） ● 当該企業の主目的たる営業取引により発生したものである場合 　→流動資産 ● 当該企業の営業の主目的以外の取引により発生したものである場合： ● 貸借対照表日の翌日から起算して1年以内に入金の期限が到来するもの 　→流動資産 ● 入金の期限が1年を超えて到来するもの 　→固定資産	● リース投資資産について，以下を注記 ● 将来のリース料を収受する権利（リース料債権）部分 ● 見積残存価額（リース期間終了時に見積られる残存価額で借手による保証のない額）部分の金額（各々，利息相当額控除前） ● 受取利息相当額 ● リース債権及びリース投資資産に係るリース料債権部分について，貸借対照表日後5年以内における1年ごとの回収予定額及び5年超の回収予定額を注記 ただし，重要性が乏しい場合には，注記不要（リース取引会計基準20，21）。

⑦　固定資産の減損会計

　固定資産の減損とは，資産の収益性の低下により投資額の回収が見込めなくなった状態であり，減損処理とは，そのような場合に，一定の条件の下で回収可能性を反映させるように帳簿価額を減額する会計処理である（減損意見書三3）。

　減損会計基準のステップの概要は図表2-1-4のとおりとなる。

図表2-1-4　減損会計のステップ概要

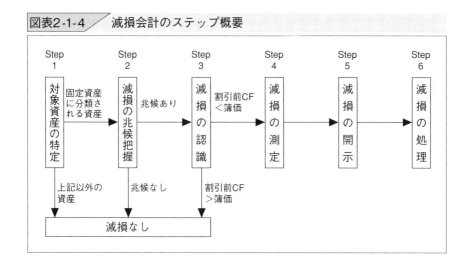

ⅰ）Step 1：対象資産の特定

Step 1として，対象資産を特定する必要がある。対象資産には，有形固定資産，無形固定資産および投資その他の資産が含まれる（減損会計適用指針5）。なお，有形固定資産に属する建設仮勘定やファイナンス・リースの借手として使用している賃貸用不動産（リース資産）も含まれる（減損意見書四4，減損会計適用指針68）。

また，複数の資産が一体となって独立したキャッシュ・フローを生み出す場合には，減損損失を認識するかどうかの判定および減損損失の測定に際して，合理的な範囲で資産のグルーピングを行う必要がある。資産のグルーピングに際しては，他の資産または資産グループのキャッシュ・フローから概ね独立したキャッシュ・フローを生み出す最小の単位で行うことから，オフィスビルなどは通常は1棟ごとに減損の兆候，認識および測定を行うことになる。なお，賃貸用不動産などの一つの資産において，1棟の建物が複数の単位に分割されて継続的に収支の把握がなされている場合でも，通常はこの一つの資産がグルーピングの単位を決定する基礎になる（減損会計適用指針7）。

> 『監査人はここを見る!!』
> - ☑ グルーピングの結果が実態を適切に反映しているか。
> - ☑ グルーピングを見直すべき事実関係の変化はないか。
> - ☑ 管理会計上の区分や投資の意思決定の単位の連結ベースでの状況から，連結上グルーピングを見直す必要はないか。

ⅱ) Step 2：減損の兆候把握

Step 1で減損会計の対象として特定された資産または資産グループについて，Step 2で減損の兆候（減損が生じている可能性を示す事象の有無）を把握する。兆候がなければ減損なしとしてこれ以上のステップには進まない。しかしながら，対象となる資産または資産グループに後記のような減損の兆候がある場合には，当該資産または資産グループについて，減損損失を認識するかどうかの判定（Step 3）に進む。なお，賃貸用不動産においては，前記のとおり通常はビル1棟ごとに兆候の判定を行うが，兆候の主な例としては，賃料の減額，稼働率の低下，それらに伴う営業活動から生じる損益のマイナスおよび時価の下落などが挙げられ，次の基準に該当するかどうか判定する必要がある。

| 資産または資産グループが使用されている営業活動から生ずる損益またはキャッシュ・フローが，継続してマイナスとなっているか，あるいは，継続してマイナスとなる見込みであること（減損会計適用指針12） | ● 「営業活動から生ずる損益」は，営業上の取引に関連して生ずる損益
（含まれるもの）
■ 当該資産または資産グループの減価償却費や本社費等の間接的に生ずる費用
■ 損益計算書上は原価性を有しないものとして営業損益に含まれていない項目でも営業上の取引に関連して生じた損益（たとえば，たな卸資産の評価損）
（含まれないもの）
■ 支払利息など財務活動から生ずる損益や利益に関連する金額を課税標準とする税金
■ 大規模な経営改善計画等により生じた一時的な損益も含まれない。
● 「継続してマイナスとなっているか，あるいは，継続してマイナスとなる見込みであること」とは以下のとおり。 |

	■「継続してマイナス」：概ね過去2期がマイナスであったこと（ただし，当期の見込みが明らかにプラスとなる場合は該当しないと考えることが適当） ■「継続してマイナスとなる見込み」：前期と当期以降の見込みが明らかにマイナスとなる場合 ●減損の兆候の把握には「営業活動から生ずる損益」によることが適切であるが，管理会計上，「営業活動から生ずるキャッシュ・フロー」だけを用いている場合には，それが，継続してマイナスとなっているか，または，継続してマイナスとなる見込みであるときに減損の兆候となる。 ●事業の立上げ時などあらかじめ合理的な事業計画が策定されており，当該計画にて当初より継続してマイナスとなることが予定されている場合，実際のマイナスの額が当該計画にて予定されていたマイナスの額よりも著しく下方に乖離していないときには，減損の兆候には該当しない。
資産または資産グループが使用されている範囲または方法について，当該資産または資産グループの回収可能価額を著しく低下させる変化が生じたか，あるいは，生ずる見込みであること（減損会計適用指針13）	●事業の廃止または再編成 ●当初の予定よりも著しく早期に資産又は資産グループを除却や売却などにより処分すること ●資産または資産グループを当初の予定又は現在の用途と異なる用途に転用すること ●遊休状態になり，将来の用途が定まっていないこと ●稼働率が著しく低下した状態が続いており，著しく低下した稼働率が回復する見込みがないこと ●著しい陳腐化等の機能的減価が観察できること ●建設仮勘定に係る建設について，計画の中止または大幅な延期が決定されたことや当初の計画に比べ著しく滞っていること
資産または資産グループが使用されている事業に関連して，経営環境が著しく悪化したか，あるいは，悪化する見込みであること（減損会計適用指針14）	具体的な内容は，個々の企業の状況に応じて判断することが必要であるが，以下のようなものが考えられる。 ●材料価格の高騰や，製・商品店頭価格やサービス料金，賃料水準の大幅な下落，製・商品販売量の著しい減少などが続いているような市場環境の著しい悪化 ●技術革新による著しい陳腐化や特許期間の終了による重要な関連技術の拡散などの技術的環境の著しい悪化 ●重要な法律改正，規制緩和や規制強化，重大な法令違反の発生などの法律的環境の著しい悪化

資産または資産グループの市場価格が著しく下落したこと（減損会計適用指針15）	少なくとも市場価格が帳簿価額から50％程度以上下落した場合 ただし，50％程度以上下落していない場合でも，たとえば，処分が予定されている資産で，市場価格の下落により，減損が生じている可能性が高いと見込まれるときのように，状況に応じ個々の企業において判断することが必要なときがある。

　『監査人はここを見る!!』
- ☑ 取締役会や稟議書等で重要な意思決定がなされていないか。
- ☑ 経営環境に与える事象が適切に反映されているか。
- ☑ 賃貸等不動産の時価開示との整合性は取れているか。

ⅲ) Step 3：減損の認識

Step 2で減損の兆候がある資産または資産グループについて，Step 3で減損損失を認識するかどうかの判定を行う。具体的には，後記のように資産または資産グループから得られる割引前将来キャッシュ・フローの総額（以下「割引前CF」という。）と帳簿価額とを比較する。

```
割引前CF ＞ 帳簿価額 ⇒ 減損なし
割引前CF ＜ 帳簿価額 ⇒ Step 4へ
```

割引前CFの見積りに際しては，現在の使用状況および合理的な使用計画等を考慮する必要があり，賃貸用不動産では個々の状況を踏まえた上で，現状のレントロールをもとに将来の稼働率の推移や賃料の増減などを考慮して見積るものと考えられる。なお，その際に賃貸用不動産の価値を維持する修繕などの合理的な設備投資に関連する将来キャッシュ・フローは見積りに含めるが，計画されていないような将来の設備の増強については含めないので注意する必要がある。また，開発計画が中止となり暫定的な一時利用として駐車場として賃貸しているような将来の用途が定まっていない遊休資産については，現在の状況に基づいて将来キャッシュ・フローを見積ることになる。さらに，開発中の賃貸用不動産の将来キャッシュ・フローについては，合理的な建設計画や使用計画等を考慮して，完成後に生ずると見込まれる将来キャッシュ・イン・フロ

ーから,完成までおよび完成後に生ずると見込まれる将来キャッシュ・アウト・フローを控除して見積ることになる(減損会計適用指針38)。

割引前CFを見積る期間は,資産の経済的残存使用年数または資産グループ中の主要な資産(資産グループの将来キャッシュ・フロー生成能力にとって最も重要な構成資産をいう。)の経済的残存使用年数と,20年のいずれか短い方とされている(減損会計基準二2)。なお,資産または資産グループ中の主要な資産の経済的残存使用年数が20年を超える場合には,20年経過時点の回収可能価額を算定して20年目までの割引前CFに加算することになる(減損会計基準注解4)。

『監査人はここを見る!!』
☑ 将来の損益計画は,過去実績および予見可能な将来事象を反映した合理的なものとなっているか。
　更新の投資が合理的に見積られ,将来キャッシュ・アウト・フローに反映されているか。

ⅳ) Step 4：減損の測定

Step 3で減損損失を認識すべきであると判定された資産または資産グループについては,Step 4で帳簿価額を回収可能価額まで減額し,当該減少額を減損損失として当期の損失として計上する(減損会計基準二3)。

この回収可能価額とは,資産または資産グループの正味売却価額(時価から処分費用見込額を控除して算定される金額)と使用価値(継続的使用と使用後の処分によって生ずると見込まれる将来キャッシュ・フローの現在価値)とのいずれか高い方の金額をいう。この点,不動産の正味売却価額については「不動産鑑定評価基準」(国土交通省)に基づいて算定するとされている。ただし,自社における合理的な見積りが困難な場合には,不動産鑑定士から鑑定評価額を入手しその評価額をもって合理的に算定された価額とすることができるとされている。なお,重要性が乏しい不動産については,一定の評価額や適切に市場価格を反映していると考えられる指標を,合理的に算定された価額とみなすことができる(減損会計適用指針28)。

> 『監査人はここを見る!!』
> ☑ 回収可能価額算出の前提条件は，過去の実績や足許の経済情勢に照らし合理的であるか。
> ☑ 不動産鑑定士から鑑定評価額を入手する場合，不動産鑑定士の独立性，客観性および専門的能力等に懸念はないか。

ⅴ）Step 5：減損の開示

Step 4 まで進み減損損失を計上する場合には，後記のように財務諸表に表示し，注記も必要となる。

貸借対照表における表示 （減損会計基準四 1，減損会計適用指針 57）	（原則）直接控除形式：減損処理前の取得原価から減損損失を直接控除し，控除後の金額をその後の取得原価とする形式 （容認）間接控除形式 ■独立間接控除形式：減価償却を行う有形固定資産については，当該資産に対する減損損失累計額を，取得原価から間接控除する形式 ■合算間接控除形式：減損損失累計額を減価償却累計額に合算して表示
損益計算書における表示 （減損会計基準四 2）	減損損失は，原則として，特別損失とする。
注記事項 （減損会計基準四 3，減損会計適用指針 58）	●減損損失を認識した資産または資産グループについては，その用途，種類，場所などの概要 ●減損損失の認識に至った経緯 ●減損損失の金額については，特別損失に計上した金額と主な固定資産の種類ごとの減損損失の内訳 ●資産グループについて減損損失を認識した場合には，当該資産グループの概要と資産をグルーピングした方法 ●回収可能価額が正味売却価額の場合には，その旨および時価の算定方法，回収可能価額が使用価値の場合にはその旨および割引率 なお，注記事項は，資産グループごとに記載する。ただし，多数の資産グループにおいて重要な減損損失が発生している場合には，資産の用途や場所等に基づいて，まとめて記載することができる（減損会計適用指針 59）。

なお，注記の事例を参考までに掲載しておく。

【事例】

当連結会計年度
$\begin{pmatrix} 自 & 平成X1年4月1日 \\ 至 & 平成X2年3月31日 \end{pmatrix}$

※5 当年度において，以下の資産グループについて減損損失を計上しました。

主な用途	種類	場所
賃貸資産その他 (計15ヵ所)	建物，土地等	東京都港区他
海外事業 (計1件)	建設仮勘定	米国フロリダ州

当社グループは，他の資産又は資産グループのキャッシュ・フローから概ね独立したキャッシュ・フローを生み出す最小単位に拠って資産のグループ化を行いました。なお，社宅等は共用資産としております。

その結果，当年度において，地価の下落に伴い帳簿価額に対して著しく時価が下落している資産グループ及び賃料水準の低下や市況の悪化等により収益性が著しく低下した資産グループ16件について帳簿価額を回収可能額まで減額し，当該減少額を減損損失（2,447百万円）として特別損失に計上しました。

その内訳は，土地976百万円，建物・構築物他 1,057百万円，建設仮勘定413百万円であります。

なお，当資産グループの回収可能価額は正味売却価額あるいは使用価値により測定しており，正味売却価額は主として不動産鑑定士による鑑定評価額を使用しております。また，使用価値は，将来キャッシュ・フローを主として5％で割り引いて算定しております。

また，海外事業の減損については，在外連結子会社につき米国の会計基準に基づいて算定しております。

vi）Step 6：減損後の処理

　減損処理を行った資産については，減損損失を控除した帳簿価額に基づき減価償却を行う（減損会計基準三1）。また，減損損失の戻入れは行わない（減損会計基準三2）。

　また，減損処理後，販売目的で保有するために流動資産に振替えた場合を除き，処分が予定されている場合でも，残存価額まで減価償却を行う必要がある（減損会計適用指針55）。

(3) 売却と除却時

① 売却損益の認識時期

2004年に企業会計基準委員会「不動産の売却に係る会計処理に関する論点の整理」が公表されているが，日本では不動産の売却を網羅的に取扱った基準はなく，一般的な実現主義の原則が適用されると考えられている。このため，不動産の売却においても，所有権が移転し売却代金が全額入金されており，売却した不動産に対して譲渡人の継続的関与等がない限り，通常は売却損益を全額認識できる。しかしながら，こうした要件が満たされない場合，固定資産・棚卸資産（販売用不動産等）ともに，リスク・経済価値アプローチの考え方によって判断することになる（不動産流動化実務指針3）。このため，売却損益を認識できるかどうかは，不動産のリスクと経済価値のほとんどすべてが他の者に移転しているかどうかで判断することが適切と考えられる。

なお，法人税法上は，次のとおり引渡しを原則としつつも，契約の効力発生を基準とすることも認めているが，会計上は物件の引渡しをもって売却損益を認識する引渡基準が通常採用されている。

（固定資産の譲渡による収益の帰属の時期）

法基通2-1-14

固定資産の譲渡による収益の額は，別に定めるものを除き，その引渡しがあった日の属する事業年度の益金の額に算入する。ただし，その固定資産が土地，建物その他これらに類する資産である場合において，法人が当該固定資産の譲渡に関する契約の効力発生の日の属する事業年度の益金の額に算入しているときは，これを認める。
（注）　本文の取扱いによる場合において，固定資産の引渡しの日がいつであるかについては，2-1-2の例による。

（棚卸資産の引渡しの日の判定）

法基通2-1-2

2-1-1の場合において，棚卸資産の引渡しの日がいつであるかについては，例えば出荷した日，相手方が検収した日，相手方において使用収益ができることとなった日，検針等により販売数量を確認した日等当該棚卸資産の種類及び性質，その販売に係る契約の内容等に応じその引渡しの日として合理的であると認められる日のうち法人が継続してその収益計上を行うこととしている日によるものとする。この場合において，当該棚卸資産が土地又は土地

> の上に存する権利であり，その引渡しの日がいつであるかが明らかでないときは，次に掲げる日のうちいずれか早い日にその引渡しがあったものとすることができる。
> (1) 代金の相当部分（おおむね50％以上）を収受するに至った日
> (2) 所有権移転登記の申請（その登記の申請に必要な書類の相手方への交付を含む。）をした日

不動産の売却認識におけるリスク・経済価値アプローチの考え方は，以下のとおりとなる（不動産流動化実務指針3）。

リスク・経済価値アプローチ	不動産の売却の認識は，不動産が法的に譲渡されていること及び資金が譲渡人に流入していることを前提に，譲渡不動産のリスクと経済価値のほとんどすべてが他の者に移転した場合に当該譲渡不動産の消滅を認識する方法

ここで，不動産におけるリスクと経済価値とは，以下のとおりである（不動産流動化実務指針4）。

不動産のリスク	経済環境の変化等の要因によって当該不動産の価値が下落すること
不動産の経済価値	当該不動産を保有，使用又は処分することによって生ずる経済的利益を得る権利に基づく価値

また，特別目的会社を活用した不動産の流動化に関するリスクと経済価値の移転についての判断にあたっては，リスク負担を流動化する不動産がその価値のすべてを失った場合に生ずる損失であるとして，後記のリスク負担割合によって判定する。そして，流動化する不動産の譲渡時の適正な価額（時価）に対するリスク負担の金額の割合が概ね5％の範囲内であれば，リスクと経済価値のほとんどすべてが他の者に移転しているものとして取扱うとされている（不動産流動化実務指針13）。

なお，不動産のリスクと経済価値のほとんどすべてが他の者に移転しているかどうかについては，形式的ではなく実質的な判断が求められていることに注意する必要がある。特に，リースバックが行われる場合には，不動産における一定のリスクを留保する側面もあるため，リースバックに加えて他の継続的関与もある場合，監査上は慎重に検討する必要があるとされている（特別目的会社Q＆A Q6）。また，譲渡人が買戻し権（優先買取交渉権および優先拒否権

を含む。）を保有する場合も，それらが実行されたときには一時的な移転に過ぎなくなる可能性があるため，リスクと経済価値の移転の判断については監査上十分留意する必要がある（特別目的会社Q＆A Q6）。

$$リスク負担割合 = \frac{リスク負担の金額}{流動化する不動産の譲渡時の適正な価額（時価）}$$

この結果，リスク負担割合が概ね5％を超える場合には，売却取引ではなく金融取引として会計処理することになる。

また，関係会社間取引については，監査委員会報告第27号「関係会社間の取引に係る土地・設備等の売却益の計上についての監査上の取扱い」が公表されており，会計処理および監査上の取扱いについて留意する必要がある。

さらに，期中に取締役会などで売買契約締結の意思決定を行い翌期に売却取引を行う場合において，翌期に売却損が見込まれるケースでは，当期末に減損損失（固定資産の場合）や評価損（棚卸資産の場合）を認識する必要がある。

『監査人はここを見る!!』
- ☑ 特別目的会社におけるリファイナンス時に再度リスク負担割合を算出し，概ね5％以内であるかの判定を行っているか。
- ☑ 流動化スキームの譲渡人の親会社が出資証券の保有者等として何らかのリスクを負担する場合，親会社の連結財務諸表において譲渡人（子会社）が流動化した不動産の連結会社が負担するリスクを含めてリスク負担割合の判定を行っているか。

② 除却時の取扱い

耐用年数の到来する以前に資産が除却する場合，会計上は除却時まで減価償却を実施し，減価償却累計額控除後の未償却残高を除却損として計上する。

法人税法上は，法人がその有する建物，構築物等でまだ使用に耐えうるものを取壊し新たにこれに代わる建物，構築物等を取得した場合には，その取壊した資産の取壊し直前の帳簿価額（取壊した時における廃材等の見積額を除く。）は，その取壊した日の属する事業年度の損金の額に算入する（法基通7-7-1）。ただし，法人が建物等の存する土地（借地権を含む）を建物等とともに取得し

た場合または自己の有する土地の上に存する借地人の建物等を取得した場合において，その取得後概ね1年以内に当該建物等の取壊しに着手する等，当初からその建物等を取壊して土地を利用する目的であることが明らかであると認められるときは，当該建物等の取壊しの時における帳簿価額および取壊費用の合計額（廃材等の処分によって得た金額がある場合は，当該金額を控除した金額）は，当該土地の取得価額に算入しなければならないため注意する必要がある（法基通7-3-6）。

③ 自社保有物件の建替え

自社保有物件の建替えを行う場合，以下の点について検討が必要となる。

ⅰ）除却費用の取扱い

自社保有物件を建替える場合，上記の除却時の取扱いに記載したように建替え直前の簿価を除却損として計上し，新たに建設に要したコストを，適正な原価計算基準に従って取得原価を計算して資産計上することになる（連続意見書第三）。なお，翌期以降に自社保有物件を建替えることが決定されており，既存建物の除去費用が「企業会計原則注解18」の引当金の要件を満たす場合には，当期の負担に属する金額を当期の費用または損失として引当金計上することが考えられる。ただし，計上する必要があるかどうかの判断規準や，将来において発生する金額の合理的な見積方法が必ずしも明確ではなかったことなどから，これまで広くは行われてこなかったのではないかと考えられるとされている（資産除去債務会計基準31）。

ⅱ）減損

当初の予定よりも著しく早期に資産または資産グループを処分することは減損の兆候に該当する。たとえば，通常償却資産について当初の経済的使用年数の予定よりも著しく早期に資産または資産グループを処分することとなった場合や，土地等の非償却資産について土壌汚染のおそれなどにより当初の予定よりも著しく早期に処分することとなった場合などが該当すると考えられる（減損会計適用指針83，減損会計適用指針13(2)参照））。このため，自社保有物件を建替える場合には，回収可能価額を著しく低下させる可能性のある変化に該当するが，従来よりも明らかに回収可能価額を増加させる場合などは，必ずし

も減損の兆候には該当しないと考えられる。ただし，その場合でも当該資産または資産グループについて，使用されている営業活動から生ずる損益またはキャッシュ・フローが継続してマイナスとなる見込みや，市場価格の著しい下落など，他の減損の兆候に該当する場合があることに留意する必要がある。

そして，減損の兆候に該当し，減損の認識判定のステップに進んだ場合には，既存の土地とその上に新規に建設する建物について，合理的な建設計画や使用計画等を考慮して将来キャッシュ・フローを見積る必要がある。その際の将来キャッシュ・フローの見積りは，完成後に生ずると見込まれる将来キャッシュ・イン・フローから，完成までおよび完成後に生ずると見込まれる将来キャッシュ・アウト・フローを控除して見積ることになる（減損会計適用指針38）。

ⅲ）耐用年数の変更

前記(1)②ⅱ）のとおり，固定資産の耐用年数の変更等については，当期以降の費用配分に影響させる方法のみが認められている（遡及会計基準57）。

(4) 賃貸等不動産の時価開示

① 基準設定の経緯

金融商品の時価の注記対象が拡大されたことを踏まえ，一定の不動産については，事実上事業投資と考えられるものでもその時価を開示することが投資情報として一定の意義があるという意見があること，さらに，国際財務報告基準（IFRS）が原価評価の場合に時価を注記することへのコンバージェンスを図る観点から，賃貸等不動産に該当する場合には時価の注記を行うこととされた（賃貸等不動産会計基準18）。

② 適用範囲

賃貸等不動産は，棚卸資産に分類されている不動産以外のものであって，
- 賃貸収益
- キャピタル・ゲイン

の獲得を目的として保有されている不動産（ファイナンス・リース取引の貸手における不動産を除く）である。したがって，物品の製造や販売，サービスの提供，経営管理に使用されている場合は賃貸等不動産には含まれない（賃貸

等不動産会計基準4）。

　なお，ファイナンス・リース取引に該当する不動産については，借手において当該不動産が上記要件に該当すれば賃貸等不動産となる（賃貸等不動産適用指針5）。また，不動産を信託財産としている信託（不動産信託）の受益者は，原則として不動産を直接保有する場合と同様に処理することから，その信託財産である不動産が上記要件に該当する場合には，受益者は当該不動産の持分割合に相当する部分を賃貸等不動産として取扱うことになる（賃貸等不動産適用指針6）。

　そして，賃貸等不動産として時価等の開示に含まれるものは後記のとおりであり（賃貸等不動産会計基準5），保有目的ではなく，形式的な区分が重視されていることに留意する必要がある。

　ⅰ）貸借対照表において投資不動産（投資の目的で所有する土地，建物その他の不動産）として区分されている不動産

> 通常，次の科目に含まれている。
> - 「有形固定資産」に計上されている土地，建物（建物附属設備を含む），構築物，建設仮勘定
> - 「無形固定資産」に計上されている借地権
> - 「投資その他の資産」に計上されている投資不動産

　ⅱ）将来の使用が見込まれていない遊休不動産
　ⅲ）上記以外で賃貸されている不動産

　この賃貸等不動産については，ホテルやゴルフ場などを自ら運営している場合には該当しないが，これらを第三者に賃貸して第三者が運営している場合には，所有者にとっては賃貸等不動産に該当する。

　また，連結財務諸表において賃貸等不動産の時価等の開示を行っている場合には，個別財務諸表での開示を要しないとされていることから（賃貸等不動産会計基準3），賃貸等不動産に該当するかどうかの判断は連結の観点から行う。

　さらに，将来において賃貸等不動産として使用される予定で開発中の不動産や一時的に借手が存在しない不動産，一部のみ賃貸等不動産として使用している不動産についても賃貸等不動産として取扱うので注意する必要がある。

> 原則：不動産の中には，物品の製造や販売，サービスの提供，経営管理に使用されている部分と賃貸等不動産として使用される部分で構成されるものがあるが，賃貸等不動産として使用される部分については，賃貸等不動産に含める。
> 容認：賃貸等不動産として使用される部分の割合が低いと考えられる場合は，賃貸等不動産に含めないことができる。
> 　なお，当該部分を区分するにあたっては，管理会計上の区分方法その他の合理的な方法を用いる（賃貸等不動産適用指針7）。

③　注記に関する概要

賃貸等不動産を保有している場合は，次の事項を注記する（賃貸等不動産会計基準8）。また，管理状況等に応じて，注記事項を用途別や地域別等に区分して開示することができる。

> ⅰ）賃貸等不動産の概要
> ⅱ）賃貸等不動産の貸借対照表計上額及び期中における主な変動
> ⅲ）賃貸等不動産の当期末における時価及びその算定方法
> ⅳ）賃貸等不動産に関する損益

ただし，賃貸等不動産の総額に重要性が乏しい場合は注記を省略することができるが，総額に重要性が乏しいかどうかは，賃貸等不動産の貸借対照表日における時価を基礎とした金額と当該時価を基礎とした総資産の金額との比較をもって判断することになる（賃貸等不動産適用指針8）。

各注記を記載するにあたっての留意事項は後記のとおりとなる。

ⅰ）賃貸等不動産の概要

主な賃貸等不動産の内容，種類，場所が含まれる（賃貸等不動産適用指針9）。

ⅱ）賃貸等不動産の貸借対照表計上額及び期中における主な変動

注記するにあたっては，次の事項に留意する（賃貸等不動産適用指針10）。

- 原則として，取得原価から減価償却累計額及び減損損失累計額（減損損失累計額を取得原価から直接控除している場合を除く。以下同じ。）を控除した金額をもって行う。
- 貸借対照表計上額に関する期中の変動に重要性がある場合には，その事由及び金額を記載する。

ⅲ）賃貸等不動産の当期末における時価およびその算定方法
- 賃貸等不動産の当期末における時価とは，通常，観察可能な市場価格に基づく価額をいい，市場価格が観察できない場合には合理的に算定された価額をいう（賃貸等不動産会計基準4）。この賃貸等不動産に関する合理的に算定された価額とは，「不動産鑑定評価基準」（国土交通省）による方法又は類似の方法に基づいて算定する。

なお，契約により取り決められた一定の売却予定価額がある場合は，合理的に算定された価額として当該売却予定価額を用いることとする（賃貸等不動産適用指針11）。

- 第三者からの取得時（連結財務諸表上，連結子会社の保有する賃貸等不動産については当該連結子会社の支配獲得時を含む。以下同じ。）又は直近の原則的な時価算定を行った時から，一定の評価額や適切に市場価格を反映していると考えられる指標に重要な変動が生じていない場合には，当該評価額や指標を用いて調整した金額をもって当期末における時価とみなすことができる（賃貸等不動産適用指針12）。
- 開示対象となる賃貸等不動産のうち重要性が乏しいものについては，一定の評価額や適切に市場価格を反映していると考えられる指標に基づく価額等を時価とみなすことができる（賃貸等不動産適用指針13）。
- 賃貸等不動産の時価を把握することが極めて困難な場合は，時価を注記せず，重要性が乏しいものを除き，その事由，当該賃貸等不動産の概要及び貸借対照表計上額を他の賃貸等不動産とは別に記載する（賃貸等不動産適用指針14）。
- 賃貸等不動産の当期末における時価は，当期末における取得原価から減価償却累計額及び減損損失累計額を控除した金額と比較できるように記載する（賃貸等不動産適用指針15）。

> 『監査人はここを見る！！』
> - ☑ 賃貸等不動産の当期末における時価を自社で見積りを行う場合に，会社に合理的な見積りを行う能力と内部統制があるか。
> - ☑ 時価の算定方法（収益還元法，原価法および取引事例法や簡便的な指標に基づく価額等）は賃貸等不動産の特殊的条件に合致しているか。
> - ☑ 時価を把握することが極めて困難な場合の判断は，賃貸等不動産の状況に応じて適切に判断しているか。

iv）賃貸等不動産に関する損益

賃貸等不動産に関する損益（賃貸等不動産会計基準8）を注記するにあたっては，次の事項に留意する必要がある（賃貸等不動産適用指針16）。

- 財務諸表において賃貸等不動産の損益の注記を行う場合，損益計算書における金額に基づくこととなる。
- 重要性が乏しい場合を除き，賃貸等不動産に関する賃貸収益とこれに係る費用（賃貸費用）による損益，売却損益，減損損失及びその他の損益等を適切に区分して記載する。
- 上記の損益については，収益と費用を総額で記載することができる。また，賃貸費用は主な費目に区分して記載することができる。

第2章

不動産分譲事業

　不動産分譲事業とは，宅地の造成や建物の建設を行い，それを分譲して宅地や建物に付けた付加価値から収益を得る事業のことをいう。

　不動産分譲事業は，一般事業と比較すると，取扱う在庫（棚卸資産）が高価であり，開発を伴うことから在庫の保有期間が長期にわたるケースが多い。また，不動産分譲事業を行う会社（以下「デベロッパー」という。）は，用地を取得し，実際の設計・建設の業務はゼネコン等に発注することが一般的であることから，開発期間中の物件の価格変動や資金（金利）等のリスクを負担するものの，プロジェクト全体をコーディネートしていく業務を中心に行っているといえる。

　不動産分譲事業には，マンション分譲事業，戸建分譲事業，オフィスビル分譲事業，土地分譲事業などが挙げられるが，いずれの場合も大きな相違点はないと考えられるため，主にマンション分譲事業を中心に説明を進めていく。

1　不動産分譲事業の概要，取引フロー

(1) 仕入れ（用地取得）

　不動産分譲事業は，分譲物件の用地取得を行うことから始まる。用地取得とは，マンションやオフィスなどを建設するために必要とする土地を取得することをいう。不動産の性質上，他に一つとして同じ用地を取得することはなく，また，建築基準法や都市計画法などの制約があることから，用地の状況によっ

図表2-2-1　マンション分譲事業の流れ

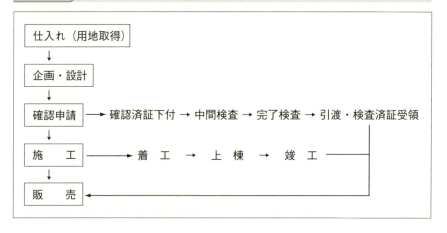

て開発可能なプロジェクトの方向性は自ずと決まってくる側面がある。

　この仕入れ（用地取得）の段階で，今後どのようなプロジェクトを進めていくかを想定してプロジェクト損益を予測することになる。この段階がプロジェクト損益の大枠を決定づけることになるため，仕入意思決定がプロジェクトの成否の大きな要因になるといえる。

　デベロッパーは，場所，地型，用途地域，周辺物件，道路付けなどといった観点から将来の開発可能性を十分に検討し，獲得できる分譲収益に比して合理的な仕入れ，すなわち，土地の取得価額が合理的な水準であるかを検討していくことになる。さらに，土壌汚染や地中埋蔵物といった，開発に支障を生じさせたり追加コストを発生させたりするようなリスクの有無についても検討する必要がある。

　なお，用地取得は，同業の不動産業者，金融機関などの情報・紹介（たとえば，企業が社宅を廃止して所有土地を資金化するケースなど），地主からの取得，国・地方公共団体が実施する入札などを通じて行われることが多い。

(2)　企画・設計

　用地取得が決定したら，具体的にその用地に関するマーケティングを行い，顧客ニーズにマッチしたプロジェクトを企画していく。すなわち，法律・条例

図表2-2-2	プロジェクト（事業）予算の考え方

```
分 譲 収 益・・・坪単価（近隣相場等より）×専有面積合計
分 譲 原 価・・・用地代，建築請負代金，設計費など
分 譲 粗 利 益・・・目標利益率：たとえば，15～20%を想定
販売直接経費・・・広告宣伝費（パンフレット，折込チラシ），販売人件費など
そ   の   他・・・プロジェクト金利など
分 譲 事 業 利 益・・・目標利益率：たとえば，10～15%を想定
```

で認められている範囲内で，かつ，開発予算の枠のなかで，どのような機能，デザイン，耐久性などを持った建築を行えるのかを検討していくことになる。たとえば，寒冷地における建物はその仕様に特別な対応を行うのが通常である。また，用地取得の段階で行う土壌汚染や地中埋蔵物に関する詳細な調査を行い，開発に障害が生じていないかを改めて検討することになる。

マンションであれば，立地や地域環境，駅からの距離等の利便性などを勘案して，単身者向け，DINKS（Double Income No Kids）向け，ファミリー向け，高齢者向けといった間取りを検討したり，建物の位置や向き，緑地，駐車場などをどのように配置すべきかを検討したりする。そして，これらの企画を設計図などに反映させ，プロジェクトをより具体化させていくことになる。たとえば，構造設計をどのように考えるか，これにより耐震性がどの程度確保できるか，といった検討もこの段階で行われることになる。

(3) 確認申請

確認申請とは，建物を建築する際に，建築主が確認書を役所または民間の建築確認検査機関に提出し，建築物が建築基準法・条例等に適合しているかの確認を受けることをいう。建築確認書は正・副の2部を作成し，役所または民間の建築確認検査機関が確認後，副（いわゆる「確認済証」）が返却されるが，確認済証は建物が建築主に引渡されるまで建設会社が保管していることが多い。この確認申請は，企画設計段階から施工（竣工）までの間の一定の品質を確保するために行われているものである。

そして，マンションに関する確認申請は，申請内容に問題がなければ準備期間等を含めても原則として1ヵ月以内で確認済証の発行を受けることができる

が，実際には，物件の規模・複雑性や建築確認検査機関の繁忙度合い，構造計算の専門家による事前チェック等を考えると3ヵ月程度を目安として考えているデベロッパーが多いようである。

確認済証を取得後，着工から竣工するまで（後記「(4)施工」参照）の間，建築確認申請どおりに建物が施工されているかの検査が行われる。この検査には，中間段階で行われる中間検査（「中間検査合格証」の交付）と，建物が完成した段階で行われる完了検査（「検査済証」の交付）とがある。

なお，品質確保の観点から，住宅品確法に基づく住宅性能表示制度や住宅瑕疵担保履行法に基づく住宅瑕疵担保責任保険制度が運用されている。図表2-2-3のとおり，デベロッパーは住宅瑕疵担保責任保険制度に関して，保証金を供託するか，保険料を支払うかのどちらかの対応が求められている。

図表2-2-3　住宅瑕疵担保責任保険制度の対応

	保証金供託	保険料支払い
時期	引渡後の基準日まで	着工前
金額	供給戸数に応じた金額	会社の規模等に応じた保険料
瑕疵による損害負担	会社が全額負担。会社が破綻等の場合，発注者や買主は供託金の還付を受けることが可能。	会社が全額負担（通常，保険金で80％以上カバーされる。）会社が破綻等の場合，発注者や買主は保険法人に直接請求が可能。
返還	あり	なし（掛捨て）

(4) 施工

デベロッパーは，通常，ゼネコンや工務店と建築請負契約を締結し，建物の建築を行う。ゼネコンは下請業者等も利用しながら長期にわたって工事を行っていくが，工務店はほとんどの工程を自社で進めていく。デベロッパーは，プロジェクト管理表を用いて，着工，上棟，竣工といった節目のタイミングを中心に工事進捗管理や施工状況の確認を行っていくことになる。

竣工時には，物件の引渡し前に検査を受けて検査済証を受け取るとともに，顧客（施主）の事前点検で発見された不具合等の手直しを行い，ゼネコン・工

務店，顧客（施主），デベロッパーの立会いのもと，最終確認を行った上で引渡しがなされる。

(5) 販売

　不動産分譲事業における販売活動は，取扱う在庫が高価であることから，顧客の購入意思と購入資金の有無の確認が重要になる。これにより，申込金（いわゆる手付金），中間金（ないケースも多い），最終金（住宅ローンが実行されることで入金されるケースが多い）といった複数回の購入意思，購入資金の確認が行われている。

　特にマンション分譲事業において，建設に長期を要するとともにその期間の金利負担が大きいことから，竣工前の段階（仕掛不動産）で販売を開始するケースが見受けられる（いわゆる「青田売り」）。

　この青田売りをして竣工時即完売した場合，一般に必要以上の借入金の金利負担，販売人件費の負担を回避できたと考えてプロジェクトが成功に終わったと考えられる。しかしながら，販売価格の設定が低かったために竣工時即完売したのであって，もう少し利益を獲得する機会を逸したという見方もできる。このような状況を回避するために，デベロッパーの中には販売時期を複数回に分け，その都度販売予定価格を見直しすることで，プロジェクトの最大利益を確保するように工夫している企業もある。

　逆に，竣工時の販売戸数が想定より少ない場合は，販売価格の設定が高いことが多く，プロジェクト全体（特に販売予定価格）の見直しが必要となる。これは，借入金の返済期日における返済原資の確保に支障を生じさせる可能性を含むとともに，棚卸資産の収益性の低下による簿価切下げリスクの可能性も生じさせるため，十分な検討が求められる。さらに，未契約の在庫物件を値下げした場合には，既契約者との不動産売買契約の価格との乖離を生じることから，既契約者とのトラブルを発生させるおそれもある。

　また，竣工後に販売活動を開始するケースもある（いわゆる「完成売り」）。その際は，竣工物件の数区画をモデルルームとして利用し，モデルルームは利用後に若干値下げして販売したり，内装家具付きで販売したりするケースが見られる。

この完成売りの場合，顧客は完成物件を内覧した上で購入の意思決定を行うことができるというメリットがあるが，デベロッパーにとって，販売期間ひいてはプロジェクト全体を長期化させ，資金（金利）負担や経費負担が増加することになる。このため，これらの負担が顧客への販売価格に転嫁されやすい傾向にある。

また，デベロッパーが自社で販売を行うほか，デベロッパーが別会社と販売代理契約を締結することがある。この販売代理とは，デベロッパーの代理人として販売を行うもので，販売代理業者が顧客と直接不動産売買契約を締結する。この場合，デベロッパーが売買契約時，物件引渡時，もしくは入金に応じて，販売価格の一定割合を販売代理業者に販売手数料として支払うことになる。

(6) 関連する事業

① 土地区画整理事業

土地区画整理事業とは，土地区画整理法によって規定されているものであり，都市計画区域内の土地について，公共施設の整備改善および宅地の利用の増進を図るため，土地の区画形質の変更および公共施設の新設または変更に関する事業のことをいう。

主に，道路，公園等の公共施設の整備が必要な一定の区域において，地権者からその権利分に応じた土地を提供（これを「減歩（げんぶ）」という。）してもらい，この土地を集約し道路や公園などの公共用地に充てるほか，その一部を保留地

図表2-2-4　土地区画整理事業の収入・支出

[収 入]
・国，地方公共団体からの補助金
・保留地処分金

[費 用]
・道路等の公共施設整備費
・建物等の移転，移設補償費
・宅地整地費用
・調査設計費用
・その他費用

として売却し事業資金の一部に充てたりする。これにより，地権者にとっては減歩（げんぶ）された分だけ自分の土地が通常小さくなるものの，整地化され公共施設が整備されることで，土地の価値増加というメリットを享受することができる。

この事業に対するデベロッパーの関わり方としては，土地の所有者として組合員の一員となる（地権者から土地を取得する）ケース，保留地を取得して事業を行うケース，地権者が建物を建築して土地建物の賃借を受けるケース，デベロッパーが建物を建設することで地権者と一体になって事業を行うケースなどが考えられる。

② 市街地再開発事業

市街地再開発事業とは，市街地の土地の合理的かつ健全な高度利用と都市機能の更新とを図るため，都市計画法および都市再開発法で規定されているところに従って行われる建築物および建築敷地の整備ならびに公共施設の整備に関する事業等のことをいう。

市街地内の狭小地や老朽建築物等を，高層ビルや高層マンション，道路，公園等の公共施設として整備することで，市街地の土地の合理的かつ健全な高度利用と都市機能の更新を図ることが可能となる。

従前の地権者の持分は，再開発される高層ビルや高層マンションの床（権利床）に等価で変換されることになるが（いわゆる「権利変換」），この権利床を超えて新たに生み出された床（保留床）を売却することで，市街地再開発事業全体のコスト（一部）を充当することになる。

市街地再開発事業には，権利変換により地権者が等価で権利床を取得する第一種市街地再開発事業と，公共性・緊急性が著しく高い事業でいったん土地建物を施工者が取得し，地権者が希望すればその対償に代えて権利床を与える第二種市街地再開発事業とがある。

この事業に対するデベロッパーの関わり方としては，たとえば再開発事業組合に参加組合員として拠出し保留床を取得した上で，外部売却して事業資金に充当したり，保有して賃貸事業を行ったりする。また，再開発コーディネーターとしてノウハウを提供してフィーを獲得しているケースもある。

市街地再開発事業は，ノウハウの蓄積によりさまざまな関わり方が出てくる

図表2-2-5	市街地再開発事業でできること
・密集市街地の解消	老朽木造建物が密集した地域の防災性の向上を図る
・交通結節点の整備	駅前広場等の交通基盤施設と周辺の建築物を一体的に整備する
・都市拠点の形成	低未利用地の有効高度利用を図り,新しい都市拠点を形成する
・中心市街地の活性化	地域の核となる商業施設や公益的施設を整備し,地域の活性化を図る
・地域の個性あるまちづくり	地域の特性を活かし,新しい街の顔を形成する

と考えられ,会計処理もその事業に応じて個別に検討していく必要があると考えられる。

2　会計上・監査上の取扱い

(1) 勘定科目の流れ

① 前渡金

用地取得の契約時,買主は売主に対して不動産売買契約金額の10%から20%程度の手付金を支払うことが多い。このタイミングでは契約を締結しているだけで用地取得を認識できないため,デベロッパーは土地取得の手付金を「前渡金」に計上することになる。前渡金に計上している期間は,契約締結・手付金支払時から用地取得時（たとえば用地の所有権移転時）までとしているケースが多く見られる。

前渡金は,厳密な意味での会計上の棚卸資産の定義にはあてはまらないものの,不動産分譲事業においては棚卸資産と同様に捉えているケースが多い。これに伴い,デベロッパーによっては,前渡金を開発用不動産等に含めて表示することもある。また,前渡金は将来収益獲得の観点から,棚卸資産会計基準の適用に際しても十分検討する必要がある。

【会計処理】
●用地取得を行うにあたり,手付金を支払った。

(借)前　渡　金	×××　(貸)現　金　預　金	×××

② 開発用不動産

　開発用不動産は,用地取得が行われた段階から造成・工事着工もしくは建築確認下付までの間の状態を計上しているケースが多い。

　こうしたプロジェクトに紐付きで管理できる原価のことを直接原価といい,具体的には次のようなものが挙げられる(なお,ここには開発用不動産のほか,一部,仕掛不動産のタイミングで認識すべきものも合わせて記載している。)。

■ 仕入用地取得に関するもの
　用地取得費,宅地造成費用,借地権買取代,立退料,地権者諸費用(仮住居費用,引越費用,営業補償費等),既存家屋取壊費用,測量費,租税公課(不動産取得税,登録免許税,印紙代),土地の登録に係る手数料,仲介料,開発に伴う公共施設負担金など

■ 建物建設に関するもの
　建築請負費用,設計監理委託費,開発許認可,建築確認申請料,日照補償費,工事迷惑料など

　開発用不動産にある状態は,大型プロジェクトを除けば通常長期間とならないことから,長期間計上されている場合には相当の理由があると考えられるため,開発計画の実現可能性など十分検討する必要がある。

【会計処理】
●土地代金の残額を支払い,用地の引渡しを受け,当社に所有権が移転した。

(借)開発用不動産	×××	(貸)前　渡　金	×××
		現　金　預　金	×××

●工事着工までの原価(設計費用など)を負担した。

(借)開発用不動産	×××	(貸)現　金　預　金	×××

ⅰ)原価の範囲
　固定資産税・都市計画税(以下「固定資産税等」という。)については,費

用処理するケースと原価算入(資産計上)するケースとがある。たとえば,実質的に転売を主とした目的で土地を購入している場合,当該土地に関する固定資産税等は租税公課等(販売費及び一般管理費)として費用処理することが多い。一方,長期の大型プロジェクトに関する建設期間中の固定資産税等は原価算入していることが多いと考えられる。

また,支払利子については,業種別監査研究部会「不動産開発事業を行う場合の支払利子の監査上の取扱いについて」によれば,次の要件をすべて満たす場合に限り,原価算入することを認めている。

- 所要資金が特別の借入金によって調達されていること
- 適用される利率は一般的に妥当なものであること
- 原価算入の終期は開発の完了までとすること
- 正常な開発期間の支払利子であること
- 開発の着手から完了までに相当の長期間を要するもので,かつ,その金額の重要なものであること
- 財務諸表に原価算入の処理について具体的に注記すること
- 継続性を条件とし,みだりに処理方法を変更しないこと

また,支払利子を原価算入する際の勘定科目の取扱いが会計上の論点になるが,土地造成期間中の支払利子は「土地」,建物建築期間中の支払利子は「建物」としているケースが多いと考えられる。

なお,一時的にプールされる預金等に関する受取利子は,支払利子とネットした上で原価算入するケースと,重要性を勘案した上で原価算入しないケースとが考えられる。

しかしながら,実務上は支払利子を原価算入するケースはほとんど見られない。これは,減価償却費の影響分だけ支払利子を原価算入しなければ通常は営業外費用に計上されることから,売上総利益や営業利益をよく見せられること,費用処理をした場合には早期に損金算入されて節税効果があること,原価算入した場合には注記が必要となること,事業資金を借入金で調達するかどうかでプロジェクト間の比較検討が困難になってしまうこと,などの理由が考えられる。

『監査人はここを見る!!』
- ☑ 原価の範囲が事業の目的に照らして適切に設定されているか？
- ☑ 決められた原価の範囲に従って，原価の集計や処理が継続して適用されているか？

ⅱ）共通原価（間接費）の集計・配賦

デベロッパーでは，用地取得や建築請負契約といった個別のプロジェクトに直接紐付けられる直接原価のほか，共通原価として捉えているものもある。たとえば，用地取得の部署に関わる人件費やプロジェクトの進捗管理の担当者の人件費，その他の費用等が挙げられる。なお，販売活動に係る人件費等は販売費として処理すべきであり，ここでいう共通原価には含まれない。

これらの共通原価に関して，費用収益の対応が十分疎明できないと考えて期間費用処理しているケースと，用地取得金額や建築請負金額といった直接原価の比率に基づき各プロジェクトに配賦しているケースとが考えられる。

企業は，売上高との関係，原価管理の体制，共通原価の性質や重要性（なお，不動産分譲事業の場合，原価全体に対する用地取得や建築請負の割合が高いため，結果として共通原価の重要性が低いケースも多い。）等を勘案した上で配賦方法などの会計処理を決定し，毎期継続的に適用する必要がある。

『監査人はここを見る!!』
- ☑ 直接費と間接費の区分が決められたルールに基づいて，継続して適用されているか？

ⅲ）近隣対策費用

特に大規模マンション開発の場合，近隣住民はマンション建設中の騒音や振動の影響を受けるのみならず，マンション建設後も将来にわたって日照時間が短くなったり電波障害を受けたりするケースがある。この場合，デベロッパーはゼネコン等とともに近隣住民に対する説明会等を開催したり，個別に説明を行ったりすることがある。

この際に発生する近隣対策費用は，会計上は原価算入すべきかどうかの判断

が重要となるが，税務上も交際費とすべきかどうかの検討を慎重に行う必要がある。

③ 仕掛不動産

仕掛不動産は，造成・工事着工時もしくは建築確認下付時から竣工時までの状態で計上しているケースが多い。

マンション分譲事業の場合，デベロッパーとゼネコンとの間での建築代金の支払条件として，着工時1・上棟時1・竣工時8とするのが一般的な支払いサイトとなっている。ただし，デベロッパーの信用状況やゼネコンの資金繰りの状況次第では，支払サイトを早期化（たとえば，着工時2・上棟時2・竣工時6）しているケースもある。

【会計処理】
●工事が着工したため，開発用不動産で計上している当該プロジェクト残高を仕掛不動産に振替えた。

（借）仕 掛 不 動 産 　　×××　（貸）開 発 用 不 動 産　　×××

●着工時，上棟時に建築請負契約に基づいて支払った。

（借）仕 掛 不 動 産 　　×××　（貸）現 金 預 金　　×××

ⅰ）長期工事原価

大規模物件の分譲地の場合など，発生原価のみで分譲原価を把握することが適切でないケースがある。たとえば，プロジェクトの進捗が途中段階であり，今後（プロジェクト後半）に道路や公園などの公共施設の建設が予定されているものの，分譲の一部が先行して行われるケースが挙げられる。

この場合，どの買主も公共施設を利用することが可能であり便益を享受できるのであれば，先行して分譲される原価にも公共施設に関するコストを転嫁させるべきと考えられる。

このコストは将来発生する原価であるため見積原価により計上せざるを得ないが，原価計算基準六（一）で規定されているとおり，すべての製造原価要素を集計することが原則であり，追加的に発生する原価についても見積りによる

原価計算が想定されている。この見積りに関しては，公共施設の建設計画の進捗見込みや建築資材や人件費などを含めた建築コストの見積りの妥当性が重要となり，当該事象の実行可能性の検証が行われなければならない。

見積原価の計上は，会計上プロジェクト予算に基づく原価要素の計上であるため網羅的に計上する必要があるが，不正経理（架空原価）の可能性にも留意しつつ，プロジェクトにおける対象物件の建設計画の実在性・妥当性については次の点などを慎重に検討する必要がある。

- 事業計画における建設の明示の記載
- 現時点において計画変更がないことの確認
- 建設にあたって建築コストの合理的な見積り
- 顧客，近隣周辺住民，地方自治体等に対するアナウンス

契約などで工事の発注内容や発注金額が確定されていれば正確なものといえるが，確定されていない場合，意思決定の状況や見積書の入手などによりできる限り正確に状況を把握する必要がある。

なお，税務上は，法基通2-2-1「売上原価等が確定していない場合の見積り」によれば，法人税法22③一「損金の額に算入される売上原価等」に規定する「当該事業年度の収益に係る売上原価，完成工事原価その他これらに準ずる原価」となるべき費用の額の全部または一部が当該事業年度終了の日までに確定していない場合には，同日の現況によりその金額を適正に見積るものとされている。

この場合において，確定していない費用が売上原価等となるべき費用かどうかは，当該売上原価等に係る資産の販売もしくは譲渡または役務の提供に関する契約の内容や当該費用の性質等を勘案して合理的に判断することになるが，たとえその販売，譲渡または提供に関連して発生する費用であっても，単なる事後的費用の性格を有するものはこれに含まれないことに留意する必要がある。

また，法基通2-2-2「造成団地の分譲の場合の売上原価の額」において，2以上の事業年度にわたって分譲する場合の売上原価の計算は，工事全体の見積額と分譲総予定面積に基づいて次のとおり算定する。ただし，他の合理的な算定方法を必ずしも否定しているわけではなく，継続適用を条件に認めている。

■ 分譲が完了する事業年度の直前の事業年度までの各事業年度

$$(工事原価の見積額-当該事業年度前の各事業年度において損金の額に算入した工事原価の額の合計額) \times \frac{当該事業年度において分譲した面積}{(分譲総予定面積-当該事業年度前の各事業年度において分譲した面積の合計)}$$

■ 分譲が完了した事業年度

　全体の工事原価の額から，当該事業年度前の各事業年度において売上原価として損金の額に算入した金額の合計額を控除した金額を当該事業年度の売上原価の額とする。

『監査人はここを見る!!』
- ☑ 見積りは一定の根拠のもとに合理的に行われているか？
- ☑ 事後的な検証（バックテスト）等を実施して，見積りとの乖離がある場合，その要因は何か？

ⅱ）開発用不動産から仕掛不動産への振替えのタイミング

　当初の用地取得段階では，通常「開発用不動産」勘定においてプロジェクト管理単位で把握される。そして，造成着工等の客観的な事実が生じた段階で「仕掛不動産」勘定に振替える。振替えられた以降は，宅地造成費用や建築請負費用などがプロジェクト管理単位ごとに「仕掛不動産」勘定に集計される。

　1～2年程度の短期的な開発案件の場合，上記のような管理手法で特に問題はないと考えられるが，造成自体が長期にわたる場合，開発プロジェクトの変更による見積原価の変更や近隣の他社開発プロジェクトの影響，マーケットや経済環境の変化，新規の交通機関事情の影響等により，全体のプロジェクト予定原価や分譲予定総額が大きく影響を受ける可能性がある。すなわち，販売開始前までに原価が確定できない事態が想定されることになるが，この場合は販売単位への開発用不動産相当額の切離しを，造成等の竣工と同時に行うケースが生じることになる。

　会計上は，当初計画による切離し計算を着工時に1度行い，その後金額変更部分の再計算時に測定された原価を追加的に調整することが考えられる。さら

に，再計算が予定されているため，造成等着工時の都度振替えるのではなく，決算期ごとに決算振替仕訳として予定原価で仮振替えを行い，プロジェクトの最終期で確定原価に置き換えるなどの取扱いも考えられる。

> 『監査人はここを見る!!』
> ☑ 造成着工等の事実は適切に把握できているか？
> ☑ 原価が適切に集計され，漏れなく振替えが行われているか？

④ 販売用不動産

販売用不動産は一般的に，ゼネコン等から竣工物件の引渡しを受けた時から販売による売上認識時までの状態を計上しているケースが多い。

より具体的に販売用不動産として計上するタイミングを考えると，検査済証の確認，ゼネコンからの工事完了報告，デベロッパーの検収のみならず，顧客（エンドユーザー）が引渡し前の最終確認を行った上で，デベロッパーがゼネコンから物件の引渡しを受けるケースが多いと考えられる。

なお，マンション分譲事業では，前記のとおり青田売りであれば，竣工後顧客に引渡すまで短期間のため，販売用不動産に計上される期間は一般的にあまり長くないといえるが，完成売りや販売状況が低迷した場合は，比較的長い期間，販売用不動産として計上され続けることになる。

また，新築物件や中古物件といった完成済物件を外部から購入してくることもある。この場合，最初から販売用不動産として計上するケースと，追加工事による資本的支出を見込むためにいったん仕掛不動産として計上するケースとが考えられる。

【会計処理】
●ゼネコンから物件の引渡しを受け，工事完成届を入手した。

(借)販売用不動産　×××	(貸)仕 掛 不 動 産　×××

ⅰ）原価の集計・管理

会計上，原価はプロジェクト管理単位ごとに集計されており，一般に個別原

価計算によっている。そのため，プロジェクト管理単位ごとに適切に原価が集計・管理されることが重要である。デベロッパーでは，プロジェクト管理単位ごとに業務システム上で物件コードが付与され，プロジェクトの開始から完了まで管理されていることが通常である。

原価の集計・管理が適切に行われない場合，分譲売上時に計上される売上原価が正しく計算されず，期間損益を歪めることになる。さらに，在庫計上されている販売用不動産の簿価が歪められ，棚卸資産会計基準に基づく評価の影響が適切に財務諸表に反映されないリスクが生じることになる。

そのため，用地取得費や建築請負費用などプロジェクトに関する原価は，物件コードに基づいて適切な紐付きがなされる必要がある。たとえば，財務諸表をよく見せるための意図的な原価付替えが行われないようにするなど，適切な内部統制を構築し，運用していく必要がある。

> 『監査人はここを見る!!』
> ☑ 原価の集計・管理に関する会社の内部統制やプロセスが機能しているか？
> ☑ 会社に原価付替えの誘因があるか？　どのような場合に付替えリスクが想定されるか？
> ☑ 当初計画時の想定原価から乖離した場合，その要因は何か？
> ☑ プロジェクト利益率に異常が見られた場合，その要因は何か？

ⅱ）原価の按分方法

原価の按分方法には，販売予定価格で按分する方法や面積で按分する方法が考えられる。

販売予定価格で按分する方法とは，企業が作成しているプロジェクト予定表の販売予定価格に基づき総原価を按分する方法で，負担能力主義の考え方を採用している。この方法は，近隣・同種物件であっても売却価格に大きな相違があり得る不動産物件の計算指標としては，一定の合理性を持つと考えられる。ただし，販売予定価格自体が主観的な一面を有しており，面積などの指標よりも客観性を保ちにくいともいえる。したがって，販売予定価格を指標として用いる場合には，販売予定価格算定の基礎に一定の客観性が保たれていることを検討する必要がある。なお，物件の販売用パンフレット価格を販売予定価格と

図表2-2-6	原価の按分方法
方法	特徴
販売予定価格で按分する方法	●負担能力主義（恣意性の介入のおそれがある） ●同一マンションの各戸の原価率が一定。 ●販売予定価格に変更が多く生じた場合には、原価按分の根拠が揺らぐことになる。
面積で按分する方法	●客観性が確保される（恣意性の余地がない）。 ●同一マンションの各戸の原価率がばらばら。 ●販売予定価格が決定できないような長期プロジェクトの場合に利用可能性が高くなる。

して按分計算に用いることが多いが、これはパンフレット自体が不特定の一般顧客に配布され公開されることにより、主観的な販売予定価格に一定の客観性が付与されると考えられるからである。

　一方で、面積で按分する方法は、測量等の客観的な数値により必ず同一の結果を得られるものであり、計算指標として使用する場合には客観性を有しているといえる。したがって、近隣に適切な売価情報がなく販売予定価格の見積精度が確保できない場合や、大規模プロジェクトでいずれの物件においても均質な環境が想定される場合には有効な指標となりえる。したがって、プロジェクトの初期段階で販売予定価格の想定が困難な場合、開発区画決定時の原価の按分計算等で用いられる。

　なお、プロジェクト用地の立地などの優位性から、プロジェクト用地全体の販売予定価格が想定できるケースもあり得る。さらに、未造成時であっても販売予定価格が想定できる場合は、販売予定価格を指標として用いることは特段問題とはならないと考えられる。その場合、販売予定価格を見積る際に利用している諸条件に対して、時の経過による変化を常にモニタリングする必要があるため、当初の販売予定価格を開発期間中に一切見直さずに利用するということは実務上想定されていない。

　実務的には、販売予定価格で按分する方法を基本として、適宜、面積で按分する方法を併用しているケースが多い。

> 『監査人はここを見る!!』
> - ☑ 販売予定価格の決定プロセスはどうなっているか？
> - ☑ 販売予定価格が変更された場合，その要因は何か？
> - ☑ 事後的な検証（バックテスト）をする体制が整っているか？
> - ☑ 面積による按分方法では，面積の信頼性が確保されており，正確に原価按分がなされているか？
> - ☑ 採用した按分方法は継続して適用されているか？

ⅲ）販売用不動産（賃貸物件）の減価償却

　デベロッパーの場合，一般事業会社と異なり賃貸物件を棚卸資産（販売用不動産）に計上することがある。

　たとえば，デベロッパーが自ら企画して建設した新築の物件に一定程度のテナントをリーシングし販売活動を行うと，買手である顧客（投資家）にとっては当初から一定の利回りを確保できる魅力的な賃貸物件となる。一方で，デベロッパーにとってはより大きな利益を獲得するチャンスといえる。

　また，第三者が所有する賃貸物件を取得し，一定の修繕により価値を上げたり，テナントの入替えで賃料アップできたりすると，売却価格を上昇させることができるといえる。

　このように，賃貸物件を販売用不動産として保有している場合に，減価償却を実施すべきかどうかが会計上の論点となる。

　賃貸物件が棚卸資産として計上されている以上，評価はあくまでも棚卸資産会計基準に基づくべきであり，減価償却は行わないとする考え方がある。

　一方で，賃貸物件である以上，継続的な賃料収入（不動産業の場合，主たる事業として売上高計上されるケースが多い。）に対応させるべく減価償却費を賃貸原価として認識すべきとする考え方もある。すなわち，デベロッパーにとっての不動産は，流動資産であれ固定資産であれ，収益源であることには変わりないことから，経営者の判断によって会計処理が大きく異なることになる。

　実務上はどちらの考え方も採用されており，さらに，当初取得時のプロジェクト計画期間や企業が定めた一定期間（たとえば1年）の範囲内であれば賃貸収入のみを認識し，その期間を超えた以降は減価償却を行っているケースもある。

また，当初は賃貸目的として固定資産に計上して減価償却を行っていて，その後保有目的を変更して流動資産に振替える場合もある。この場合は減価償却費の計上逃れを直接の目的としていないかを検討する必要がある。実務上は，流動資産に振替えた後も減価償却費の計上を継続しているケースも多い。

『監査人はここを見る!!』
- ☑ 会社のルールが適切に定められ，ルールに従った厳格な運用がなされているか？
- ☑ 恣意的な会計処理の選択が行われていないか？

⑤ 売上（引渡し）と収益認識

企業会計基準委員会「不動産の売却に係る会計処理に関する論点の整理」によれば，不動産の売却取引は一般的な実現主義の原則，すなわち売主が事業投資のリスクから解放されたか否かをもって不動産の売却の会計処理の判断を行うことが適切であるとされている。

この事業投資のリスクからの解放の考え方においては，ⅰ）外形上引渡しの事実を認定することが困難なことが多いこと，ⅱ）取引の金額が多額となることが多いこと，ⅲ）さまざまな形で売主の売却後の継続的関与が適用されることと解されるため，分譲売上は実現主義によることとされている。

これに伴い，収益の認識は物件の引渡しおよび対価としての現金もしくは現金同等物の受領によって行われることになる。現金もしくは現金同等物の受領に関しては，不動産売買の取引慣行として現金での取引がほとんどである。

さらに，不動産売買取引の場合，目的物が物理的に移動しないことから，所有権移転日を特定する方法は契約形態によってさまざまであり，次のようなケースが考えられる。

ⅰ）契約書記載の所有権移転日
ⅱ）契約書上の所有権移転に関する条件が成就した日（たとえば，代金支払い時）
ⅲ）顧客から目的物受領に関する受領確認書などを取付け，その書類上に記載されている日，占有権移転日（つまり，顧客の使用収益開始日，鍵など

の引渡日も含む）
ⅳ）所有権移転登記申請の日
ⅴ）入金状況から考えて所有権が移転したと考えられる日（税務上の取扱い）

実務上は、鍵の引渡し、登記書類や印鑑証明書等の書類の引渡しおよび契約に基づく代金全額の決済をもって引渡手続が行われたとみなされるケースが多い。なお、住宅の場合は特に決算日間際（3月決算企業の場合）に取引が集中する傾向にある。

いずれの方法についても、企業が最も合理的であると判断した根拠とともにルールを定めて、そのルールを継続的に適用して収益認識することが重要となる。

『監査人はここを見る!!』
- ☑ 引渡関連書類がすべて揃っているか？ 代金の決済は完了しているか？
- ☑ 書類間での不整合や書類内の記載漏れはないか？
- ☑ 収益の計上時期（カットオフ）は適切か？ 恣意的な計上時期の調整が行われていないか？
- ☑ 対応する原価は網羅的に集計され、収益に対応した原価の払出しが行われているか？

【会計処理】
● 顧客から申込時の申込金を受領した。

| （借）現　金　預　金 | ×××　 | （貸）預　　り　　金 | ××× |

● 顧客と不動産売買契約を締結し、代金の一部を受領した。

（借）預　　り　　金	×××	（貸）前　　受　　金	×××
または			
（借）現　金　預　金	×××		

●顧客から全額入金を受け，登記書類を整えた上で鍵（物件）を引渡した。

(借) 現　金　預　金	×××	(貸) 不動産売上高	×××
前　受　金	×××		
(借) 不動産売上原価	×××	(貸) 販売用不動産	×××

ⅰ）販売費の取扱い

　不動産分譲事業における営業活動には，個別で物件に紐付いている販売費以外に，プロジェクト全体に関する販売費も発生している。こうしたプロジェクトに関する販売費には，パンフレットやチラシ等の広告宣伝費用，マンションギャラリー等の建築費用・運営費用等が挙げられ，プロジェクトごとに直接把握可能なものもある。プロジェクトが長期にわたるため，この販売費の費用化のタイミングに関して，発生時・竣工時・販売時と，さまざまな考え方がある。

　発生時費用処理する考え方は，販売費の効果が必ずしも分譲収益に貢献しているとはいえないという保守主義に基づくものである。なお，特定のプロジェクトに紐付かない費用（たとえば，企業全体の知名度を上げるための広告宣伝費など）は，発生時に費用処理すべきと考えられる。

　販売時費用処理する考え方は，物件引渡しの都度，それに対応する費用部分を個別に捉えるべきというものである。分譲収益を獲得するまでに長期を要するプロジェクトが多数ある場合，収益（分譲収益）と費用（分譲売上原価，販売直接経費）の計上タイミングをなるべく対応させることを目的としている。また，販売費を支出するのはあくまでも分譲収益を獲得するためであることから，決算日を跨ぐ際には資産計上すべき（将来の収益獲得に寄与する）としている。

　竣工時費用処理する考え方は，竣工前に分譲収益は計上されないものの，竣工後は分譲収益が計上できる環境が整ったとして費用化すべきというものである。また，発生時費用処理と販売時費用処理との中間の考え方といえる。すなわち，プロジェクトが長期にわたるため売上計上の前に費用が先行すること（発生時費用処理）も，販売活動が長期化すればするほど広告宣伝効果は薄れていく中で費用を繰延べること（販売時費用処理）も望ましくないと考えた際に，竣工時に一定の割合で販売・引渡しが行われるような分譲パターンの場合は，

図表2-2-7　販売費の費用化タイミング

費用化タイミング	特徴
発生時費用処理	●保守主義に基づく。 ●費用収益の対応は困難であると考えられるもの。
竣工時費用処理	●分譲収益が計上可能なタイミングで費用化するもの。 ●竣工後に発生する販売費は、発生のつど費用化していく。
販売時費用処理	●分譲収益の認識タイミングに合わせて費用化するもの。 ●売れ残りの在庫に関する販売費の資産性が論点になる。

その竣工時にいったん費用化するものである。なお，その後に発生する費用は，発生の都度認識していくことになる。

なお，費用を繰延べるケースにおける勘定科目は，前払費用としている企業も多いが，「一定の契約に基づき，継続して役務の提供を受ける場合，いまだ提供されていない役務に対し支払われた対価」という前払費用の定義に照らすと必ずしも合致しているとはいえないという考え方では，他の勘定科目（広告宣伝仮払金など）を用いているケースもある。

『監査人はここを見る!!』
☑ 各プロジェクトの販売費が網羅的に集計され，適切なタイミングで費用への振替えが行われているか？
☑ 会社が定めたルールに基づき，本来費用化すべき費用が資産計上されていないか？
☑ 予算と実績に乖離がある場合，その要因は何か？

ⅱ）諸費用の値引

顧客がマイホームを購入する場合，物件購入価格のほかに諸費用を負担する必要がある。諸費用には，次のものが挙げられる。

- 不動産売買契約書に関する印紙代
- 表示登記，所有権保存登記，抵当権設定登記（住宅ローン使用時），その他登記費用
- 司法書士報酬
- 固定資産税，不動産取得税等の精算分

- マンション管理費，修繕積立金など
- 火災保険
- 住宅ローンに関する保証料，事務手数料，金銭消費貸借契約書に関する印紙代（住宅ローン使用時）

これらに関して，買主である顧客が負担するのが通常であるが，デベロッパーは諸費用の一部をサービスする場合がある。これは，顧客にとっては販売価格を値引きしてもらうのと同じ効果があるといえるが，一方で，次のような会計処理上の違いをもたらすことになる。

まず，デベロッパーにとっては，販売価格を値引きすると売上値引となる一方で，諸費用をサービスすると販売費の増額のみで販売価格すなわち売上高には影響しないことになる。この結果，売上総利益に違いをもたらすことになる。

一方で顧客にとっては，住宅ローンを組む際のローン金額に違いをもたらすことになる。特に新築マンションの場合，金融機関は販売価格に基づき担保金額を決定するケースが多いことから，販売価格が高いほどローンを受けられる金額が大きくなる。すなわち，手許資金が少ない場合，引越費用や引越後の家具などの購入費用を必要とする場合などは，ローン金額をできるだけ多くしたいという誘因が働く。この場合，顧客は販売価格の値引きではなく諸費用のサービスを求めることになる（なお，デベロッパーの最終損益への影響は基本的にない。）。

会計上留意すべき点は，まず，企業が定めた一定のルールや承認手続に従って処理されているかどうかである。さらに，決算日間際の引渡しに関しては，特に固定資産税等や登記費用の精算，諸手数料によって最終的な諸費用金額が変更する可能性があり，その結果，値引額が異なることになるため，十分な見積りを行った上で費用認識する必要がある。

 『監査人はここを見る!!』

☑ 顧客との個別交渉が適切な承認手続に基づいているか？
☑ 諸費用の見積りの妥当性，カット オフ エラーが生じていないか？
☑ 分譲収益計上の対象物件と諸費用値引の対象物件とが適切な対応関係にあるか？

ⅲ）建築条件付き土地販売取引

　建築条件付き土地販売取引とは，買主（顧客）が売主（不動産業者）もしくは売主が指定する建築業者との間で，当該土地に一定期間内に建物を建設する建築請負契約を締結するという停止条件を付した土地売買取引のことである。通常，3ヵ月から6ヵ月以内に建築請負契約を締結し，建築請負契約が成立しなかった場合には，土地売買取引は効力が発生せず，手数料を含めて手付金も売主から買主にすべて返還することになる。

　この場合の会計処理上の認識のタイミングとして，土地売買取引は先行して会計処理する考え方と，建物竣工後に建物と同時に土地の売買取引も認識する考え方とがある。

　前者は，土地の引渡しは建築請負契約の前段階において所有権移転の上で登記も行われていることを重視する考え方であり，後者は，停止条件が付いていることから土地売買取引と建築請負契約は実質一体とする考え方である。

　一般的には，土地売買契約と建築請負契約は別契約，別取引として処理しているケースが多く見られる。

図表2-2-8　建築条件付き土地販売取引の流れ

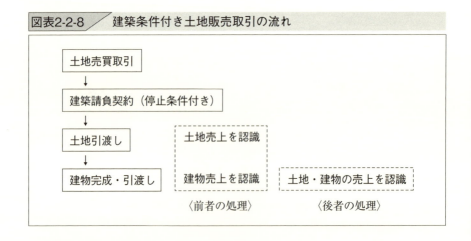

『監査人はここを見る!!』
☑ 取引の実態に合った処理方法が選択されているか？

⑥ プロジェクト仮払金

一般に，プロジェクトが本格的に稼働する以前にもさまざまなコストが生じる。たとえば，採択されなかったプロジェクトに関する調査費用や設計費用などのコストが挙げられる。また，プロジェクトが事業化するまでに長期にわたり検討が行われるケースもあり，将来本格的に事業化できるかどうかを事前に明確に見込めない状況も想定される。

そこで，会計上は事業化を検討している段階におけるコストをいったんプロジェクト仮払金として資産計上し，その後継続して定期的（たとえば，各四半期ごと）に資産性の有無を検討し，資産性が認められるものは「前渡金」（さらにプロジェクト原価へ振替えていく），資産性が認められないものは費用処理（たとえば，販売費及び一般管理費の「調査研究費」など）することになる。

『監査人はここを見る!!』
- ☑ プロジェクト仮払金として認識されるべきコストが計上されているか？
- ☑ 採択されなかったプロジェクト仮払金が適時に費用処理されているか？

(2) 会計上・監査上のその他の論点

① 流動資産と固定資産との振替え（保有目的の変更）

デベロッパーが所有している不動産は，原則すべてが主たる事業の収益源となり得るため，流動資産と固定資産との区分は経営者の判断に依存する側面が大きい。すなわち，経営者の判断によっては固定資産から流動資産，流動資産から固定資産への振替えは，一般事業会社と比較して頻度が高いと考えられる。

固定資産から流動資産への振替えは保有目的の変更であり，固定資産の減損会計における減損の兆候に該当すると考えられる。そのため，減損の認識，測定のステップを経た上で，減損適用後の帳簿価額で振替えなければならない。さらに，流動資産への振替え後は，棚卸資産会計基準に基づいて評価していく必要がある。

なお，不動産業においては，流動資産（棚卸資産）の売却は営業収益・営業原価として，固定資産の売却は特別損益あるいは営業外損益に純額で，それぞ

れ計上されることが通常である。そのため，営業収益や営業利益を大きく見せたいとする意向が働き，流動資産への振替えを恣意的に行うケースも考えられる。

一方，流動資産から固定資産への振替えは，同様に保有目的の変更に該当するため，棚卸資産会計基準適用後の帳簿価額で固定資産としての有形固定資産あるいは投資不動産に振替えなければならない。

さらに，将来の値下がりリスクへの対応の一環として，棚卸資産会計基準の適用を回避することも要因の一つとなって固定資産に振替えるケースもある。この場合，販売用不動産などの勘定科目で集約していた簿価を，非償却資産である土地と償却資産である建物や構築物などに按分して計上する必要がある。この簿価按分は，原則として当初取得時点に認識している簿価に基づいて按分すべきであると考えられるが，当初の簿価を把握できない等の理由により，直近の不動産鑑定評価額や固定資産税評価額の比率に基づいて按分することも考えられる。

いずれにせよ，流動資産と固定資産との間の振替えは，正当な理由に基づいて保有目的を変更しなければならない。実務では，たとえば物件取得後複数年度末を経過しないと振替えを行ってはならないと定めているケースもある。なお，流動資産と固定資産との間の保有目的の変更が企業の財務諸表に重要な影響を与える場合には，その旨およびその金額を貸借対照表に注記する必要がある。

> 『監査人はここを見る!!』
> ☑ 会社の適切な意思決定機関において，経済合理性のある具体的なプロジェクト等に基づき，正当な理由に基づいて保有目的を変更しているか？
> ☑ 恣意的な振替えが行われていないか？
> ☑ 注記の必要性について検討しているか？

② 共同事業方式

大規模マンション事業等を企画する場合，企業が抱えられるリスク，営業力，資金負担等を考慮して，共同事業方式によってプロジェクトを進めるケースが

ある。

　この共同事業方式とは，用地取得や物件建設資金などプロジェクトに関するコストはその参画割合に応じて負担し，同様に収益は，その参画割合に応じて認識するものである。

　建設業におけるジョイント・ベンチャーに関する会計処理としては，持分相当額を反映させる方法や，プロジェクト損益を分配する方法があるが，不動産販売の際の共同事業に関する会計処理は，一般的に持分相当額を反映させる方法で処理していると考えられる。

　すなわち，用地取得や建築工事代金等すべてのコストを参画割合に応じて負担し，これに基づき在庫物件の所有持分も参画割合分とし，収益についても販売戸数の参画割合分を認識するものと考えられる。

　また，参画事業者間での資金のやり取りに関しては，基本的には通常の分譲業における会計処理と同様であり，「共同事業仮払金」，「共同事業仮受金」といった仮勘定を用いて債権債務を管理することになる。

　なお，当初単独事業として遂行していたが，事業の途中で他社による事業参画が行われることがある。その場合，共同事業契約等に基づき参画割合を決定し，参画割合分を共同事業者に譲渡する（いわゆる「シェアアウト」）。これは，前記の企業が抱えられるリスク，営業力，資金負担等の理由以外にも，他社との事業上の関係性や，他社の事業に参画する機会を得るために行われるケースが見られる。また，シェアアウト時の会計処理は販売用不動産の分譲と同様に，営業収益・営業原価として処理されているケースが多い。

　『監査人はここを見る!!』
☑　共同事業に対する適切な会計処理方法が適用されているか？
☑　単独事業の会計処理と違いが生じた場合，その理由は何か？実態を表す適切な会計処理となっているか？

　③　関係会社間の不動産取引
　前記のとおり，不動産分譲事業においては用地取得がプロジェクトの成否を決める上で重要であり，用地取得のルートは幅広く確保しておく必要がある。

その選択肢の一つとして，デベロッパーがグループ企業から用地取得するケースがある。

監査委員会報告第27号「関係会社間の取引に係る土地・設備等の売却益の計上についての監査上の取扱い」によれば，関係会社間の不動産取引については，次の点に留意する必要があるとされている。

ⅰ）その譲渡価額に客観的な妥当性があること
ⅱ）合理的な経営計画の一環として取引がなされていること
ⅲ）買戻し条件付売買または再売買予約付売買でないこと
ⅳ）資産譲渡取引に関する法律的要件を備えていること
ⅴ）譲受会社において，その資産の取得に合理性があり，かつ，その資産の運用につき，主体性があると認められること
ⅵ）引渡しがなされていること，または，所有権移転の登記がなされていること
ⅶ）代金回収条件が明確かつ妥当であり，回収可能な債権であること
ⅷ）売主が譲渡資産を引続き使用しているときは，それに合理性が認められること

このうち買戻し・再売買や売主の継続使用といった事項に関しては，不動産分譲事業ではあまり論点になるとは想定されないが，その他の事項は分譲プロジェクトの合理性や法律的要件，代金回収条件等を十分に検討する必要がある。

さらに，買戻しがあった場合については，次の点に留意する必要がある。

ⅰ）売却事業年度と同一事業年度または売却事業年度に係る監査報告書作成日までに買戻しされている場合は，原則として，売買取引がなかったものとして取扱う。
ⅱ）売却事業年度以降，短期間のうちに買戻しされている場合，正当な理由がない場合には売買取引がなかったものとして取扱う。ここでいう正当な理由とは，前記の関係会社間の不動産取引で留意する必要がある事項や当初売買以降の諸情勢の変化等を勘案して総合的に判断し，相当の合理性が認められることが必要である。

なお，正当な理由により買戻しがあった場合でも，買戻しがあった旨，その理由，当該資産の内容，買戻し価額，相手方会社名等を財務諸表に注記するの

『監査人はここを見る!!』
☑ 関係会社との不動産取引に経済合理性が認められるか？
☑ 買戻しがあった場合には、会計処理、注記の検討は行われているか？

④ 諸税金の会計処理
ⅰ）資産に係る控除対象外消費税等の処理

　不動産分譲業者の財務諸表では，資産に係る控除対象外消費税等に関する会計処理方針が注記されているケースが多い。これは，不動産分譲業者の場合，土地の販売が非課税売上であり課税売上割合が一般に低いことから，一般事業会社と異なる処理が行われており，複数の会計処理が認められているためである。

　日本公認会計士協会「消費税の会計処理について（中間報告）」によれば，この控除対象外消費税等は，消費税等を税抜方式で会計処理にしている場合で，課税期間の売上に係る消費税から控除できない消費税額の部分であり，最終的には転嫁を行えずに企業が負担することになる。

　控除対象外消費税等の会計処理は，次のとおり，資産計上する方法と発生事業年度の期間費用とする方法とがある。

ア）棚卸資産に関するもの
● 資産計上（取得原価に算入）する方法
● 発生事業年度の期間費用とする方法

イ）固定資産に関するもの
● 資産計上する方法
－取得原価に算入する方法
－固定資産等に係るものを一括して長期前払費用に計上した上で一定期間にわたって期間配分する方法
● 発生事業年度の期間費用とする方法（ただし，税務上は加算扱い）

　なお，長期前払費用として資産計上する場合，「長期前払消費税等」などその内容を示す適当な名称を付した科目で貸借対照表に表示することになる。た

だし，その金額が重要でない場合は，投資その他の資産の「その他」に含めて表示することができる。

　ⅱ）固定資産税・都市計画税，不動産取得税

　固定資産税とは，毎年1月1日（賦課期日）現在の土地，家屋および償却資産の所有者に対し，その固定資産の価格に基づき算定される税額をその固定資産の所在する市町村が課税する税金であり，その所有者（固定資産課税台帳に登録されている者）に支払義務がある。

　都市計画税とは，都市計画法による市街化区域の土地や建物の所有者に課税され，固定資産税と同じ納期で一緒に徴収される。

　この結果，不動産売買を行う際には，一般的に固定資産税・都市計画税（以下「固定資産税等」という。）の負担関係を不動産売買における資金決済のタイミングに合わせて精算するケースが多く見られる。

　たとえば，デベロッパーが顧客に対して4月1日に不動産物件を売却した場合，1月1日の保有者であるデベロッパーは1年分の固定資産税等を納付している（もしくは納付する義務を負っている。）ことから，物件売却時に顧客からデベロッパーに4月1日以降相当分を精算することが考えられる。なお，取引慣習として1月1日を起算日として精算するケースもある。さらに，この固定資産税等の精算に関して，諸費用サービスの一つとしているケースもある。

　なお，固定資産税等は，前記「(1)②開発用不動産ⅰ）原価の範囲」に記載のとおり，費用処理するケースと原価算入（資産計上）するケースとがある。

　また，不動産取得税とは，土地や家屋を購入したとき，家屋を建築するなどして不動産を取得した際に課税される税金であり，取得した者に納税義務がある。なお，デベロッパーが用地取得時に課税される不動産取得税は，通常は開発用不動産として資産計上される。

(3)　販売用不動産等の期末評価

　①　概要と具体例

　棚卸資産の評価は，棚卸資産会計基準に基づき，通常の販売目的で保有する場合には取得価額をもって貸借対照表価額とする。また，期末における正味売却価額が取得価額よりも下落している場合には，収益性が低下しているとみな

され，当該正味売却価額をもって貸借対照表価額とするとともに，取得原価と当該正味売却価額との差額を当期の費用として処理する。

監査委員会報告第69号「販売用不動産等の強制評価減の要否の判断に関する監査上の取扱い（以下「販不監査委員会報告」という。）」によれば，正味売却価額は売価（売却市場の時価）から見積追加製造原価および見積販売直接経費を控除したものとされている。

ⅰ）開発を行わない不動産または開発が完了した不動産の評価

> 販売用不動産の正味売却価額 ＝ 販売見込額 － 販売経費等見込額

販売見込額については，販売公表価格や販売予定価格がある場合はこれを利用する。たとえば，パンフレットやチラシ等で公表している場合や，社内において売却価格の意思決定が行われている場合等が挙げられる。また，販売予定価格の改定や既契約物件のパンフレット価格からの値引きが行われているような場合には，これらを十分に加味した販売見込額を見積ることが重要となる。

販売公表価格や販売予定価格がない場合は，不動産鑑定評価基準に基づいて算定された価額，一般に公表されている地価や取引事例価格，または収益還元価額を基礎にして販売可能見込額を見積ることになる。

販売経費等見込額については，必要とされる販売手数料，広告宣伝費および土壌汚染対策費等を見積る。販売経費等見込額は，棚卸資産会計基準によれば見積販売直接経費とされていることもあり，企業におけるプロジェクトの管理手法や管理レベルによってその範囲に差異があるものと考えられる。たとえば，企業の営業担当者が販売するケースでは，どの物件の販売活動を行っているかの管理が行えないため，販売経費等見込額に勘案しないことが想定される。一方で，販売代理を活用して販売するケースでは，契約関係によって対象物件が明確なことから，販売経費等見込額に勘案することが想定される。すなわち，販売方法の違いによって，棚卸資産の評価に差異が生じることになる。

ⅱ）開発後販売する不動産の評価

$$\text{開発事業等支出金の正味売却価格} = \text{完成後販売見込額} - (\text{造成・建築工事原価今後発生見込額} + \text{販売経費等見込額})$$

　開発後販売する不動産については，完成後販売見込額，造成・建築工事原価今後発生見込額，販売経費等見込額のいずれも見積りの要素が高くなる。これに伴い，企業が作成しているプロジェクト予算表の精度が求められることになる。特に，プロジェクトの進捗が芳しくないものや，プロジェクト初期段階で建築請負契約等が未締結のもの，長期プロジェクトや特殊プロジェクト等で販売見込額に変更可能性が高いものなどには留意する必要がある。

『監査人はここを見る！！』
- ☑ 見積りの精度は十分か？　見積り方法は合理的か？
- ☑ 市況の変化等を評価の見積りに適時に反映できる体制が整っているか。
- ☑ 開発計画が適時に見直しされていない場合，その理由は何か？
- ☑ 事後的な検証（バックテスト）をする体制が整っているか？

② 棚卸資産の評価（簿価切下げ額）の会計処理
　棚卸資産会計基準では，前期に計上した簿価切下げ額について，洗替え法と切放し法の選択適用が認められている。
　洗替え法とは，いったん価格が下落した場合には簿価を切下げて，その後時価が回復した場合に取得価額を上限に評価額を戻す方法である。これは，販売用不動産等は必ずしも経年劣化するとはいえず，むしろマクロ的な経済要因の影響を強く受ける性格を有することから，価格が回復する可能性は十分にあると判断した場合に採用するものと考えられる。なお，物件の瑕疵等個別事情が生じている場合には，価格の回復がより困難な状況になることはいうまでもない。
　一方，切放し法とは，いったん価格が下落して簿価を切下げると，その後に時価が回復しても一切戻さない方法であり，保守主義に基づくものと考えられる。

いずれの場合も評価益を認識するものではなく，あくまでも価格が下落している場合，収益性の低下に基づき簿価を切下げる処理を行うものであり，どちらの方法を採用するにせよ，いったん採用した方法は継続して適用する必要がある。

『監査人はここを見る!!』
- ☑ 採用した会計処理方法が継続して適用されているか？
- ☑ 洗替え法の場合，戻入れが適切に行われているか？
- ☑ 切放し法の場合，切下げ後の簿価で適切に資産計上されているか？

③ 不動産開発計画の実現可能性

ⅰ) 開発計画の合理性

不動産開発事業は，取得した土地等をそのまま販売するのではなく，造成・分譲・再開発等のような開発行為を実施することで付加価値を高めて投下資本を回収し，開発利益を得る事業である。この開発計画は，着工から開発工事の完了までに長期間を要し，かつ，土地等の取得，造成，建築等に多額の資金を要する場合が多い。

したがって，開発計画の合理性を判断するためには，その客観性，具体性，採算性について検討する必要がある。また，開発期間中の開発計画の変更についても合理性を検討する必要がある。

ⅱ) 開発計画の実現可能性の検討

販不監査委員会報告によれば，開発計画の実現可能性の検討にあたって，開発許可の取得可能性，用地の買収計画，造成建築計画，販売計画，資金計画等の客観性や具体性を検討する必要がある。

また，計画が長期にわたることから，当初予想し得なかった原因により，開発計画の延期または中断が生じる場合はあるが，この場合は次のような事項に留意して実現可能性を検討する必要がある。

- 開発事業を取り巻く経済環境の変化により，開発利益が見込めないこと
- 官公庁による転用許可，開発許可等が得られないこと
- 買収および造成・建築等の開発資金が不足すること

- 開発予定地域の重要な地区に地主の反対があること
- 埋蔵文化財の発見による調査が必要となったこと
- 開発工事に伴う近隣対策が必要となったこと

以上の項目が，一時的な問題で計画実現に大きな影響を与えないものか，あるいは重要な問題であり計画の見直しを求めるものなのかを慎重に検討する必要がある。

iii）開発計画の実現可能性についての具体的指針

開発計画が，立案時やその後の状況変化により明らかに合理性がないと認められる場合には，その時点で計画の合理性がないものと判断する必要がある。

販不監査委員会報告によれば，通常，次のような状況にある場合には，開発計画の実現可能性はないものと判断するものとされている。

- 開発用の土地等の買収が完了しないため，開発工事の着工予定時から概ね5年を経過している開発計画
- 開発用の土地等は買収済みであるが，買収後概ね5年を経過しても開発工事に着工していない開発計画
- 開発工事に着工していたが，途中で工事を中断し，その後概ね2年を経過している開発計画

iv）開発事業の規模への配慮

不動産開発事業は，大規模な計画になれば長期間を要し，さらに，途中の計画延期・中断が生じる場合が多い。そのため，開発計画の規模についても検討要素の一つとして重視する必要がある。

『監査人はここを見る!!』

☑ 長期間開発に動きがない場合，開発の実現可能性に関する説明や根拠資料が十分であるか？

④ 販売用不動産等の正味売却価額の算定方法の選択と継続性

販売用不動産等の正味売却価額の算定方法は一つとは限らない。特に土地については，価格形成の特殊性を考慮すると複数の算定方法があり，必ずしも画一的な算定方法を適用する必要はない。たとえば一般的な価格として，公示価

格,都道府県基準地価格,路線価,固定資産税評価額があるが,近隣の取引事例を参考にした価格も考えられる。また,状況の変化や金額的重要性等を勘案して不動産鑑定士による鑑定評価等を改めて取得することも考えられる。

いずれにしても,企業が自ら定めたルールに従って継続的に評価していくことが重要となる。

また,評価時点については,四半期ごとに正味売却価額を算定することが原則ではあるが,一般に公表されている地価は年に1回のみである。そのため,公表時の四半期末においては当該地価を基礎とした正味売却価額を算定し,1年後の四半期末までに評価に重要な変動を及ぼす要因が認められない場合には,公表時の地価を基礎とした正味売却価額を継続して使用することも認められると考えられる。

なお,四半期では,企業会計基準適用指針第14号「四半期財務諸表に関する会計基準の適用指針」に基づいて,棚卸資産の簿価切下げにあたって簡便的な会計処理(収益性の低下が明らかな棚卸資産のみ正味売却価額を見積る。)も認められている。

そして,開示について,棚卸資産会計基準によれば,通常の販売目的で保有する棚卸資産の収益性の低下に係る損益については,原則として注記または売上原価等の内訳項目として独立掲記することが必要とされている。

『監査人はここを見る!!』
- ☑ 各プロジェクトに応じた適切な評価方法が選択されているか?
- ☑ 評価方法は,変更する合理的な理由がない限り,継続して適用しているか?
- ☑ 簿価切下げ額は,注記または売上原価等の内訳項目として独立掲記しているか?

図表2-2-9　公的土地評価制度の概要

	公示価格	都道府県基準地価格	路線価	固定資産税評価額
目的等	・一般の土地取引の指標 ・不動産鑑定士等の鑑定評価 ・公共用地の取得価格等の算定の規準	・土地取引の規制における価格審査の規準および同法に基づく規制区域内の土地の取引価格の算定の規準 ・土地取引を適正かつ円滑に実施するため ・実質的に地価公示を補完	・相続税,贈与税および地価税課税のため ・地価税については,毎年課税(平成10年から課税停止)	・固定資産税課税のため ・毎年課税
準拠法	地価公示法	国土利用計画法	相続税法	地方税法
評価機関	国土交通省土地鑑定委員会	都道府県知事	国税局長等	市町村長
価格時点	1月1日(毎年)	7月1日(毎年)	1月1日(毎年評価替)	1月1日(3年に1度評価替)
公表時点	3月下旬	9月下旬	7月上旬	基準年の3月,4月頃
評価方法	標準地について2人以上の不動産鑑定士の鑑定評価を求め,土地鑑定委員会がその結果を審査し必要な調整を行って正常な価格を判定し公示する	基準地について,1人以上の不動産鑑定士の鑑定評価を求め,これに基づいて都道府県知事が正常価格の判定を行って公表する	市街地的形態を形成する地域にある宅地は路線価方式,その他の宅地は固定資産税評価額倍率方式。 公示価格,精通者意見価格,売買実例価額,鑑定評価額等をもとに,路線価または倍率を評定する	売買実例価額から求める正常売買価格を基として適正な時価を求め,これに基づき評価額を算定する。この場合,市街地的形態を形成する地域にあっては路線価方式によって,その他の地域にあっては標準宅地の評価額に比準する方式によって評価額を算出する
標準地数 (平成29年)	26,000地点 (都市計画区域内が中心。代表性,中庸性,安定性,確定性に留意して選定)	宅地21,139地点,林地505地点 (都市計画区域以外も含む)	路線価地区すべて	課税土地すべて
価格水準	(基準値)	公示価格とほぼ同一価格水準	公示価格の約80%	公示価格の約70%

3 類似業務（販売代理）

(1) 販売代理の業務内容

① 代理と仲介

　販売代理事業（販売受託事業ともいう。）も仲介事業と同様に不動産流通事業に分類される。販売代理業者の典型例としては，事業主（マンション分譲業者等）に代わってマンションや戸建ての販売業務を行う者である（なお，仲介事業については「第3章　不動産仲介事業」を参照のこと）。

　販売代理業者も仲介業者も，宅建業者であることから宅建業法の規制を受ける点で共通している。たとえば，媒介契約書や販売代理契約書を交付することが義務付けられていること（宅建業法34の2，34の3），買主に対して重要事項説明書を交付することが義務付けられていることなどである。

　しかしながら，販売代理業者は仲介業者と異なり，事業主から契約締結に関する権限が与えられており，自ら売買契約の当事者になることができ，その売買契約の効果は事業主に帰属することになる。また，報酬は売主である事業主に対してしか請求できず，仲介業者のように買主に対して請求することができない。ただし，代理手数料の上限は仲介手数料の上限の2倍とされている（図表2-2-10参照）。

　このように，代理と仲介とでは，その態様，性質，効果，報酬等が異なるため，宅建業法では，代理を行うか仲介を行うかを事前に売主に対して明示することを義務付けている（宅建業法34，取引態様の明示義務）。

図表2-2-10　上限販売代理手数料率表

●200万円以下の金額	10% ……………………… ①
●200万円を超え400万円以下の金額	8% ……………………… ②
●400万円を超える金額	6% ……………………… ③

販売代理手数料の金額＝①＋②＋③＋消費税額
（なお，400万円以上の場合の計算式は6％＋12万円になる。）

（出所）国交省告示第三「売買又は交換の代理に関する報酬の額」

② 業務内容

販売代理事業の業務は，一般的には販売活動から引渡しまでの一連の行為であり，販売代理契約書において，具体的な業務範囲，販売代理報酬の額と支払時期，費用の負担関係，代理業務の期間，再委託の可否，販売代理の解除事由などが定められる。以下，業務内容を3つの区分に分けて簡単に説明する。

ⅰ）販売活動

市場調査・分析を通じて販売業務の基本計画を立案する。具体的には，事業主との協議に基づく物件の価格付け，広告媒体の選定と各種広告機関への業務依頼，顧客の勧誘・対応を行うための販売事務所およびモデルルームの管理運営を行う。

ⅱ）契約締結業務

顧客との間で事業主に代わって売買契約を締結し，その他これに付随する業務を行う。具体的には，物件購入申込みの顧客からの申込証拠金の受領，提携ローンに係る説明および事務代行業務，重要事項説明書の交付，売買契約の締結および手付金その他付随費用の受領，司法書士等への登記関係業務の依頼を行う。

ⅲ）引渡業務

建物内覧会および入居説明会を実施するとともに，鍵や権利証等の引渡関係書類等を交付する。また，事業主に対して売買代金等の精算および送金業務を行う。

(2) 会計上・監査上の取扱い

① 収益認識

ⅰ）報酬請求権

販売代理手数料の金額は，前記のように仲介手数料の上限の2倍の範囲内で，事業主との間で締結される販売代理契約に基づき決定される。また，その報酬請求権の発生は，特約がない限り売買契約が成立した時点とされており，これは仲介手数料と同様である。ただし，仲介手数料と異なり，引渡前に契約が解除された場合には，預かった販売代理手数料（保証金）を返金する必要がある（もちろん，販売代理業者の責めに帰さない事由であれば，解除があったとし

ても報酬請求権を有するという特約を付すことも可能となる。)。

ⅱ）収益認識

販売代理手数料についても、仲介手数料と同様に実現主義による。すなわち、販売代理業者が事業主の代理で買主と売買契約を締結し、報酬請求権が生じたとしても、一般的にはその後の引渡業務が完了するまでは業務が未了であり、さらには解除の可能性により収益獲得が不確実な状況にあることから、すべての業務の終了をもって販売代理手数料の全額を計上することになる。

また、買主の手付解除の場合には、手付金額を上限として、契約上定められた金額（通常は手付金に手数料率を乗じた金額とするケースが多い。）を販売代理手数料として徴収できるとしている場合も少なくない。この場合、前記の契約上定められた金額は、成約時点で徴収が確実となり収益実現の可能性が高いことから、成約時に収益計上を行うとする考え方もある。

販売代理業者は、通常売買契約締結時に買主から手付金を受領する（仕訳1参照）。次に、その預かった手付金に手数料率を乗じた金額を手数料の保証金（前受金）として留保し、手付残金を事業主に送金する（仕訳2参照。なお、販売受託契約によっては、預かった手付金をいったん事業主に全額送金し、別途事業主から手数料（保証金）を受領する方法もある。）。最後に、物件の引渡しを行い売買代金の残金を受領した時、受領した売買残代金から手数料（上記保証金は手数料に充当する。）を差引いて残代金を事業主に送金する（仕訳3、4参照）。

次の仕訳例では、業務完了時点で収益を全額計上する場合を前提としている。

【会計処理】
【仕訳1】
●売買代金の20％である20を手付金として受領した。

(借) 現 金 預 金	20	(貸) 預 り 金	20

【仕訳2】
●手付金に手数料率5％を乗じた金額を保証金として留保し、残額を売主に送

金した。

(借)預　り　金	20	(貸)現　金　預　金	19
		前　受　金	1

【仕訳3】
●売買代金の残金80を受領し，物件を引き渡した。

(借)現　金　預　金	80	(貸)預　り　金	80
売　掛　金	4	売　　　　上	5
前　受　金	1		

【仕訳4】
●手数料を控除して売買残代金を売主に送金した。

(借)預　り　金	80	(貸)現　金　預　金	76
		売　掛　金	4

『監査人はここを見る!!』
☑ 販売代理契約書の内容に基づき，適切な収益認識基準が選択されているか？
☑ 収益の計上時期(カットオフ)は適切か？

② 原価計上

前記のとおり，費用の負担関係は販売代理契約の内容で決定される。

一般的な販売代理業者の原価としては，店舗賃料，販売員の人件費，広告費(施主負担もあり得る)などが考えられる。これらは，物件の引渡しがなされるまで未成業務支出金等の勘定で資産計上され，物件の引渡しが開始された期に原価へ振替え処理される。なお，モデルルーム設置費用は施主負担となることが多い。

具体的に原価は，直接原価と間接原価とに分けられる。直接原価とは，プロジェクトの販売業務を行うために直接要した支出であって，当該プロジェクト

に計上される。間接原価とは，個々のプロジェクトには直接紐付けられないが，何らかの基準（たとえば，プロジェクトの予定総販売額）に基づいて各プロジェクトに按分される。

『監査人はここを見る!!』
- ☑ 販売代理手数料の収益計上時期と対応しているか？
- ☑ 原価の振替え漏れがないか？

第3章

不動産仲介事業

1　不動産仲介事業の概要

(1) 仲介の意義

　仲介は，古くは口入れという表現もあったが，現在では斡旋（あっせん），周旋，仲立（なかだち）などと呼ばれている。また，商543に「仲立人トハ他人間ノ商行為ノ媒介ヲ為スヲ業トスル者ヲ謂フ」とあり，さらに宅建業法2二において，宅地建物取引業とは，「宅地若しくは建物（建物の一部を含む。以下同じ。）の売買若しくは交換又は宅地若しくは建物の売買，交換若しくは貸借の代理若しくは媒介をする行為で業として行うものをいう。」とある。このように「媒介」という用語を用いることもあり，仲介は媒介と同じ意味とも解される。

　一般的に仲介とは，仲介人（仲立人）が契約当事者の間に立って契約の成立に向けて口利きをし，契約の成立を取り持つことをいう。これを不動産仲介にあてはめると，仲介とは仲介人（仲立人）が委託者に取引の相手方や取引物件を紹介し，契約当事者の間に立って価格等の取引条件について交渉して契約の成立に向けて斡旋・尽力する行為といえる。

(2) 不動産仲介事業の役割

　不動産取引に仲介業者が必要となるのは，不動産取引の特性による。不動産取引は他の財と異なり取引価格が高額であるため，取引の機会が限られる。

また，一般的には仲介業者でもない限り，専門的な知識を持ち合わせていない。さらに，事前に取引物件に関する権利関係を十分に把握・確認したり法令および規制を理解・把握したりしなければ，買主は購入した不動産を自由に使用・収益・処分できず，不測の損害を被る危険があるが，仲介業者でない者が自ら取引物件の調査を行い，その内容を正確に把握することは，非常に困難である。他方，仲介業者であれば不動産取引に関する専門的な知識や取引経験もあることから，取引物件に関する情報を収集・調査・理解する能力も持ち合わせている。そこで，不動産の売買・貸借・交換等の代理もしくは媒介を専門的に行う仲介業者（宅地建物取引業者という国土交通大臣または都道府県知事の免許を受けた業者）に限定し，主として買主等に対して取引物件等に関して重要な事項を調査した上で，宅地建物取引士という国家資格を持つ者がこれを正確に事前説明し（重要事項説明書として買主等に交付することが義務付けられている。宅建業法35），不動産の公正な取引を確保し，もって不動産の流通の活性化を図ることが期待されている。

2 取引の概要と取引フロー

(1) 売買仲介

売買仲介の基本的な流れを次頁の図表2-3-1に沿って説明する。

① 物件調査・価格査定
【売主側】
仲介業者は，物件の売却希望者から物件情報を入手し，当該物件の現地視察，物件調査，価格査定を行う。
【買主側】
仲介業者は，物件の購入希望者から相談を受けたら売り物件を探索し，希望に適う物件があれば購入希望者から購入申込書を入手して，現地案内，物件調査，価格査定を行う。

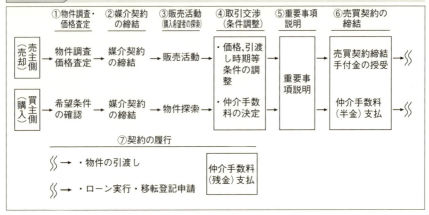

図表2-3-1 売買仲介の基本的な流れ

② 媒介契約の締結

【売主側】

売主が売却の仲介を委託する場合，仲介業者との間で「媒介契約」を締結する必要がある。媒介契約には「専属専任媒介契約」「専任媒介契約」「一般媒介契約」の3種類がある（図表2-3-2）。専属専任媒介契約と専任媒介契約については，他の仲介業者に重ねて売却の仲介を依頼することができないため，一般媒介契約以上に売主のために売買契約の成立に向けて積極的に行動しなけれ

図表2-3-2 媒介契約の種類

専属専任媒介契約	・特定の仲介業者に仲介を依頼し，他の仲介業者に重ねて依頼することができない。 ・仲介業者は，依頼主に対して，1週間に1回以上の頻度で売却活動の状況を報告する義務がある。 ・依頼主は，自分で購入希望者を見つけることはできない。
専任媒介契約	・専属専任媒介契約と同じく特定の仲介業者に仲介を依頼し，他の仲介業者に重ねて依頼することができない。 ・仲介業者は，依頼主に2週間に1回以上の頻度で売却活動の状況を報告する義務がある。
一般媒介契約	・複数の不動産業者に重ねて仲介を依頼することができる契約。 ・不動産業者に報告義務はなく，依頼主も自分で購入希望者を見つけることができる。

ばならない。

　また，売主の物件情報をレインズ（REINS：Real Estate Information Network System）と呼ばれる国土交通大臣から指定を受けた指定流通機構が運営するシステムへ登録することが義務付けられている。このシステムを利用することで，他の仲介業者が容易にアクセスでき，物件情報を共有することで，成約の迅速化が期待されている。

　また，媒介契約締結時に仲介手数料（媒介報酬）の交渉が，上限金額の範囲内で行われる（図表2-3-3）。仲介手数料は，媒介契約を締結したからといって当然に上限金額で決定されるものではなく，交渉の結果上限金額の範囲内で決定されるにすぎない。

図表2-3-3　上限仲介手数料率表

●200万円以下の金額	5%……………………………………①
●200万円を超え400万円以下の金額	4%……………………………………②
●400万円を超える金額	3%……………………………………③

仲介手数料の金額＝①＋②＋③＋消費税額
（なお，400万円以上の場合の計算式は3％＋6万円＋消費税額となる。）

（出所）国交省告示第二「売買又は交換の媒介に関する報酬の額」

【買主側】

　買主が買受け仲介を委託する場合も，仲介業者との間で媒介契約が締結されることになるが，実務上は後記「⑥売買契約の締結」と同時に締結されることが多いと考えられる。

　また，仲介手数料（媒介報酬）についても交渉の上，売買契約締結時に決定されることが多いと考えられる。

　③　販売活動（購入希望者の探索）

　通常中古住宅の仲介業者では，売却依頼があった物件の情報は仲介業者の店舗でのパネル展示をはじめ，インターネット上のホームページへの公開や住宅情報誌への掲載，新聞折り込みチラシ，近隣へのポスティングなどを通じて購

入希望者に対して積極的に発信される。買主はこれらの情報をもとに購入希望物件の検討を行うことになる。

④ 取引交渉（条件調整）

売主と買主を引き合わせることに成功した場合、仲介業者は、売買代金額やその支払方法、物件の引渡時期、付帯設備の確認など種々の取引条件についての交渉を経て、これらを調整の上双方の合意を得る。

⑤ 重要事項説明

宅建業法35に基づき、重要事項説明書の交付およびその内容の説明を行う。

⑥ 売買契約の締結

売主と買主は、調整された条件に基づき不動産売買契約を締結する。不動産売買契約は当事者が約束することで成立する諾成契約のため、口約束でも構わないものの、「不動産売買契約書」を用いて締結されることがほとんどである。売買契約書は、取引内容や当事者の権利・義務などを明らかにし、安全・確実な売買の成立を目的とするものである。売主・買主の双方が署名・捺印し、それぞれの仲介業者も署名・捺印する。そして、買主が売主に対して手付金を支払って契約が成立することになり、不動産売買契約を締結すると契約書の交付を行う。以後は契約書の記載内容に基づいて権利や義務を履行することになる。また、通常は売主と買主との間で不動産売買契約を締結する際に、仲介手数料の金額への承諾を示す書類が仲介業者と売主または買主との間で交わされる。なお、成約時点で売主および買主は、仲介手数料の半金をそれぞれ仲介業者に支払うことが多いと考えられる。

⑦ 契約の履行

残代金の授受と物件の引渡しは同時に行われる。通常仲介業者は、買主が銀行からの融資を受ける際に融資手続業務を補助する。また、必要に応じて移転登記を代行する司法書士を手配した後、売主から買主へ交付された所有権移転登記申請手続書を当該司法書士に送付する。通常はこれら取引の結了をもって

仲介手数料の残金を受領し、仲介業務は終了することになる。

(2) 賃貸仲介

建物賃貸借の賃貸仲介では、事業用建物の賃貸借と居住用建物の賃貸借に大別されるが、以後特に断りのない限り居住用建物の賃貸借を前提に説明する。

建物賃貸借は売買と異なり、契約締結以降に多額の残代金の支払や所有権の移転登記等重要な手続がない。このため、貸主は仲介業者に一定の賃貸借条件（賃料、敷金、礼金の金額）を提示するのみで、契約の現場に直接出向くことはほとんどない。仲介業者は、貸主の意向に沿って借主の募集、案内、条件交渉を行い、双方の条件が合えば、貸主に代わって借主から敷金・礼金・初回賃料および仲介手数料を受取った後に、賃貸借契約書を交わし、最後に貸室の鍵を引渡すことによって一連の仲介業務が終了する。

また、賃貸仲介手数料の金額は、その上限である1ヵ月分の賃料（国交省告示第四「貸借の媒介に関する報酬の額」参照）の範囲内で、賃貸借の成約時までに交渉の上決定され、上記の敷金および初回賃料と一緒に仲介業者に支払われることが多い。

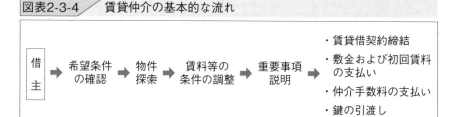

図表2-3-4 賃貸仲介の基本的な流れ

（注）貸主が契約の現場に直接出向くことはほとんどないため、上記では省略している。

3 内部統制

(1) 売買仲介

　不動産の仲介業務は，誇大広告の禁止，取引態様の明示義務および重要事項の説明義務などさまざまな場面において，宅建業法など各種法令等の規制を受けることになる。したがって，これらの規制を遵守するための内部統制の整備と運用が必要となるが，ここでは売買仲介に関する会計処理，特に売上計上プロセスにおける内部統制について説明する。

　前記のとおり，仲介業者が売主または買主と媒介契約を締結する際に（実務的には売買契約締結までに），仲介手数料の金額や受領時期について決定されなければならない。なお，媒介契約書のみでは報酬金額が約束されているとはいえず，通常は別途仲介手数料の金額に承諾したことを示す書面を売主または買主から入手する必要がある。この書面は売上金額の正確性を証する証憑として保存され，売上明細（契約台帳）の金額の事後的な検証にも利用される。

　たとえば，理由もなく上限を下回る金額で簡単に契約していた場合，本来上限で媒介契約を締結できたにもかかわらず，営業担当者が売主または買主から個人的な見返りを約束して（または期待して），売主または買主に有利な（仲介業者に不利な）契約がなされている危険性がある。ここに不正リスクが潜在していると考え，不正リスク防止の内部統制を整備している企業もある。たとえば，手数料金額の上限を大きく下回って媒介契約を締結する場合には，上位者の決裁承認を要求する場合などである。

　次に，売上計上のタイミングを適切に行うための，内部統制を整備している企業もある。たとえば，売買契約が成立すると手数料の半金を受取ることが多いが，その際に仲介手数料の承諾金額およびその承諾日（売買契約締結日）ならびに受領した手数料の半金の金額を契約管理台帳に記載しておく方法である。

　その後の業務フローとして，物件の引渡し，すなわち残金精算と移転登記申請書類と鍵の引渡し業務をサポートして（立会って），仲介業者の役務提供がすべて終了する。そして，その業務の対価として手数料の残金を受領すること

図表2-3-5 売買仲介における業務フローと統制

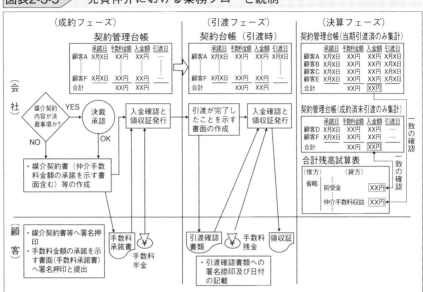

ができる。この時、取引が完了したことを示す書面を買主から受取ることが多いが、この書面には買主の署名捺印と業務完了確認日を記入させる様式になっていることが多いことから、売上の実在性を担保し会計上の売上計上時期を裏付ける証憑となる。経理部署では営業部署から受取った当該書面に記載されている引渡日に基づき売上計上される。すなわち、売上計上の証憑を予め決めておくことで、恣意的に売上計上時期を選択することを防ぐことができることになる。

『監査人はここを見る!!』
- ☑ 仲介手数料の金額はどのように算定されているか？
- ☑ 上限値ではない金額の場合はどのようなコントロールが整備されているか？
- ☑ 管理台帳と売上計上の時期は一致しているか？
- ☑ 業務提供完了時における書類（不動産売買契約書、引渡確認書、媒介契約書等）は整合しているか？

(2) 賃貸仲介

　前記のとおり，賃貸仲介は売買仲介と異なり，貸主から提示された一定の賃貸借条件（賃料，敷金，礼金の金額）に従って，インターネットでの物件紹介や店舗内での物件説明により借主に対して賃貸借の斡旋を行う。賃貸借契約が成立ないしは成立がほぼ確実となれば，その店舗内において賃料，敷金および仲介手数料等を現金で受領するケースもある。

　このように，賃貸仲介は店舗内で借主と現金のやり取りが発生することもあるため，現金の管理が最重要課題となる。このため，営業担当者が直接現金を受領した場合には，必ず定型の複写式の領収書を利用し，かつ，その控えを保管する必要がある。

　また，1日の業務が終了すると，現金受領業務担当者以外の者（通常は店舗責任者）が領収書控をもとに日計表を作成し，日計表の合計金額と現金有高とをチェックするとともに，個別に賃貸借契約書等との金額照合も行う。

4　会計上・監査上の取扱い

(1) 収益認識

　前記のとおり，仲介事業の実態とは，仲介業者が委託者から不動産売却や賃貸等の斡旋委託を受け，物件情報の探索・入手，物件調査，買主（売主）等への説明，契約当事者の間に立った条件交渉を示して契約の成立に向けて尽力することを受託し，仲介業者の仲介行為により契約当事者間で売買等の契約が成立した場合，仲介業者が委託者に対し報酬を請求することができることになる。

　このように，仲介業者の報酬請求権というものは，仲介業者の仲介行為により当事者間で売買等の契約が成立して初めて発生するものであり，この成功報酬主義こそ仲介契約の特徴といえる。したがって，たとえ仲介業者が契約成立に向けて多大な時間と労力を費やしたとしても，最終的に当事者間で契約が成立しなければ報酬請求権は発生し得ない。反対に，売買契約等がいったん有効に成立すれば，たとえ売買契約等がその後解除されたとしても，当該解除が仲

介業者の責めに帰すべき無効・取消し等の事由でない限り，報酬請求権は解除の影響を受けることはない。

このような仲介手数料について，会計上どのように収益認識するべきであろうか。この点，仲介は「不動産売買契約の成立」を仲立契約の目的とし，「成約（所有権の移転，引渡し，代金の支払い）」に対して対価（報酬）が支払われるという点で請負と同様である。一方で，請負事業のように最後まで業務を履行する義務はないため，業務の進捗に応じて収益を認識する工事進行基準は適用できない。また，不動産賃貸事業と異なり，提供するサービスやその対価が時の経過に伴い認識されるものではないため，発生主義によることもできない。

このため，仲介手数料の収益認識は，財貨・サービスの提供が完了したことおよびその対価として仲介手数料を受領した時点をもって収益計上する実現主義によることが最も望ましいと考えられる。

なお，一般的な仲介業務の範囲は媒介契約によって決定されるため，業務終了時点は，基本的には媒介契約で決定されたすべての業務が終了した時点と考えられる。

① 売買仲介
ⅰ）実際の業務の内容・順序

実務上，不動産売買においては，契約成立と同時に直ちに代金支払や所有権移転が履行されることは稀であり，契約成立時に買主が売主に手付金を支払い，一定期間後に残金支払と所有権移転を同時に行うことがほとんどである。このような契約形態のもとでは，仲介業者の業務は契約成立をもって終了するのではなく，履行完了時まで存続することとなる。

このような業務の実情を踏まえ，旧建設省は仲介業者に最後まで誠実に業務を行わせるために，報酬の受領時期として売買契約の成立時に半金，その履行完了時に残額を受領するように指導し（昭和41年11月21日建計政発第117号回答。昭和27年6月27日建設省住発第298号通牒），これが取引慣行として定着している。そして，報酬請求権は売買等の契約が成立した時に発生するが，その請求のタイミングは契約成立時に半金，売買等の契約履行時に残金，ということになる。

ⅱ）引渡基準（完了基準）

　法律上，成約時に全額の報酬請求権を有するものの，成約時点で全額収益を認識することになるため，役務提供をすべて完了していない段階で収益を認識してしまうこととなり，実現主義の原則に照らして望ましいとはいえない。したがって，収益計上時期はあくまでも仲介業務がすべて完了した時点，すなわち，一般的には物件の引渡しが完了した時点が最も合理的と考えられる。このため，成約時に受領した手数料の半金がある場合には，引渡時点までいったん前受金計上し，引渡時に受領した手数料の残金と同時に収益計上することになる。

ⅲ）税務但書基準

　前記の原則的な収益認識基準を基本とするものの，実務上の多くは引渡しまでに手数料の一部を受領した時点（一般的には成約時に手数料の半金を受領）で当該金額を収益計上していると考えられる。

　法基通2章1節2款2-1-11の「不動産の仲介あっせん報酬の帰属の時期」によれば，「土地，建物等の売買，交換又は賃貸借（以下2-1-11において「売買等」という。）の仲介又はあっせんをしたことにより受ける報酬の額は，原則としてその売買等に係る契約の効力が発生した日の属する事業年度の益金の額に算入する。ただし，法人が，売買又は交換の仲介又はあっせんをしたことにより受ける報酬の額について，継続して当該契約に係る取引の完了した日（同日前に実際に収受した金額があるときは，当該金額についてはその収受した日）の属する事業年度の益金の額に算入しているときは，これを認める。（昭55年直法2-8「六」により追加）」とされている。

　この通達の原則的な取扱いでは，仲介業者の報酬請求権の特徴に着目している。すなわち，法人税法上は仲介業者の仲介行為により当事者間で売買等の契約が成立すれば，その仲介の主要な役務提供は完了し，その役務に関する報酬請求権が確定するため，この報酬請求権の発生時に収益に計上すべきとの考えに基づいているといえる。

　ただし，前記のとおり，成約時に手数料の半金・残金を引渡時に受領する実情を踏まえ，税務上の取扱いでも例外的に，継続してその契約にかかる取引完了日（引渡日）を収益計上としている場合には，これを認めることとしている。

このため，成約から引渡しまでの間に現実に金銭を収受した場合には，金銭を収受した日をもってその収受額を収益計上することになる。

ⅳ）準進行基準

一方，ほとんどの売買契約では，買主から売主に対して手付金が交付され，契約成立後に契約履行前に手付放棄または手付倍返しによる解除があり得ることを，契約当事者および仲介業者は認識している。また，報酬の支払時期について契約成立時に手数料の半金を支払う旨の約定がある場合には，契約成立時に受領した手数料の半金は，たとえ契約がその後解除されたとしても仲介業者は半金の返還義務を負わないため仲介業者の収益として確定しており，かつ，成約までの役務提供の対価とも考えられている。そのため，何らかの事情で成約時に手数料の半金を受領できなかったとしても，それを売掛金計上して収益認識することができるとする考え方もあり得る。

ただし，たとえば停止条件付または解除条件付の売買契約締結時に，仮に手数料の半金を受領したとしても[1]，それが収益となることに不確実を伴うことから，収益として計上すべきではないと考えられる。

また，契約履行時に受領する残金は，取引の目的が達成されることにより委託者が受ける利益に見合った報酬，つまり，契約の履行のサポート業務の対価とも考えることができるため，この考え方に従えば，契約履行時に残金を収益計上することになる。

② 賃貸仲介

ⅰ）原則的な収益認識

前記のとおり，建物賃貸借の賃貸仲介では契約締結後に代金決済や移転登記等のような重要な手続が不要なため，売買仲介と比較して手続が容易かつ短期間で終了する。このため，貸主は契約の場には登場せず，仲介業者が貸主に代わり，敷金や初回賃料および仲介手数料を受取り，賃貸借契約書を交わし，最後に貸室の鍵を引渡すことによって，一連の仲介業務が終了することになる。

上記のような賃貸仲介手数料における収益計上時期は，役務提供完了時点として鍵の引渡時点を基準とするのが原則となる。

ⅱ）簡便的な収益認識

　仲介手数料等の受領から鍵引渡しまでの期間がそれほど長くならない場合には，事務処理の簡便性を考慮して，入金時点で収益計上する場合や，貸主に敷金および初回賃料を送金する時点で収益計上する場合もあると考えられる。

(2) 直接原価と販売管理費

　仲介業務に係る直接原価はあまり想定されないと考えられるが，強いていえば，大手の不動産仲介業者が他の中小仲介業者と共同して売買仲介業務を行った場合に発生する，いわゆる他社への手数料の支払いが挙げられる。これは，大手仲介業者がいったん顧客から仲介手数料を全額受取り，そのうち業務の貢献に応じて中小仲介業者に仲介手数料の一部を支払うものである。この他社への仲介手数料の支払いは外注費と同様な性質を有するため，顧客から受取った仲介手数料に対応する直接原価として，引渡時に原価計上されることになる。

　また，仲介事業の特徴的な販売管理費として，営業店舗の賃借料，広告宣伝費，物件調査費，営業職員に対する成功報酬などが挙げられる。

注

1　ローン特約付の売買契約で，買主が融資の承認を得られなかった場合，買主は当該売買契約を解除できる。解除された場合，売主は無利息で手付金を返還しなければならないため，通常成約時に手数料の半金を請求することはない。

第4章

不動産証券化・流動化

1　匿名組合（GK-TK）

(1) 匿名組合（GK-TK）の概要

　匿名組合とは，当事者の一方である一人以上の匿名組合員と呼ばれる投資家が，相手方である匿名組合事業の営業者が行う匿名組合事業のために現金等の資産を提供し，営業者がその出資をもとに事業を行い，これにより匿名組合員に対して出資に対応する損益の分配をすることを約する契約形態をいう（商535参照）。また，匿名組合員は任意組合と異なり，匿名組合事業に直接または間接に参加することはできず，匿名組合事業に係る意思決定を行うこともできない[1]。

　匿名組合を受入れた合同会社を運営する営業者が匿名組合事業に関する全資産の所有権を有し，かつ，匿名組合事業に関する全債務の履行義務を負うことになる。

図表2-4-1　GK-TKの会計・税務

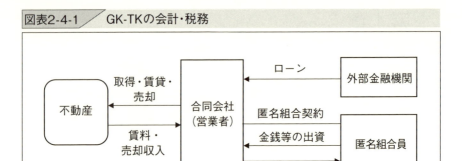

(2) 匿名組合（GK-TK）の会計・税務

① 匿名組合（GK-TK）の会計

合同会社は会社法および会社計算規則で定めるところにより，各事業年度に係る計算書類（貸借対照表，損益計算書，社員資本等変動計算書及び個別注記表）を作成しなければならない（会617②，会計規71①二）。

合同会社は会社法において持分会社の一つであり，持分会社の会計は一般に公正妥当と認められる企業会計の慣行に従うものとされ（会614），会社計算規則において，この省令の用語の解釈および規定の適用に関しては，一般に公正妥当と認められる企業会計の基準その他の企業会計の慣行をしん酌しなければならないとされている（会計規3）。合同会社における計算書類等の作成や表示方法には，株式会社と大きな違いはないものの，その開示の作成にあたっては，株式会社に比べて注記の一部省略が認められている（会計規98②五）。

合同会社の計算書類等の作成において留意すべき事項は，匿名組合事業の取込みである。匿名組合事業の匿名組合出資金は，合同会社では長期預り金として表示され，また匿名組合損益分配額は，合同会社では（特別損益項目がなければ）経常損益項目の次に匿名組合損益分配額として表示される。また，営業者に対する報酬については，営業者が匿名組合から受領した営業者報酬と匿名組合が営業者へ支払った支払手数料とは合同会社からみれば内部取引であるため，実務上これらは相殺処理されている。

また，匿名組合損益分配額についても，当該損益を投資家である匿名組合員に即分配するか（長期預り金に即反映させるかどうか，未収・未払匿名組合分配損益で対応するかどうか），あるいは追加出資義務があるかどうか（出資額を超える匿名組合分配損失額がある場合，追加出資義務となるかどうか。追加出資義務がない場合の匿名組合員の出資額を超える損失は，営業者の負担となる。）によって，その会計処理は異なってくる。これらは匿名組合契約の内容に基づくことになる。

　そして，匿名組合事業の保有する物件に多額の減損損失が計上された場合には，一般的に匿名組合損益分配額は税務上の損益をもとに分配されるため，会計上の減損損失は匿名組合損益分配額には反映されない結果，当該物件が処分されるまでは合同会社に当該損失がプールされることになる。したがって，ビークル（器）である合同会社自体が債務超過の状況に陥ることも想定され，継続企業の前提に関する検討が必要となる。

　匿名組合員は営業年度の終了時において，営業者の営業時間内に，営業者の貸借対照表の閲覧等の請求，または重要な事由があるときは営業者の業務および財産の状況を検査することができる（商539）。また，匿名組合契約によっては，ビークル（器）である合同会社による決算報告のほか，計算期間ごとに匿名組合事業のみの決算報告が求められていることがある。

　匿名組合の会計については，会社法や会社計算規則に規定されていないものの，商法において，商人の会計は一般に公正妥当と認められる会計の慣行に従うものとすると規定されていることから（商19①），匿名組合の財務諸表は一般に公正妥当と認められる会計の慣行に従って作成されている。なお，匿名組合自体には法人格はないため，その計算期間は匿名組合契約により自由に決められることから，四半期ごとあるいは半期ごとに分配が可能となっている。

② 匿名組合（GK-TK）の税務

　匿名組合契約は，営業者と組合員（出資者）との間の事業への出資を行うための契約にすぎない。このため，匿名組合という独立した組織が存在するわけではなく，匿名組合自体は課税客体とはならない。したがって，匿名組合事業に係る所得についてはすべて営業者に帰属し，営業者が当該所得に対する申告

納税義務を負い，一義的に法人税，地方法人税，法人事業税及び法人住民税（以下「法人税等」という。）が課されることになる。そして，匿名組合契約に基づき各組合員に分配される所得については，営業者における課税所得の計算上は損金の額（又は益金の額）に算入され，一方で組合員に分配された所得については，各々の組合員において自己の所得と合算または通算して個々に申告等を行うことになる。

　上記のとおり営業者の各事業年度の所得の計算上，匿名組合契約により匿名組合員に分配すべき利益又は負担させるべき損失の額[2]は，匿名組合に係る計算期間の末日の属する事業年度[3]の損金又は益金の額に算入されるが，この場合の「分配すべき利益又は負担させるべき損失の額」は，匿名組合員に対する実際の現金分配の有無にかかわらず，匿名組合契約に規定された損益の計算方法等に基づいて算定された金額となる。

　なお，匿名組合契約に基づく損益の分配は，匿名組合事業の結果としての各計算期間の損益を単に按分しているにすぎない。このため，匿名組合事業において支出した寄附金または交際費がある場合は，これらはすべて営業者が支出したものとして取扱う。すなわち，営業者で寄附金または交際費の損金不算入額の計算を行い，各匿名組合員において寄附金または交際費の損金不算入額を分配割合に応じて個別に加算調整する必要はない。また，寄附金等の社外流出項目に限らず，匿名組合事業において減損損失等の内部留保項目として加算調整もしくは減算調整すべき費用等が生じた場合も同様であり，これらの費用および税務調整が分配割合に応じて各匿名組合員に分配されたものとはされず，営業者においてその全てが計上されたものとして営業者においてのみ税務調整することになる[4]。

　また，匿名組合事業の消費税の取扱いについて，匿名組合事業に係る課税資産の譲渡等または課税仕入れ等は，営業者が単独で行ったものとして取扱われ，匿名組合員への利益又は損失の分配にかかわらず，営業者が匿名組合事業に係る消費税についての申告納税義務を負うことになる。

(3) 匿名組合員の会計・税務

① 匿名組合員の会計

　合同会社に対する出資者の会計処理については，実務対応報告第21号「有限責任事業組合及び合同会社に対する出資者の会計処理に関する実務上の取扱い（以下「実務対応報告21号」という。）」が公表されており，個別財務諸表上，合同会社への出資は有価証券（金商法2②）として，取得原価をもって貸借対照表価額とし，当該合同会社の財政状態の悪化により実質価額が著しく低下したときには，相当の減額を行い，当該評価差額は当期の損失として処理（減損処理）することが適当と考えられるとされている（実務対応報告21号Q3）。

　また，匿名組合員における匿名組合契約上の出資金の会計処理については，金融商品会計実務指針において規定されており，原則として，匿名組合の持分相当額を出資金（金商法2②により有価証券とみなされるものについては有価証券）として計上し，営業者により獲得した純損益のうち持分相当額，すなわち，匿名組合から分配された損益を当期の純損益として計上する（金融商品会計実務指針132）。

　ただし，匿名組合については，実質的に匿名組合出資者等の計算で営業されている場合もあり得るため，貸借対照表および損益計算書双方について持分相当額を純額で取込む方法が妥当でないことも想定される。そのため，状況によっては貸借対照表について持分相当額を純額で，損益計算書については損益項目の持分相当額を計上する方法も認められると考えられる（金融商品会計実務指針308）。

② 匿名組合員の税務

　内国法人（国内に日本支店等の恒久的施設を有する外国法人を含む。以下同じ。）である匿名組合員は，実際に利益分配として現金分配を受けていない，又は損失負担として現金支出していない場合であっても，その匿名組合事業により生じた利益又は損失の額のうち，匿名組合契約に基づき分配された匿名組合事業に係る損益が，その匿名組合の計算期間の属する事業年度の益金の額又は損金の額に算入され[5]，法人税等が課されることになる。

匿名組合員に対する利益の分配金については，その現金分配の際，原則として20％の税率（平成49年12月31日までの期間については復興特別所得税を含む20.42％の税率）による所得税等が源泉徴収される。なお，源泉徴収された所得税等は，内国法人である匿名組合員の場合は法人税の申告に際して所得税額控除を適用することができる。

　一方，外国法人（国内に恒久的施設を有する外国法人を除く。以下同じ。）である匿名組合員は，法人税等の課税は生じず，前記の匿名組合の利益の分配金に対する所得税等の源泉徴収により課税関係が終了する。匿名組合員である外国法人の本店所在地国と日本との間の租税条約によっては，匿名組合の利益の分配金に対する所得税等の源泉徴収が減免される可能性がある。

　また，内国法人である匿名組合員がその匿名組合出資持分を譲渡した場合には，それにより生じた譲渡益又は譲渡損は，内国法人の各事業年度の所得の計算上，益金の額又は損金の額に算入される。しかし，外国法人である匿名組合員が，匿名組合出資持分を譲渡した場合には，当該譲渡による損益は国内源泉所得に該当しないことから，法人税等の課税は生じない。

　なお，匿名組合出資持分の譲渡は，消費税上は有価証券に類するものの譲渡として取扱われ消費税は課されない。

2　特定目的会社（TMK）

(1)　特定目的会社（TMK）の概要

　特定目的会社（以下「TMK」という。）は，資産流動化法に基づき設立される社団をいい，資産の流動化を行うための事業体の一つである。資産流動化法は，日本版金融ビッグバンによる金融システム改革の一環として，1998年に施行された「特定目的会社による特定資産の流動化に関する法律」が2000年に資産流動化法として改正されたもので，2011年に大幅な改正がなされている。

　資産流動化法における資産の流動化とは，TMKが資産対応証券（優先出資，特定社債，特定約束手形）の発行もしくは特定借入れにより得られる金銭をもって特定資産（資産流動化法に定める資産の取得制限等の対象資産を除く。）

図表2-4-2　特定目的会社（TMK）の仕組み

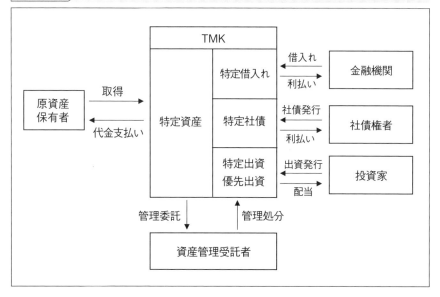

を取得し，これらの資産の管理及び処分により得られる金銭をもって，資産対応証券，特定借入れ及び受益証券に係る債務又は出資につきその債務の履行又は利益の配当及び消却のための取得又は残余財産の分配を行う一連の行為をいう（資産流動化法2参照）。

　TMKが資産の流動化の業務を行うには，資産流動化法に定められた規制に従い，計画期間，特定資産および資産対応証券に関する資産の流動化に関する基本的な事項を定めたもの（いわゆる「資産流動化計画」）を添付した業務開始届出書を，内閣総理大臣（実務上は所管財務局）に提出することが義務付けられており，仮に資産流動化計画の記載事項に一定の変更があった場合には変更の届出を提出する必要がある。したがって，TMKは当該資産流動化計画に従って資産の流動化における業務およびその附帯業務を行わなければならず，他の業務を営むことができない。

　このようにTMKでは事業内容とその変更とに制限があり，事業目的に沿った事業の遂行が求められていることから，あくまでも当初の事業目的通りに遂行していくという意味においては受動的な事業体であるといえる。

税制面における主な特例措置としては，措法およびその関連法令に規定される一定の要件を満たした場合には，TMKが支払う利益の配当を事業年度の所得の金額の計算上，損金算入することが認められている。

(2) 特定目的会社（TMK）の会計・税務

① 特定目的会社（TMK）の会計

TMKは資産流動化法および「特定目的会社の計算に関する規則（以下「TMK計算規則」という。）」で定めるところにより，各事業年度に係る計算書類（貸借対照表，損益計算書，社員資本等変動計算書及び注記表），事業報告及び利益処分案並びにこれらの附属明細書を作成しなければならないとされている（資産流動化法102②，TMK計算規則22）。

また，TMKの会計については「一般に公正妥当と認められる企業会計の慣行に従うものとする（資産流動化法98）。」とされ，TMK計算規則においてこの府令の用語の解釈および規定の適用に関しては「一般に公正妥当と認められる企業会計の基準その他の企業会計の慣行をしん酌しなければならない（TMK計算規則3）」とされている。

なお，日本公認会計士協会より業種別委員会実務指針第47号「特定目的会社に係る監査上の実務指針」が公表されており，TMKの計算書類等の作成にあたっての具体的な記載例や記載上の注意が規定されている。

TMKの会計処理にあたって留意すべき事項は次のとおりとなる。

i) TMKが発行する優先出資証券等は，金商法上の特定有価証券であり，出資を公募等しているときには，金商法に基づいて財務諸表を作成することになる。この場合，有価証券報告書の作成は金商法の開示規則によることになるが，TMKは財規2に規定されている別記事業に該当するため，財務諸表の作成にあたっては，財規ではなくTMK計算規則が優先して適用されることになる。

ii) TMKの計算期間について，租税特別措置法上の支払配当の損金算入の要件の一つに「会計期間が1年を超えないこと」とする規定がある。このため，計算期間が1年の場合は中間配当を行うことがあり，資産流動化法115にその規定があるが，同条③においてその中間配当財源は年度

末の配当控除後の余剰金となるため，90％ルールの適用を前提としている以上，中間配当の財源は確保されていない状況となる。このため，半年ごとに配当を予定している場合には，実務上，TMKの計算期間は6ヵ月となっている。

iii) 資産流動化法に基づき作成される計算書類等には比較情報の要請はなく，単年度の計算書類等が作成されている。このため，過年度修正事項の当期の計算書類等への影響についての取扱いについては比較可能性が損なわれないように留意する必要がある。

iv) TMKは匿名組合と同様に有期限の会社であることから，継続企業の前提の評価における「継続企業の前提の重要な疑義を生じさせるような事業又は状況」とは，資産流動化計画の計算期間の終了前に流動化に係る業務を終了せざるを得なくなることを指し，当初から予定されていたことは含まれないとされている。また，当初から実質的事業終了後の猶予期間として設定されているテール期間等を繰り上げて終了することは，当初から予定されていた事象の範囲内であるため，「継続企業の前提の重要な疑義を生じさせるような事業又は状況」には該当しないとされている（業種別委員会実務指針第47号「特定目的会社に係る監査上の実務指針」26）ことから，継続企業の前提の評価にあたっては留意する必要がある。

v) 損益計算書上，営業収益や営業費用には，特定資産の流動化に係る業務およびその付帯業務に関する収益や費用，ならびに特定資産の管理運用に関する費用を，売上高，金融収益，売上原価，金融費用，販売費及び一般管理費に区分して計上する。この場合金融費用には，資産対応証券および特定借入れに関する利息も含めて計上されるので，資金調達コストは営業外損益ではなく，営業費用に計上されることなる。

vi) TMKの運用開始後まもない時期においては課税所得があまり発生していないことから，税務上有利な方法を選択し，たとえば，当期は税抜処理から税込処理に変更し，翌期以降は再び税抜処理に変更を予定しているような場合が見受けられる。こうした場合，税務上有利な方法を選択することのみでは，会計方針の変更に関する合理的な変更理由とは認められないため留意する必要がある。また，会計方針は合理的な理由がな

い限り毎期継続して適用することが原則となる。

vii) 特定資産の取得に際して特定借入れや特定社債の発行を行っているが，これらの資金調達に関連して発生した資金調達コストは，最終返済期限あるいは最終償還期限にわたって費用化される。ただし，返済期限あるいは償還期限に，当初からの実質的事業終了後の余裕期間であるテール期間が設定されている場合には，特段の事由がない限り実際はテール期間までに返済あるいは償還されてしまうため，当該資金調達コストは最終期限まででなくテール期間までにわたって費用化される。

viii) 注記表においては，賃貸等不動産に関する注記のほか，貸借対照表に関する注記においても，特定資産の価格調査結果の記載が求められている。当該注記では，計算期間ごとの時価についての開示ではなく，特定資産取得時の価格調査結果の時価注記が求められていることから（資産流動化法40①八，同122①十八），特定資産の取得時と決算期末ごとの時価が開示されることになる。

ix) TMKにおいて注記で求められるのは，関連当事者取引ではなく，関係当事者取引となる。関係当事者の範囲は関連当事者と異なり，関係当事者取引ではTMKの特定資産管理処分受託者等が含められることに留意する必要がある（TMK計算規則58④）。

② 特定目的会社（TMK）の税務

TMKは資産流動化法に基づき設立される社団であるが，資産流動化法の趣旨および規範からは，その主体を用いて，投資家の資金を特定資産たる投資資産の取得および運用に活用し，その運用の成果を投資家に分配することを目的に組成されるものであることから，実質的には会社組織を利用した集団投資スキームにおける運用資産の集合体であり導管的な存在にすぎない。したがって，税制上はこのTMKの実態に適合した課税を行う観点から，一定の要件のもと，所要の税制上の特例措置が講じられている。当該特例措置の主たるものとして，後記の支払配当の損金算入がある。

ⅰ）支払配当の損金算入

　TMKは法人税等の課税対象となるが，一定の要件を満たすTMKが支払う利益の配当は，TMKの課税所得の計算上，支払配当を損金算入する特例措置が講じられている。当該支払配当の損金算入の特例により，TMKの法人税等の課税所得は限りなくゼロに近づき，TMKが特定資産の運用により稼得した利益に対する法人税等の負担を大幅に軽減し，投資家に利益の配当を行うことが可能となる。当該支払配当の損金算入の特例を受けるためには，後記に掲げる要件をすべて満たす必要がある。なお，当該要件は一般的に「導管性要件」と呼ばれている。

TMK自体の要件（措法67の14①一）

（ア）　TMK名簿への登録の記載
（イ）　次のいずれかに該当するものであること
　（ⅰ）　公募による特定社債の発行価額総額が1億円以上
　（ⅱ）　特定社債が機関投資家または特定債権流動化TMKのみによって保有されることが見込まれている
　（ⅲ）　優先出資が50人以上の者による引受け
　（ⅳ）　優先出資が機関投資家のみによる引受け
（ウ）　優先出資および基準特定出資[6]の発行価額総額のうち，国内において募集される割合がそれぞれ100分の50を超える旨の記載または記録[7]
（エ）　TMKの会計期間が1年を超えない

対象事業年度の要件（措法67条の14①二）

（ア）　資産の流動化に係る業務およびその附帯業務を資産流動化計画に従って行っている
（イ）　他の業務を営んでいる事実がない
（ウ）　特定資産を信託財産として信託している，または当該特定資産の管理および処分に係る業務を他の者に委託している
（エ）　事業年度終了時において同族会社のうち，政令で定めるもの[8]に該当するものでないこと（以下「非同族会社要件」という。）（前記「TMK自体

の要件」（イ）（ⅰ）または（ⅱ）に該当するものを除く。）
(オ)　配当可能利益の額が100分の90に相当する金額を超えている
(カ)　合同会社または合資会社の無限責任社員となっていない
(キ)　特定資産以外の資産（特定資産の流動化に係る業務および附帯業務を行うために必要と認められる資産と余裕金の運用に係る資産を除く）を保有していない
(ク)　特定借入れを行っている場合には，その特定借入れが機関投資家または特定債権流動化TMKからのものであり，かつ，当該TMKに対して特定出資をした者からのものでない

申告要件（措法67の14⑧）

適用を受けようとする事業年度の確定申告書等に損金の額に算入される金額について申告の記載および損金の額に算入される金額の明細書の添付があり，かつ，前記「TMK自体の要件（措法67の14①一）」（イ）および（ウ）に掲げる要件を満たしていることを明らかにする書類を保存している。

90％超支払配当要件

前記「対象事業年度の要件」（オ）の90％超支払配当要件の基礎となる配当可能利益に関し，90％超支払配当要件を算式に示すと次のとおりとなる。

$$\frac{支払配当の額}{税引前当期純利益 - 前期繰越損失 - 特別損失計上減損損失 \times 70\% - 特定社債調整額} > 90\%$$

2009年度税制改正前の90％超支払配当要件は，支払配当等の額が各事業年度の「配当可能所得[9]」の100分の90に相当する金額を超えていることとされていた。したがって，たとえば減損損失の計上等によって，会計上と税務上の取扱いの相違（以下「税会不一致」という。）により多額の税務調整額が生じた場合には，90％超支払配当要件を満たすことができなくなることが懸念されていた。しかしながら，2009年度税制改正により，当該90％超支払配当要件につき，支払配当の額が「配当可能所得」から「配当可能利益」の額の90％相当額を超えていることに改正され，次の（ア）（イ）のような金額を調整す

ることが認められたため，前記のような税会不一致による導管性要件に与える影響は軽減されている。
（ア）　TMK計算規則45①一に掲げる前期繰越損失の額
（イ）　TMK計算規則39③の規定により同項の減損損失に細分された金額の100分の70に相当する金額

　減損損失は，税務上原則として損金の額に算入されないため，配当の損金算入の可否にかかわらず，減損損失相当額は税務調整により課税所得に加算され，法人税等の税負担を生じさせることになる。また，90％超支払配当要件が2009年度税制改正前の配当可能所得に基づき判定する場合には，減損損失はその性質上，一時に多額の税会不一致を生じさせる損失であるため，90％超支払配当要件が満たされなくなる可能性が高いことが懸念されていた。これらの点を踏まえ，2009年度税制改正では，減損損失により法人税等の税負担が生じた場合にも90％超支払配当要件を一定程度は満たせるように，配当可能利益の計算上，減損損失による税務調整により生じる法人税等相当額として，減損損失の金額の一定割合を配当可能利益の計算上控除することとされた。当該改正により，減損損失を計上した場合にも90％超支払配当要件を満たせる可能性は高まったが，減損損失の計上による法人税等の負担が免除されるわけではなく，法人税等の税負担が生じる点は留意する必要がある。

　さらに，対象となる減損損失は，損益計算書の特別損失において細分して表示されているものに限り，配当可能利益の計算上控除がされることとなっている。仮に営業外費用等の特別損失以外の区分に表示された場合，または，特別損失の区分において減損損失として別掲されていない場合には，配当可能利益の計算上控除はされないことになるため，損益計算書における表示も留意する必要がある。

　減損損失を計上した場合の90％超支払配当要件の具体例は図表2-4-3のとおりである。

　なお，減損損失以外の税会不一致項目について，税務上の加算調整が生じた場合には，当該金額は法人税等の課税対象となり，90％超支払配当要件の配当可能利益の計算上は考慮されない。すなわち，支払う利益配当と法人税等の税負担はともに利益の社外流出であり，一方が増えれば一方が減るといった関

図表2-4-3　減損損失を計上した場合の90％超支払配当要件の具体例

【前提条件】
支払配当の損金算入の適用可否の判定上，他の要件はすべて満たしている。また，法人税等の表面税率は38.08％，税引前当期純利益は1,000百万円のとき，特別損失に300百万円の減損損失（税務上加算）が計上されている。

【損益計算書】 単位：百万円

経常利益	1,000
特別損失	
減損損失	△300
税引前当期純利益	700
法人税等	△184
当期純利益	516
支払配当額	△516

←

【税務申告書】 単位：百万円

税引前当期純利益	700
減損損失	300
支払配当額	△516
課税所得	484
法人税等 ×（38.08％）	184

配当可能利益の計算上，減損損失の70％相当額が控除されるため，90％超支払配当要件の算式は以下のとおりであり，当該要件は充足される。

$$\frac{利益配当の支払額（516）}{税引前当期純利益（700）-減損損失\times70\%（300\times70\%）} = \frac{516}{490} > 90\%$$

一方で前記例において特別損失に計上された損失が減損損失ではない税務調整を要する損失が発生した場合の算式は以下のとおりであり，90％超支払配当要件を充足しないため利益配当の支払額が損金の額に算入できない。

$$\frac{利益配当の支払額}{税引前当期純利益} = \frac{516}{700} \leq 90\%$$

係にあるため，税会不一致項目における法人税等の税負担が増えれば，その分だけ支払う利益配当の額に影響を及ぼすことになる。したがって，減損損失以外の税会不一致項目における法人税等の税負担が，90％超支払配当要件に破綻をきたすことのないよう留意する必要がある。

このほか，TMKが特定社債を発行している場合には，特定社債調整額として配当可能利益の金額から次の算式により計算した金額を控除することになる。

特定社債の期末残高の100分の5	－	期首利益積立金	＋	特定社債の償還がある場合に下記の（ア）（イ）に掲げる場合の区分に応じ，それぞれに定める金額が当該事業年度の所得の金額の計算上損金の額に算入される減価償却費の額を超えるときには，当該超える部分の金額に相当する金額に2倍した金額との合計額

（ア）事業年度において特定譲渡等[10]が行われた場合

　特例の適用を受けようとする事業年度において償還した特定社債の合計額から，当該特定譲渡等により調達された資金のうち特定社債の償還に充てられた金額を控除した金額

（イ）（ア）に掲げる以外の場合

　特例の適用を受けようとする事業年度において償還した特定社債の合計額

また，その他の特例措置として，中小法人に対する軽減税率の不適用，受取配当等の益金不算入の不適用，外国子会社から受ける配当等の益金不算入の不適用，欠損金の繰越控除の特例，外国税額控除の特例，交際費の損金不算入，外形標準課税の不適用，利子等の課税の特例などがある。さらに，不動産取得税および登録免許税の軽減措置が講じられている。

(3) 投資家の会計・税務

① 投資家の会計

　TMKが発行する証券は金商法2①により規定される有価証券に該当する。したがって，当該有価証券に関する投資家の会計処理については，主として金融商品会計基準および金融商品会計実務指針に基づいて会計処理を行う。

金融商品会計基準では，有価証券の貸借対照表価額および評価差額等の処理について，①売買目的有価証券，②満期保有目的の債券，③子会社株式および関連会社株式，④その他有価証券，に区分し，それぞれの区分に応じた処理を規定している（金融商品会計基準15から18，金融商品会計実務指針59）。

② 投資家の税務

TMKは前記のとおり導管的な存在にすぎないことから，投資家における課税上の取扱いも，このTMKの実態に適合した税制上の特例措置が図られており，法人投資家の受取配当等の益金不算入の不適用や個人投資家の配当控除の不適用が講じられている。

また，TMKの事業年度に係る利益配当（中間配当を含む。）については，その支払時に原則として源泉所得税20.42%が源泉徴収の対象となる。ただし，特定出資者または優先出資者が国内に恒久的施設（以下「PE」という。）を有しない非居住者もしくは外国法人（以下「非居住者等」という。）である場合で，租税条約の適用を受けることができるときは，所定の手続を経ることによりその租税条約に規定されている税率まで軽減される。なお，内国法人および国内においてPEを有する外国法人または居住者は，当該源泉所得税は法人税または所得税の前払いとして所得税額控除の対象となる。PEを有しない非居住者等である場合は源泉所得税を徴収されるのみで課税が完結する。

(4) オリジネーターの会計

① 不動産の売却取引について

不動産の証券化において，当該資産の原資産保有者であるオリジネーターが行う不動産の売却取引は，当該物件の売却後も何らかの形で継続的関与がみられることが多く，このため，単に実現主義の原則に基づく判断だけでは対応できない不動産取引が数多く見受けられている。

このような場合，下記の取扱いが日本公認会計士協会より公表されている。

■監査委員会報告第27号「関係会社間の取引に係る土地・設備等の売却益の計上についての監査上の取扱い」

■会計制度委員会報告第15号「特別目的会社を活用した不動産の流動化に

係る譲渡人の会計処理に関する実務指針」

　実務的には，実現主義の原則を考慮しながら，上記の取扱いを参照して不動産の売却取引ついての会計処理を検討することになる。

　　ⅰ）「関係会社間の取引に係る土地・設備等の売却益の計上についての監査
　　　上の取扱い」

(ア)　概要

　土地や建物等の固定資産が，関係会社間で売買される場合がある。それにはさまざまな理由が考えられるが，関係会社間で行われる場合には，第三者との間で行われる場合と異なり，売買代金の授受や所有権の移転がなされていたとしても売買の前後での使用状況は全く変わらず，売却元企業（不動産証券化の場合，オリジネーター側）で多額の売却益が計上されるのが目的として行われるおそれもある。また，いったん売却した後で短期間のうちに当該固定資産を正当な理由なく買戻すような場合は，会計上当該固定資産について未実現の評価益を計上したのと同じ結果となることもある。

　そのため，特に関係会社間における固定資産の売買により売却益を計上する場合について，関係会社間の固定資産売買取引の妥当性を判定するために要件を示したのがこの取扱いである。

　なお，当該取扱いは売却益の計上についての取扱いを示しているが，売却損を計上する場合であっても当該固定資産を売却処理することには変わりがなく，利益操作に利用するという意味では，売却損益のいずれの場合も想定される。また，売却処理することは損益計算書だけではなく，貸借対照表にも影響を与えることから，売却益ではなく売却損が計上される場合であっても本取扱いに準じて考えるべきである。

(イ)　具体的な取扱い

　本取扱いによれば，土地や建物等の固定資産が関係会社間で売買される場合，以下の点に留意して判断することとされている。

> （ⅰ）譲渡価額に客観的妥当性があること（前提条件）
> （ⅱ）合理的な経営計画の一環としての取引であること
> （ⅲ）買戻し条件付売買または再売買予約付売買でないこと
> （ⅳ）資産譲渡取引に関する法律的要件を備えていること
> （ⅴ）譲受会社において，その資産の取得に合理性があり，かつ，その資産の運用につき，主体性があると認められること
> （ⅵ）引渡しまたは所有権移転の登記がなされていること
> （ⅶ）代金回収条件が明確かつ妥当であり，回収可能な債権であること
> （ⅷ）売主が譲渡資産を引続き使用しているときは，それに合理性が認められること

（ⅰ）について

売買価額は，関係会社間の当事者の契約となることから，恣意性を排除するため，不動産鑑定士等の鑑定による客観的証拠に従って売買価額が決定されなければならないものとされている。

（ⅱ）について

異種業種や補助部門の分離独立や事業の集約，あるいは許認可等の関係や責任体制明確化のための分離独立等に付随した固定資産の売買である等，その理由および目的を第三者に納得させるだけの合理性が必要とされている。

（ⅳ）について

譲受会社における事業計画に沿った取得でなければならないため，当事者双方いずれの立場からみても，それぞれ営利法人としての経済的効果が期待されるものでなければならない。

（ⅶ）について

売却代金が長期分割返済，あるいは譲受会社が譲渡会社の債務保証に基づく銀行借入等により代金返済しているような場合には，譲受会社の収益力や財政状態を勘案して，銀行等との約定どおりの返済が可能であるかどうかについて十分に検討することが監査上必要である。

『監査人はここを見る!!』
- ☑ 合理的な経営計画の一環であることを検証するため，譲渡および譲受会社それぞれの正式な意思決定（取締役会議事録や売買契約書，決裁書等による担保）のみならず，中長期予算や事業計画やタックスプランニング等とも整合しているか。
- ☑ 売買は時価による必要があるが，賃貸等不動産として時価の開示を行っていた場合には，開示されていた時価と売買価額とが整合しているか。
- ☑ リースバックのような継続的関与が認められる場合には，リースバック期間の妥当性や売却の経済的合理性がより慎重に検証されているか。

(ウ) 買戻しがあった場合の取扱い

売却された土地・設備等がその後買戻されている場合には，その買戻しの時期に応じて以下のように取扱うこととされている。

売却のあった事業年度に係る監査報告書作成日までに買戻された場合	売買取引がなかったものとして取扱う。	
売却のあった事業年度に係る監査報告書作成日以降短期間に買戻しが行われた場合	買戻しに正当な理由がある場合	特に処理不要 ただし，以下の内容を財務諸表に注記することが望ましい。 ●買戻しが行われた旨 ●その理由 ●当該資産の内容 ●買戻し価額 ●相手方会社名等
	買戻しに正当な理由がない場合	売買取引がなかったものとして取扱う。 売却前の帳簿価額により資産計上するとともに，損益計算書に以下の事項を注記する。 ●その旨 ●修正した理由 ●当該資産の内容等

なお，買戻しに正当な理由があるかどうかの判断については，買戻し時における前記（イ）の諸観点および当初売買以降の情勢の変化等を勘案して総合的に判断し，相当の合理性が認められる場合とされている。

　ⅱ）「特別目的会社を活用した不動産の流動化に係る譲渡人の会計処理に関する実務指針」

（不動産流動化実務指針）

（ア）　不動産流動化実務指針公表の経緯

　不動産を流動化して譲渡したにもかかわらず，地価下落その他のリスクが依然として譲渡人に存在していると認められる場合もあり，不動産流動化による売却処理を行うための根拠としてのリスクの移転に係る判断等については，必ずしも明確になっていない面があった。そこで，TMKを活用した不動産の流動化に係る譲渡人の会計処理について，その取扱いを統一するために必要と認められる事項をとりまとめたものが不動産流動化実務指針となる。

（イ）　不動産流動化実務指針の対象

　不動産流動化実務指針の対象とする不動産は，土地建物等を対象とし，固定資産か流動資産かどうかを問わず，また，棚卸資産における計上科目（販売用不動産等）は問わないものとされている。

（ウ）　不動産流動化実務指針による不動産の売却認識について

　不動産の売却の認識については，リスク・経済価値アプローチによって判断することが妥当であるとして具体的には次のように取扱うこととした。

不動産が特別目的会社に適正な価額で譲渡されており，かつ，当該不動産に係るリスクと経済価値のほとんどすべてが，譲受人である特別目的会社を通じて他の者に移転していると認められる場合	譲渡人は不動産の譲渡取引を売却取引として会計処理する。
不動産が特別目的会社に適正な価額で譲渡されているが当該不動産に係るリスクと経済価値のほとんどすべてが，譲受人である特別目的会社を通じて他の者に移転していると認められない場合	譲渡人は不動産の譲渡取引を金融取引として会計処理する。

ここで不動産のリスクとは，経済環境の変化等の要因によって当該不動産の価値が下落することであり，また，不動産の経済価値とは，当該不動産を保有，使用または処分することによって生ずる経済的利益を得る権利に基づく価値をいうとされており，不動産のリスクと経済価値とはいわば表裏一体の関係にある。また，不動産のリスクと経済価値の移転に関しては，形式的に判断するのではなくスキーム全体の構成内容等を踏まえて実質的な判断を行うことが重要であるとされている。

> 『監査人はここを見る!!』
> ☑ 実質的に判断ができているか，すなわち，個々の契約条件については判断基準を満たしているかのみならず，スキーム全体でリスクと経済価値のほとんどすべての移転がなされていると判断できるか。
> ☑ リースバックが行われる場合，リースバックに加えてさらに他の継続的関与はないか。
> ☑ 毎期の予想キャッシュ・フローを分析して，どのようなケースでリスクが生じるかを十分検討しているか。

(エ) 不動産流動化実務指針に基づく具体的な判断プロセス

不動産流動化実務指針に参考として記載されている「特別目的会社を活用した不動産の流動化に係る譲渡人の会計処理のフローチャート」を示すと図表2-4-4のとおりとなる。

フローチャートに基づき，留意すべき事項について説明する。

(i) 継続的関与

不動産の譲渡人（オリジネーター）がその譲渡後において当該不動産に継続的に関与している場合は，リスクと経済価値が他の者に移転していない可能性があるため，継続的関与の内容について十分に検討する必要がある。譲渡人（オリジネーター）が継続的に関与している場合の具体例としては，譲渡した不動産の管理業務を行っている場合，不動産を買戻し条件あるいは売戻し条件付きで譲渡した場合，不動産をセール・アンド・リースバック取引により使用している場合などが挙げられる。

図表2-4-4　特別目的会社を活用した不動産の流動化に係る譲渡人の会計処理のフローチャート

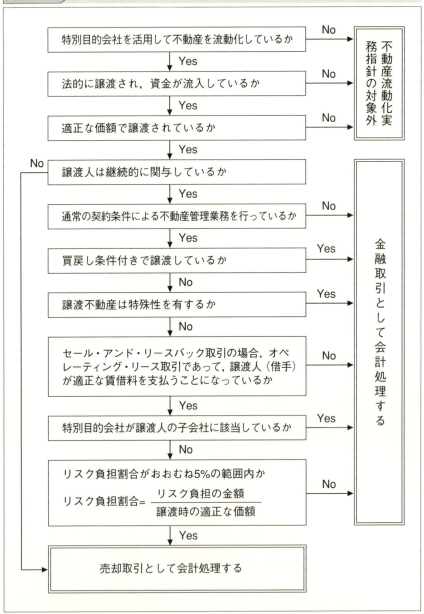

(出所)　不動産流動化実務指針（参考資料）
　　　　日本公認会計士協会会計制度委員会報告第15号「特定目的会社を活用した不動産の流動化に係る譲渡人の会計処理に関する実務指針」（参考資料）

(ⅱ) 通常の契約条件による不動産管理業務

不動産管理業務契約において，たとえば，対象不動産のテナント等の賃貸人の賃料の減少を補填する条項や不当に低廉な業務報酬など，通常の契約条件ではない場合は，当該不動産のリスクと経済価値が移転しているとは認められない可能性がある。

(ⅲ) 買戻し条件付き譲渡

譲渡人（オリジネーター）が不動産を買戻し条件付きで譲渡している場合には，実質的に金融取引と同様の効果が生ずることになる。したがって，譲渡した不動産に係るリスクと経済価値のほとんどすべてが他の者に移転しているとは認められないため，売却処理を行うことができない。

『監査人はここを見る!!』
☑ 買戻しの権利（優先買取交渉権および優先拒否権を含む。以下「買戻し権等」という。）が付与されている場合，付された意図，経営計画との整合性，譲渡後の他の継続的関与の有無，買戻し権等の実質的な内容および買戻し時の価格の決定方法の妥当性。

(ⅳ) 特殊性を有する不動産

市場性に乏しくそのまま他に転用することが困難であるなど，特殊性を有するかどうかの判断に際して，以下の内容に留意する必要がある。
- 第三者の利用可能性
- 同様の不動産の売買事例の有無
- リースバック取引（オペレーティング・リース取引）における適正な賃借料の把握の容易性

なお，特殊性の判断においては，不動産に関する仕様等の技術的知識や行政法規等の法務知識，不動産の売買・賃貸市場に関する知識など，専門的で幅広い知識が要求されることから，場合によっては専門家の関与を検討する必要がある。

(ⅴ) リースバック取引における適正な賃借料

不動産流動化実務指針によれば，譲渡人（オリジネーター）が譲渡不動産を

セール・アンド・リースバック取引（オペレーティング・リース取引であるものに限る。）により使用する場合における適正な賃借料の支払額は，リスク負担の金額に含めないとされていることから，賃借料が類似の不動産の賃借料と比較して適正な水準ではないような場合，適正な水準を超える部分の金額をリスク負担の金額に含めることになる。

なお，不動産流動化実務指針では，敷金についての取扱いについては何ら定めていない。対象不動産が賃貸用オフィスビルであり，譲渡人（オリジネーター）が当該不動産をセール・アンド・リースバックしてテナントに賃貸している場合には，テナントからの受領した敷金と同額の敷金を，特別目的会社に対してまたは信託財産として差入れることがよく行われている。この場合，当該差入れ金額を，リスク負担の算定上どのように取扱うかについては，当該敷金の保全措置等の内容も考慮して慎重に判断する必要がある。

(vi) 特別目的会社が譲渡人の子会社に該当するかどうかの判定

不動産の流動化が，譲渡人（オリジネーター）の子会社に該当する特別目的会社を譲受人として行われている場合には，譲渡人（オリジネーター）は売却処理を行うことができない。当該特別目的会社が譲渡人（オリジネーター）の子会社に該当するかどうかについての判定は，具体的には財規8⑦および連結会計基準7(2)に従って行われることになる。これらの規定によれば，特別目的会社について，下記の3つの要件を満たしている場合には，当該特別目的会社に資産を譲渡した会社（以下「譲渡会社等」という。）から独立しているものと認め，譲渡会社等の子会社に該当しないものと推定するとされている。

- 特別目的会社に対して，適正な価額により資産が譲渡されていること
- 特別目的会社が，譲受た資産から生ずる収益を当該特別目的会社が発行する証券の所有者（資産流動化法に規定する特別目的借入に係る債権者を含む。）に享受させることを目的として設立されており，当該特別目的会社の事業がその目的に従って適切に遂行されていること
- 事業内容の変更が制限されていること

なお，子会社に該当しないと推定された特別目的会社であっても，連結会計基準7(1)から7(3)のいずれかに該当する場合には，重要性が乏しい場合を除き，一定の注記が求められているので留意する必要がある（いわゆる「開示対

象特別目的会社」)。詳細は企業会計基準適用指針第15号「一定の特別目的会社に係る開示に関する適用指針」を参照されたい。また，当該注記は，個別財務諸表のみを作成している場合であっても，該当事項があればその開示を求められている。

(vii) リスクを負担する場合の継続的関与におけるリスク負担の金額の算定

リスク負担の金額の算定については，継続的関与の各々の内容に基づき，実態に応じて判断することになる。

継続的関与の内容	リスク負担の金額
譲渡人が譲渡不動産からのキャッシュ・フローもしくは譲渡不動産の残存価額の全部または一部を実質的に保証している場合	保証しているキャッシュ・フローの額または残存価額の保証額
譲渡人が譲渡不動産の対価の全部または一部として特別目的会社の発行する証券等（信託の受益権，組合の出資金，株式，会社の出資金，社債，劣後債等）を有しており，形式的には金融資産であるが実質的には譲渡不動産の持分を保有している場合	当該持分の取得価額
譲渡人が譲渡不動産の開発を行う場合	開発コストのうち譲渡人が負担すべき金額※
譲渡人が譲渡不動産の価格上昇の利益を直接又は間接的に享受している場合	利益享受の権利を得るための対価
譲渡人が譲受人の不動産購入に関して譲受人に融資または債務保証を行っている場合	融資額または保証額

※開発を行っている場合のリスク負担割合の算定は，次の算式によって行うこととされている。

$$\text{開発を行っている場合のリスク負担割合} = \frac{\text{全体の開発コストのうち譲渡人が負担すべき金額}}{\text{合理的に見積り可能な開発物件の譲渡時の適正な価額（時価）}}$$

なお，分母の時価については，たとえば，経済情勢を反映した適切な開発計画における販売時価に基づいて合理的に算定された時価等が考えられる。

(viii) 関係会社が流動化スキームにおいてリスクを負っている場合の取扱い

不動産の流動化スキームにおいて譲渡人の関係会社が当該不動産に関する何

らかのリスクを負っている場合の取扱いについて、不動産流動化実務指針40において以下のように規定している。

子会社または関連会社が負担するリスク	リスク負担割合の算定に際して分子に加える。
親会社または親会社の子会社が負担するリスク	リスク負担割合の算定に際して分子に加えない。

なお、親会社の連結財務諸表においては、子会社が流動化した不動産に関して連結会社が負担するリスクを含めてリスク負担割合を判定することになる。したがって、子会社の個別財務諸表および子会社の連結財務諸表においては、売却処理が可能である場合でも、その親会社の連結財務諸表上、金融取引となる場合がある。

(ix) 金融取引として会計処理を行った場合の開示

上記の検討の結果、対象不動産の売却処理が認められず、金融取引として会計処理を行った場合には、担保資産の注記に準じて、その旨ならびに関連する債務を示す科目の名称および金額を記載しなければならない。

設例2-4-1 売却処理判定と会計処理（売却処理の場合）

【前提条件】

（取引の内容）

① A社（譲渡人）が所有する簿価50の賃貸用不動産（物件）を特別目的会社であるB社に100（時価）で売却するとともに、B社より年間賃貸料10により賃貸（オペレーティング・リース）する。
② B社は、物件購入資金の調達を目的として、普通社債95と優先出資証券5を発行する。
③ A社は、B社の発行した優先出資証券5を購入する。
④ B社は毎年社債利息として3.8、優先出資の配当金として2.2を支払う。
⑤ A社B社間には買戻し特約等の契約はない。

(A社のリスク負担割合の算定)

$$\text{リスク負担割合} = \frac{\text{リスク負担の金額}}{\text{流動化する不動産の譲渡時の適正な価額（時価）}} = 5 \div 100 = 5\%$$

A社は優先出資証券5を保有することから，リスク負担割合は5％となる。

この結果，リスクと経済価値のほとんどすべてが移転しているものと判断され，売却取引として会計処理することとなる。

【A社の会計処理】

① 譲渡時

（借）現　金　預　金	100	（貸）土　地　建　物 　　　固定資産売却益	50 50
（借）有価証券または出資金	5	（貸）現　金　預　金	5

② 毎期

（借）現　金　預　金	2.2	（貸）受　取　配　当　金	2.2
（借）支　払　賃　借　料	10	（貸）現　金　預　金	10

(オ) 更新（リファイナンス）時の取扱い

不動産流動化実務指針では，特別目的会社が発行する証券等の期限が到来し，更新（いわゆる「リファイナンス」）が行われる場合には，その更新の内容によりリスクと経済価値のほとんどすべてが移転していると認められるかどうかについて再判定することを求めている。そして，更新時のリスク負担割合が概ね5％の範囲内であれば，引続き売却処理が認められるが，その範囲を超える場合には，更新時に不動産流動化実務指針に照らしてリスクと経済価値のほとんどすべてが移転していると認められないことになり，更新時に適正な価額によって買戻しが行われたものとして処理することになる。

3 不動産投資法人（REIT）

(1) 不動産投資法人（REIT）の概説

REITとは，Real Estate Investment Trustの略称であり，不動産投資信託と訳される。REITには会社型の投資法人制度と契約型の投資信託制度とがある。このうち会社型の不動産投資法人とは，多数の投資家から資金を調達し，主としてオフィスビル，居住用不動産，商業施設，物流施設やホテルなどの不動産および不動産信託受益権等に対して投資運用することを目的としている。

不動産投資法人は，投資対象資産から生まれるキャッシュ・フローを投資家に分配するための事業体であり，特に東証上場リート（いわゆる「J-REIT」）は発足から15年以上にわたり安定的なキャッシュ・フローを生み出す金融商品としての役割を果たしている。

また，不動産投資法人の特徴として，上場を前提としたクローズド・エンド型と非上場のオープン・エンド型とがあるが，以降は上場を前提としたクローズド・エンド型の不動産投資法人を前提として説明し，「REIT」と呼称する。

(2) 不動産投資法人（REIT）の会計

① 開示制度の概要

ⅰ) 各種開示制度の特徴と計算期間

REITは，投信法および投資法人計算規則に基づいて，計算書類，資産運用報告及び金銭の分配に係る計算書並びにこれらの附属明細書を作成する（投信法129）。

計算書類等の作成にあたっては，投信協会の不動産投資法人規則等にも遵守することが求められている。不動産投資法人規則等は，投信協会が設定した自主規制ルールであるが，東証の上場基準において，投資信託または投資法人を運営する資産運用会社は投信協会に加入することが義務付けられているため，REITは実質的に当該規則等を遵守することになる（有価証券上場規程1205）。

また，REITは金商法上一定の要件を満たした場合には，特定有価証券の内容等の開示に関する内閣府令に基づき，有価証券届出書，有価証券報告書，半

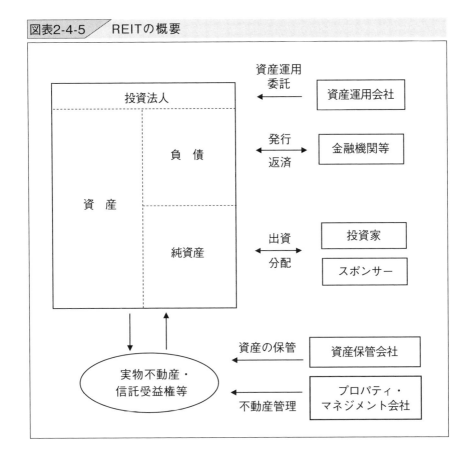

図表2-4-5　REITの概要

期報告書を作成する必要がある。なお，有価証券報告書を提出しなければならない会社のうち，REITは四半期報告書を提出しなければならない会社ではない（金商法24の4の7）ため，会計期間が6ヵ月を超える場合は半期報告書の提出が必要となる（金商法24の5①）。

　なお，投信法上はREITの計算期間についての規定は特になく，中間配当に関する規定もない。一方，東証の有価証券上場規程によれば，営業期間または計算期間は6ヵ月以上であればよい（有価証券上場規程1205）とされ，法人税法の支払配当の損金算入における判定要件を規定する措法67条の15においても会計期間は1年を超えてはならないとされている。このため，REITでは一般に，定款に相当する投資法人規約において会計期間を6ヵ月決算と定めて

図表2-4-6　REITの開示法令体系

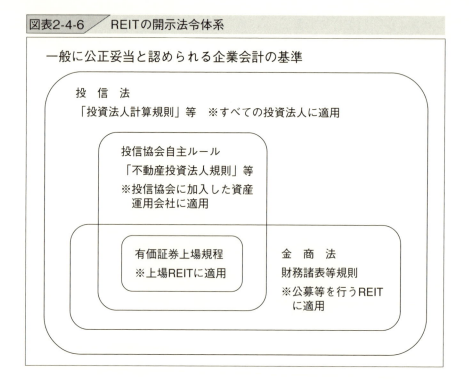

いる。

ⅱ) 別記事業の特性について

前記のとおり，資産運用報告や計算書類等の作成にあたっては，詳細規定である投資法人計算規則に従って開示することになるが，同規則3において，用語の解釈および規定の適用に関しては，一般に公正妥当と認められている企業会計の基準その他の企業会計の慣行をしん酌するとされている。このため，REITの会計処理においても，一般に公正妥当と認められる企業会計の基準が適用される。

また，REITは別記事業であり，財規における別記に掲げる事業のうち「投資業（投資法人の行う業務に限る。）」に該当する（財規別記18）。財規2によれば，11から68条の2まで，68条の4から77まで，79から109まで，および110から121までの規定にかかわらず，投資法人計算規則が適用される。このため，金商法の開示においては，投資法人計算規則が優先して適用され，

投資法人計算規則の定めのない事項については原則として財規が適用されることになる。なお，財規10により，財規と同一の注記事項が投資法人計算規則にも存在する場合には，財規に従った注記が必要となる。

　なお，連結計算書類および連結財務諸表の作成が必要な場合には，通常，関連する諸規則や開示様式等に基づき作成されることになるが，投信法および金商法においては，これらを作成するための諸規則や開示様式等の規定はない。したがって，現状，連結計算書類および連結財務諸表を作成しているREITは見受けられない。また，投信法194および投信法施行規則221の2により，海外保有投資法人の株式の過半を保有することが可能になっているが，改正案へのコメントに対する当時の金融庁の回答によれば，他の会社の過半を保有する子会社が存在する場合であっても連結計算書類または連結財務諸表の作成は求められないとされている。

　ⅲ）利害関係人等および関連当事者との取引についての取扱い

　REITでは従業員を雇用することができないことから，REITを取り巻くさまざまな当事者によって運用されている。特に資産運用会社では，自己または自己の利害関係人の利益を優先して取引を行い，投資主の利益が損なわれるおそれがある。このため，投信法では資産運用会社の利害関係人等および主要株主の定義を明確化し，一定の開示をすることが求められている。なお，実務上は利益相反取引に関するガイドラインを自主的に設け，投信法よりも幅広く対応している場合も多く見受けられる。

　ⅳ）利害関係人等の範囲

　利害関係人等の範囲については投信法施行令123および投資法人運用報告書規則26⑳に，また，主要株主については金商法29の4②に以下のとおり規定されている。

投信法施行令123

> 一　当該資産運用会社の親法人等（金商法31の4③に規定する親法人等をいう。以下同じ。）（注1）
> 二　当該資産運用会社の子法人等（金商法31の4④に規定する子法人等をいう。以下同じ。）（注1）
> 三　当該資産運用会社の特定個人株主（金商法施行令15の16①四に規定する特定個人株主をいう。以下同じ。）（注1）
> 四　前三号に掲げる者に準ずる者として内閣府令で定める者

（注1）親法人等，子法人等，および特定個人株主の範囲については，金商法施行令第15条の16，および金商業等府令第33条ないし第34条を参照のこと。

投資法人運用報告書規則26(27)

> 以下の（イ）〜（ハ）いずれかの要件を満たすもの
> （イ）投信法施行令第123条に定める利害関係人等
> （ロ）資産運用会社の利害関係人等及び主要株主と不動産等に係る一任型の投資顧問契約を締結している法人等（注2）
> （ハ）資産運用会社の利害関係人等及び主要株主が過半を出資している，又は役員等の過半を占めている法人等

（注2）不動産投資法人運用規則第22条第25項によれば，「一任型の投資顧問契約とは，不動産投資顧問業登録規程第2条第5項または金商法第2条第8項第12号ロに規定する投資一任契約をいい，法人等とは，法人，組合，信託その他これに類似するものをいう」とされている。

金商法29の4②

> …「主要株主」とは，会社の総株主等の議決権（総株主，総社員，総会員，総組合員又は総出資者の議決権をいい，…以下同じ。）の20％（会社の財務及び業務の方針の決定に対して重要な影響を与えることが推測される事実として内閣府令で定める事実がある場合には15％）以上の数の議決権を保有している者をいう。

　これらの定義から判断すると，実務上開示が求められているのは，資産運用会社の親会社，子会社（その子会社・関連会社を含む。），特定個人株主（それにおける会社），主要株主，当該親会社の関係会社，および当該主要株主の関係会社との取引である。このうち，当期中の売買取引等や支払手数料等が，資産運用報告の「利害関係人等及び主要株主との取引状況」において開示される

（投資法人運用報告書規則26（27））。このほか，投信法上の計算書類等および金商法上の財務諸表において，関連当事者との取引に関する注記が開示される（投資法人計算規則67，財規8の10，8⑰）。

　ここで，投資法人計算規則と財規とでは関連当事者の開示の範囲が異なっていることに留意する必要がある。まず，財規2では関連当事者の注記はその範囲に含まれていないため，投信法上は投資法人計算規則に従い，金商法上は財規の規定に基づいて開示されることになる。

　また，財規に比べて投資法人計算規則の方が開示対象範囲は広く，資産運用会社とその利害関係人等，資産保管会社等が含まれている。

　一方で，投信法上の関連当事者に関する注記では，次の投資法人計算規則67②の取引について開示は要求されていない。

投資法人計算規則67②

> 一　・・・省略・・・
> 二　執行役員及び監督役員に対する報酬の給付
> 三　資産運用会社に対する資産運用報酬の給付
> 四　資産保管会社に対する資産保管手数料の給付
> 五　・・・省略・・・

　実務上の開示事例としては，たとえば，投資法人の執行役員が資産運用会社の社長を兼務している場合，資産運用報酬に関する注記が記載されていることがある。これは，投信法では開示対象とならないものの，金商法では開示対象となると判断されたものと考えられる。

② 会計上・監査上の取扱い

ⅰ）取得原価の決定と土地建物等の按分方法

　REITでは運用資産の取得に際し，デューデリジェンスを実施した上で投資判断が実施されている。当該支出を取得原価に含めるべきかどうかについては，当該支出がその物件の購入のために要したものかどうか，事業の用に供するために直接要した支出であるかどうかに基づき，その実態に応じて慎重に判断する必要がある。

　一般に次の費用が，付随費用として取得原価に算入されている。

- 取得年度における固定資産税等のうち，買主が負担すべき精算金
- 登記に係る司法書士報酬
- 所有権移転等に伴う登録免許税
- 不動産取得税
- 不動産鑑定評価費用
- 不動産仲介手数料
- エンジニアリング・レポート費用
- 特定資産の価格調査費用

　上記の付随費用のうち，不動産取得税と登録免許税については，固定資産の取得のために要した支出であっても取得原価とせずに，費用処理することができる。一方で，費用の平準化を志向するREITにおいては，取得原価に算入して費用収益対応させていることが多いと考えられる。

　また，固定資産税および都市計画税（以下「固定資産税等」という。）は，毎年1月1日時点の不動産所有者に納付義務が生じる租税であり，本来であれば買主には納税義務はないものの，売主と買主とで未経過期間に係る固定資産税等の精算が一般に行われるため，当該未経過期間に関する固定資産税等相当額についても付随費用として取得原価に算入されている。

　このため，固定資産税等が賃貸事業費用として計上されることになるのは，物件取得1年後となるので留意する必要がある。

　また，これらの付随費用を固定資産の取得原価に算入する場合には，土地と建物に固有の費用はそれぞれ個別に計上する必要がある。また，土地と建物の両方に関する費用は，合理的な方法に基づいて土地と建物とに按分する必要がある。

　なお，固定資産税等の処理方法については，物件の取得時，運用時を含め，REITにおける特有な処理として重要な会計方針として実務上開示されている。

　物件取得後の固定資産税等の会計処理については，賦課決定された年額のうち当期に対応する額を費用処理すべきであるが，継続適用を前提として，賦課決定された年額のうち当期内に納付した金額をそのまま費用計上する方法も見受けられる。この場合，REITの計算期間は一般に6ヵ月決算であることから，決算期の設定によっては半年ごとの固定資産税等の費用計上に隔たりが生じて

しまうこともあり得るため，固定資産税等の費用負担が毎期平準化するように，実務上は前払・未払計上等の処理が求められている。

『監査人はここを見る!!』
☑ 資産運用会社やスポンサー企業との利益相反を考慮した発注手続等の内部統制が整備・運用されているか。
☑ 物件ごとに付随費用の価格に乖離がある場合に経済的合理性はあるか。

ⅱ）土地建物等の按分

取得した土地建物等を土地と建物等とに按分する場合，通常，不動産売買契約の内訳金額（土地と建物等の金額）に従うことになるが，その前提として，まずは当該内訳金額（土地と建物等の金額）が適切な按分となっているか検討する必要がある。

この場合，REITが入手した不動産鑑定評価書等を利用して土地および建物等の価格で按分される割合と比較検討することになる。この場合，積算価格比によって区分する方法や，建物積算価格を建物の取得価額として残額を土地の取得価額とする方法（いわゆる「土地残余法」）などが考えられる。

たとえば，全体の売買取引価額と積算価格とが大きく乖離しているケースで土地残余法を採用して按分した場合，この乖離金額を土地に寄せて按分する結果となるため，当該按分結果の合理性について慎重に検討する必要がある（特定目的会社Q＆A　Q7参照）。

また，業種別委員会報告第14号「投資信託及び投資法人における当面の監査上の取扱い（以下「投資法人監査上の取扱い」という。）」27（2）では，「特に，取得価額と鑑定評価書の積算価格に大きな乖離がある場合は，その原因を調査し，当該乖離額の建物と土地への配分方法の妥当性を検討する。」とされている。

実務上は，全体の売買取引価額と積算価格とが大きく乖離する場合には，地価が高騰している局面など乖離の原因が土地にあることが明らかな場合を除き，原則，積算価格比で按分することが監査上妥当な処理とされているものと考えられる。

『監査人はここを見る!!』
- ☑ 積算価格および収益価格ともに，不動産鑑定書の専門性および独立性の観点から妥当であるか。
- ☑ 積算価格と収益価格との乖離に経済的合理性はあるか。

ⅲ）経済的耐用年数の利用

　監査第一委員会報告第32号「耐用年数の適用，変更及び監査上の取扱い」によれば，耐用年数は企業が自主的に決定しなければならないとされている。耐用年数の決定にあたっては，物理的減価と機能的減価の双方を考慮して決定することになるが，このうち機能的減価については，その偶発性から的確に予測することは困難なことから，これまでは一般に税務上の法定耐用年数（以下「法定耐用年数」という。）が広く利用されてきた。

　しかしながら，現行の法定耐用年数は，1999年の税制改正とその後の改正において政策的観点から変更されていることから，これまでの法定耐用年数よりも短縮されている。REITの固定資産の耐用年数の決定においても一般事業会社と状況は同様ではあるものの，有形固定資産，特に建物の躯体部分については，日本建築学会関連の資料等では法定耐用年数以上であるとされている。

　この点，中長期の安定した配当を目標とするREITにとっては，毎期の費用負担を軽減させていくことが一つの課題であることから，耐用年数の決定にあたっては，たとえば第三者機関によって作成されたエンジニアリング・レポート等を参考にしている場合も少なくない。ただし，当該レポート上の耐用年数はあくまでも物理的耐用年数であって，会計上の経済的使用可能予測期間（経済的耐用年数）ではないため，最終的にはREITが独自に経済的耐用年数を判断（算定）する必要がある。

　また，エンジニアリング・レポート等を利用するのであれば，物件取得後の改良工事等の資本的支出においても利用すべき場合が想定されよう。

『監査人はここを見る!!』
- ☑ エンジニアリング・レポートで算出されている物理的耐用年数は専門性および独立性の観点から妥当であるか。
- ☑ REITが採用した経済的耐用年数は合理的か。

iv）物件売却時の売買損益の測定と表示

　保有物件を売却した場合には，不動産売却収入から不動産売却原価を差引いた後の売買損益のみが営業損益（売却益であれば営業収益，売却損であれば営業費用に表示）として計上される。この場合，売却に伴う諸費用も当該売買損益から控除されることに留意する必要がある。また，不動産売買損益については，損益計算書に関する注記においても，物件ごとにその内訳が開示される（投資法人計算規則63三）。

　なお，保有物件を売却した場合，一般に売主と買主との間で未経過固定資産税等相当額における精算が行われるが，固定資産税等の納税義務者はあくまでも1月1日時点における対象物件の所有者として登録されている者であることから，REITが物件を売却した場合はその年度分の未納付分も含めてREITが納める一方，REITは買主から未経過分に相当する固定資産税等相当額を精算金として受領することになる。

　ここで，当該物件における固定資産税等について，保有期間のみならず売却後の期間に対応する額も含めて費用計上することは，損益計算書上当該物件の保有期間における物件収支（賃貸事業損益）を歪めることになるため，会計上も合理的な処理とは必ずしもいえない。このため，REITでは物件を売却した場合に買主から受領する固定資産税等相当額の精算金を，通期分の固定資産税等と相殺した上で，物件保有期間に対応する固定資産税（租税公課）として損益計算書に計上することが本来的には望ましいと考えられる。なお，実務上は簡便的に売却諸費用等で調整されている事例も見受けられる。

> 『監査人はここを見る!!』
> ☑ 特にスポンサーとの不動産売却取引について，売買価格は妥当か。また，売却取引に経済的合理性はあるか。

　また，固定資産の除却にあたっては，固定資産台帳から除却対象資産を特定し，原則として特別損失として除却損を計上する必要がある（重要性がない場合は営業外費用に計上される場合もある。）。

　なお，固定資産台帳がある程度のレベルでもって正確かつ精緻に作成されていない場合には，除却対象資産が特定できない場合が想定される。このため，物件取得時の固定資産台帳の正確な作成は，将来の除却時において除却資産を特定して適切な除却損を計上するためにも重要な作業となる。

　ⅴ）減損処理への対応とその留意事項
　一般事業会社と同様，REITにおいて保有物件に減損の兆候がある場合には，減損損失を計上するかどうかの判定を行う（減損会計基準二1，投資法人監査上の取扱い48（6））。

　特に，含み損のあった物件に関して，決算期末時点で処分（売却・除却）の意思決定が確認されている場合や，売買契約は締結済みで物件の引渡時期が決算日後である場合には，当該物件は処分予定価額や売買金額でもって期末評価し，減損損失を計上する必要がある。さらに，決算日後投信法監査報告書日までの間に，含み損のある物件について売却の意思決定がされた場合や売買契約が締結された場合には，修正後発事象として取扱って期末決算に減損損失を取込む場合も十分に想定されるため，より慎重な対応が求められる。

　ここで，監査・保証実務委員会報告第76号「後発事象に関する監査上の取扱い」3（1）によれば，修正後発事象とは，「決算日後に発生した会計事象ではあるが，その実質的な原因が決算日現在において既に存在しており，決算日現在の状況に関連する会計上の判断ないし見積りをする上で，追加的ないしより客観的な証拠を提供するものとして考慮しなければならない会計事象である。」とされている。

　なお，固定資産は本来，市場価格が観察可能な場合は多くないため，一定の

評価額や適切に市場価格を反映していると考えられる指標が容易に入手できる場合には，これらを減損の兆候を把握するための市場価格とみなして使用すべきである（減損会計適用指針15）。

さらに，保有物件に含み損が算出された場合には，当該回収可能価額（処分予定価額・売買金額）でもって評価した上で，帳簿価額と当該価額との差額は減損処理されるが，特に不動産市況の下降局面では，期末鑑定評価額時点では含み益であっても売買契約時点ではより低い金額で締結されることがあるため留意する必要がある。

vi）消費税等の取扱い

レジデンシャル系のREITでは，一般に課税売上割合が95％とならないため，発生する固定資産に係る控除対象外消費税の処理を検討する必要がある。

資産に係る控除対象外消費税の処理については，日本公認会計士協会「消費税の会計処理について（中間報告）」によれば，該当する固定資産の取得原価に含める方法（下記の会計方針Aに該当）や長期前払費用として5年間で償却する方法（下記の会計方針Cに該当）がある。

また，消費税等のいわゆる混合方式なる方法を採用し，固定資産に係る消費税等のみ税込方式を採用する方法（下記の会計方針Bに該当）も見受けられる。

消費税等に係る会計方針の事例としては後記のとおりとなる。

＜会計方針A＞

> 消費税及び地方消費税の会計処理は，税抜方式によっている。ただし，固定資産に係る控除対象外消費税は個々の資産の取得原価に算入している。

この方法では，控除対象外消費税は算入された取得原価の減価償却により，その資産の耐用年数にわたり費用処理されることになる。

＜会計方針B＞

> 消費税及び地方消費税の会計処理は，税抜方式によっている。ただし，固定資産については，税込処理によっている。

この方法は，税抜処理を選択しつつ，継続適用を前提として固定資産については税込処理を選択することも可能であるという併用処理をしている場合であ

る（国税庁「消費税法等の施行に伴う法人税の取扱いについて」3）。

　固定資産の税込処理の場合，税抜処理に比べて取得した固定資産に係る消費税等額分だけ大きく資産計上され，翌期以降から減価償却を通じて当該消費税等分だけ多く費用計上されていくことで損益へ影響することになる。また，レジデンシャル系のREITの場合，課税売上割合が僅少ではない場合もあるが，この会計処理を採用した場合，多額の固定資産を購入した年度に課税売上高に対する消費税等から控除対象となる消費税等が多額に発生し，期末に多額の未収消費税等（相手勘定は雑収入等）が計上される可能性がある。これは結果的に固定資産に計上した消費税等の一部が還付されたとも考えられ，損益が歪む可能性があることに留意する必要がある。

＜会計方針Ｃ＞

> 　消費税及び地方消費税の会計処理は，税抜方式によっている。
> 　固定資産等に係る控除対象外消費税等は，長期前払消費税等に計上し，5年間で償却をしている。

　この方法は，3つの事例の中で会計上最も健全な会計方針と考えられる。

(3) 不動産投資法人（REIT）の税務

　REITは投信法に基づいて設立された法人であり，内国法人として法人税等の課税対象となる。しかしながら，REITは投資主から集めた資金をもって特定資産に投資しながら，投資主に特定資産から得たキャッシュ・フローを分配する資産運用のためのビークル（器）という位置付けであることから，一定の要件のもとで税制上の特例措置が講じられている。

① 支払配当の損金算入

　上記のとおり，REITは資産運用のためのビークルであることから，一定の要件を満たした場合には，REITが支払う配当等の額（みなし配当を含む。）は，当該事業年度の所得の金額の計算上，損金の額に算入するとされている[11]。当該支払配当等の損金算入の特例の適用のための要件（以下「導管性要件」という。）のうち主要なものは，後記のとおりとなる。

ⅰ）投資法人要件（措法67の15①一）
■投信法187の登録を受けていること
■次のいずれかに該当するものであること
・設立時に公募発行した投資口の発行価額の総額が1億円以上であること
・事業年度終了時において，発行済投資口の投資主が50人以上であること
・事業年度終了時において，発行済投資口は機関投資家[12]のみによって所有されていること
■投資法人の規約において，発行した投資口の発行価額総額のうち国内募集の占める割合が100分の50を超える旨の記載または記録があること
■REITの会計期間が1年を超えないこと

ⅱ）事業年度要件（措法67の15①二）
■投信法63の規定[13]に違反している事実がないこと
■資産運用業務を資産運用会社に委託していること
■資産保管業務を資産保管会社に委託していること
■事業年度終了の時において，同族会社のうち政令で定めるものに該当していないこと
■事業年度の配当等の額の支払額が，配当可能利益の額の100分の90を超えていること（以下「90％超配当要件」という。）
■他の法人（財務省令で定める一定の法人を除く）の発行済株式または出資の総数または総額の100分の50以上に相当する数または金額の株式または出資を有していないこと
■事業年度終了時において保有する特定資産のうち，一定のもの[14]の貸借対照表の帳簿価額合計が，総資産の帳簿価額合計の2分の1に相当する金額を超えていること
■機関投資家以外の者から借入れを行っていないこと

なお，支払配当の損金算入の規定は，当該事業年度の確定申告書等に損金算入に関する申告の記載および損金の額に算入される金額の明細書の添付があり，かつ，上記に掲げる要件を満たしていることを明らかにする書類を保存してい

る場合に限り適用される。

ⅲ）導管性要件における90％超配当要件

90％超配当要件については，税会不一致が及ぼす影響によって導管性要件を充足できない可能性が存在していたが，2015年度の税制改正で，一時差異等調整引当額および一時差異等調整積立金の規定が導入されたことにより，90％超配当要件に抵触するリスクが大幅に軽減されている。この他2011年度の税制改正で手当てされた買換特例圧縮積立金の調整ならびに2016年度の税制改正で手当てされた純資産控除項目の調整も踏まえ，現行での90％超配当要件の判定式は後記のとおりとなっている。

【利益超過分配がない場合】

$$\frac{配当等の額\ [15]}{配当可能利益の額} > 90\%$$

【利益超過分配がある場合】

$$\frac{金銭の分配の額\ [16]}{配当可能利益の額 + 利益超過分配の額 - 利益超過分配の戻入額} > 90\%$$

ここで配当可能利益の額とは，投資法人計算規則51①の規定により同項の税引前当期純利益金額として表示された金額に一定の調整を加えた後の金額として，後記のとおりとなる。なお，主要な調整項目についてはそれぞれ後記する。

【配当可能利益の額】

税引前当期純利益金額
- △ 前期繰越損失の額
- △ 買換特例圧縮積立金個別控除額の合計額
- ＋ 買換特例圧縮積立金個別控除額の取崩し額の合計額
- △ 一時差異等調整積立金の積立額
- ＋ 一時差異等調整積立金の取崩し額
- △ 繰越利益等超過純資産控除項目額
- ＋ 純資産控除項目の減少額

配当可能利益の額

(4) 税会不一致における会計・税務

① 税会不一致の例示

前記のとおり，REITでは導管性要件を満たすことで配当を損金算入することができ，法人税等の税流出を最小化することができる。しかしながら，実際に配当可能な利益は，一般に公正妥当と認められる企業会計の基準に従って計算され，税務上の課税所得とも必ずしも一致するわけではない。したがって，税会不一致により税務上の所得が会計上の利益を超過する場合には，会計上の利益の全額を配当したとしても課税所得が残ることになり，その残った課税所得に対する税流出が生じることになる。REITの実務において税会不一致が生じうる主要な事項としては後記のようなものが挙げられる。

減損損失	税務上，一定の事由に該当する場合を除き評価損は原則認識できない。
のれんの償却費・負ののれんの一時の収益	合併に際し，会計上のれんや負ののれんを認識するものの，税務上適格合併に該当する場合にはそれらを認識しない。
定期借地権の償却	会計上は借地権の残存期間で償却を行うが，借地権は税務上償却の対象とならない。

減価償却超過額	会計上採用された耐用年数が税務上の耐用年数より短い場合
資産除去債務	未確定債務であるため税務上は認識しない。
貸倒引当金／貸倒損失	所定の要件を満たさない場合には税務上損金にならない。
交際費／寄附金	損金算入限度額を超えた金額は税務上損金にならない。
法人税，地方法人税，法人住民税	発生年度において会計上費用認識することとなるが，発生年度においても，支払年度においても税務上損金にならない（事業税については納税申告書を提出した事業年度において損金となる。）。

　後記のとおり，2015年度の投資法人計算規則の改正において，一時差異等調整引当額および一時差異等調整積立金の制度が導入され，同年の税制改正において，一時差異等調整引当額からの分配については税務上配当等として取扱うこと，ならびに一時差異等調整積立金については90％超配当要件の判定において考慮することとされ，税会不一致による税流出が生じるリスクを回避または軽減することができるようになった。

　ただし，これらの制度は実務上の煩雑さも伴うため，税務上の観点からは，引続き可能な限り税会不一致が生じないよう運用することが望ましいと考えられる。

② 税会不一致を起因とした配当調整

　前記のとおり，REITは導管性要件を満たすことで配当を損金算入することができる。しかしながら，減損損失など税会不一致が発生した場合，税務上は不一致に相当する部分がREITの課税所得を構成し，法人税等が課税されることになる。また，2015年の改正前では，仮にREITが利益超過分配を行ったとしても，当該利益超過分配はREITの性質上，基本的に全額（またはおおむね全額）が資本の払戻しとして処理され，当該利益超過分配の金額は損金の額に算入されないことから，税流出の問題解決とはならなかった。

　また，税流出を伴う場合には，その金額次第では90％超配当要件を充足し

ない可能性もあり得る。これは，90％超配当要件の判定の分母となる金額が会計上の税引前利益を基礎に計算される一方で，分子となる金額は実際に分配できる税引後利益を基礎に計算されるためである。しかしながら，このような問題に対処するため，投資法人計算規則において一時差異等調整引当額ならびに一時差異等調整積立金が新設され，2015年度の税制改正においても所要の手当てが行われ，後記のとおり税会不一致が生じた場合の課税の影響を軽減するよう手当てがされている。なお，一時差異等調整引当額等の制度の新設にあたり，投信協会より「投資法人の『一時差異等調整引当額等』の処理に関するQ&A」が，2015年5月に各REITの事務連絡者に対して通達されている。

ⅰ）一時差異等調整引当額

一時差異等調整引当額とは，投信法上の利益を超えて投資主に分配された金額のうち，次に掲げる額の合計額の範囲内において，利益処分に充当するものをいう（投資法人計算規則2②三十）。

- 所得超過税会不一致（益金の額から損金の額（支払配当又は繰越欠損金の損金算入を除く）を控除して得た額が，収益等の合計額から費用等の合計額を控除して得た額を超える場合における税会不一致[17]をいう。）
- 純資産控除項目（評価・換算差額等及び新投資口予約権並びに新投資口申込証拠金及び自己投資口の額の合計額が負となる場合における当該合計額をいう。）

この一時差異等調整引当額の利益処分への充当による金銭の分配は，税務上配当とみなされ損金算入されることになる。このため，所得超過税会不一致が生じたとしても，一時差異等調整引当額の充当による金銭の分配を行うことで，課税が生じる影響を回避または軽減することができる。なお，一時差異等調整引当額の利益処分への充当による金銭の分配は所得税法上も法人税法上も配当とされ，投資家においても配当所得として認識をすることになる。

ここで重要なことは，一時差異等調整引当額は所得超過税会不一致等のうち利益処分で充当された金額ということである。また，一時差異等調整引当額は，金銭の分配に係る計算書を通じて，翌期の財務諸表に反映され，また，開示上は他と区分して表示することが求められているということである。

図表2-4-7　一時差異等調整引当額の適用による影響

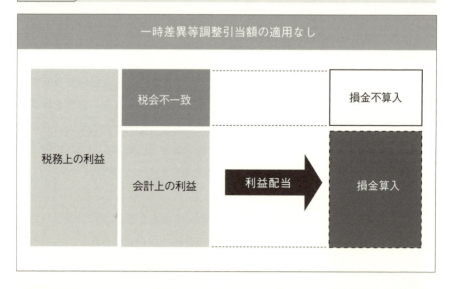

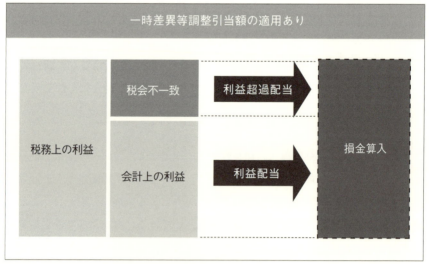

　すなわち，発生事業年度の金銭の分配に係る計算書において，利益超過分配額のうち一時差異等調整引当額がある場合は，その他の部分と区分して表示しなければならない（一口当たり利益超過分配額に関する注記について同様）。
　また，一時差異等調整引当額は，翌期以降，税会不一致が解消されるタイミ

ングで戻入れの処理を行う必要があるため，発生事業年度に戻入れの処理に関する事項（引当ての発生事由，発生した資産等，引当額，戻入れの具体的な方法）の注記が必要となる。

なお，発生事業年度における注記については，発生事業年度ではまだ一時差異等調整引当額は計上されていないため，注記表に追加情報として，あるいは金銭の分配に係る計算書に関する注記として記載するものと考えられるが，実務上は注記表に追加情報として記載するケースが多く見受けられる。

翌期以降において，一時差異等調整引当額は貸借対照表における出資総額（または出資剰余金）の控除項目として計上するとともに，貸借対照表に関する注記として処理に関する事項（引当て・戻入れの発生事由，発生した資産等，引当額・戻入額，戻入れの具体的な方法）を注記する。なお，出資総額（または出資剰余金）の控除項目として一時差異等調整引当額を計上する場合においても，一時差異等調整引当額は他の控除額と区分して表示される。

また，一時差異等調整引当額の利益処分への充当による金銭の分配は，投信法上の利益超過分配に該当する。したがって，同法に基づき利益相当の金銭の分配をまず行った上で利益超過分配が可能となることから，圧縮積立金などの任意積立金が計上されている際には任意積立金の取崩しをまず行う必要がある。

なお，毎期の減価償却費計上額の一定額を上限として実施される，一時差異等調整引当額以外のいわゆる通常の利益超過分配については，2015年度の税制改正により出資等減少分配と定義されたが，これまでと同様に所定の計算方法（いわゆる「プロラタ計算」）に基づいて，資本金等の額からの払戻し（投資主側では譲渡収入）と利益積立金からの分配（投資主側ではみなし配当）とに区分されることとなる[18]。また，不動産投資法人規則43において，通常の利益超過分配額は，前期末減価償却累計額と比較した減価償却累計額の当期末増加額の60％までを上限とされているが，ここで当期減価償却額の60％ではないことに留意する必要がある。仮に，物件売却があった場合には，当期末減価償却累計額は減少するため，場合によっては減価償却累計額の当期増加額が発生しない場合も想定される。

ⅱ）一時差異等調整積立金

一時差異等調整積立金とは，REITが金銭の分配に係る計算書において積立

てた任意積立金のうち，利益超過税会不一致（収益等の合計額から費用等の合計額を控除した額が，益金の額から損金の額を控除した額を超える場合の税会不一致をいう。以下同じ。）の範囲内において，将来の利益処分に充当する目的のために留保したものをいう。

図表2-4-8　一時差異等調整積立金の適用による影響

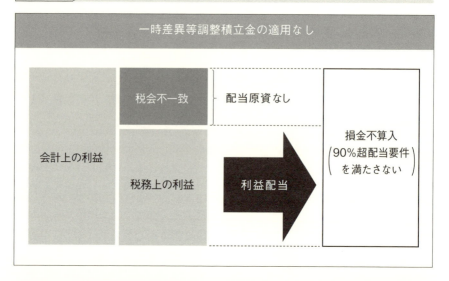

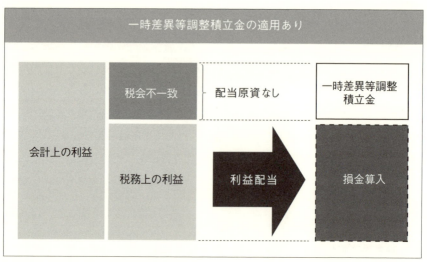

利益超過税会不一致が生じた場合，会計上の利益のすべてが分配されていない限り，前期繰越利益として当期未処分利益を構成して配当原資となる。これを配当原資として任意に活用していきたいところであるが，一時差異等調整積立金の導入前は資金の裏付けのある配当原資が足りずに90％超配当要件を満たすことができないといった問題（ただし，一時差異等調整積立金の導入前においても負ののれん発生益については90％超配当要件の分母から控除する手当がなされていた。）や，配当を行っても損金算入額が税務上の課税所得が限度となり課税所得を超過した金額が繰越欠損金を構成しないといった問題があった。

この点，一時差異等調整積立金が新設されたことで，利益超過税会不一致が生じて配当を留保する場合においても，一時差異等調整積立金の積立額は90％超配当要件の分母から控除されるようになった。

なお，過去に計上された負ののれん発生益がある場合，2015年4月1日から2年間までの間に一時差異等調整積立金として積立てることが求められた。

一時差異等調整積立金は，将来の利益処分に充当する目的のために一時的に内部留保する措置である。一時差異等調整積立金を積立てる場合，積立てる期の金銭の分配に係る計算書において，任意積立金の項目に「その他の任意積立金」と区分して表示するとともに，その他の注記として，一時差異等調整積立金の取崩しの処理に関する事項（積立ての発生事由，積立額，取崩しの具体的な方法）を注記することが求められている。

また，一時差異等調整積立金の計上後の翌期以降，貸借対照表に関する注記として処理に関する事項（積立て・取崩しの発生事由，積立額・取崩額，取崩しの具体的な方法）を注記する。

なお，一時差異等調整積立金を積立てる際のその他の注記については，一時差異等調整引当額と同様，注記表に追加情報として，あるいは金銭の分配に係る計算書に関する注記として記載するものと考えられるが，実務上は金銭の分配に係る計算書に関する注記として記載するケースが多く見受けられる。また，一時差異等調整積立金のうち，負ののれんや合併に伴う資産簿価差異に起因する一時差異等調整積立金を積立てる場合には，取崩しの具体的な方法として，50年以内の期間で毎期均等額以上の取崩しを要するとされている[19]。

このように，一時差異等調整積立金への移行により，これまでの負ののれん発生益による繰越利益は，毎期一定額は最低でも配当原資とすることが求められることに変更となった。また50年以内による毎期均等額以上の取崩しとなるため，減損損失等が計上された場合には，均等額以上の取崩しを実施することで分配金平準化の財源としての利用も引続き可能となる。

なお，一時差異等調整積立金の計上後その取崩しがあった場合には，90％超配当要件の分母に取崩し金額を足戻すことになる。

iii）繰越利益等超過純資産控除項目額

前記の純資産控除項目がある場合に，一時差異等調整引当額として金銭の分配を行った際は，税務上はREITの所得の金額の計算上，損金の額に算入されることとされた。この点，2015年度の税制改正時では，一時差異等調整引当額として利益処分により充当された金額について，90％超配当要件の判定上，分母と分子の両方に加算するとされていた。このため，繰延ヘッジ損失等の純資産控除項目を起因とした一時差異等調整引当額の利益超過分配を行う場合には，その金額次第では90％超配当要件を充足できない可能性があった。

しかしながら，2016年度の税制改正によって，純資産控除項目の額のうち前期繰越利益，任意積立金，買換特例圧縮積立金および一時差異等調整積立金の合計額を超える部分（いわゆる「繰越利益等超過純資産控除項目額」）の金額を，90％超配当要件の判定上は分母となる配当可能利益の金額から控除する手当がなされ，かかる影響が解消されることになった。なお，その後，純資産控除項目が減少する場合は，90％超配当要件の判定上は分母となる配当可能利益の金額に適宜調整が必要となる。

また，繰延ヘッジ損失において，一時差異等調整引当額を計上した場合には，金銭の分配に係る計算書において繰延ヘッジ損失と同額の次期繰越利益が残る結果となり，翌期以降の繰延ヘッジ損失の減少に伴う一時差異等調整引当額の戻入れ財源となる。

(5) 分配金への影響がある論点

① 圧縮記帳

REITにおいても法人税法や措法に規定された圧縮記帳の適用を受けること

が制度上可能であり，将来における設備投資や代替資産の購入に備えるために圧縮積立金を計上することがある。実務上は，特に2009年および2010年に土地等の先行取得をした場合の課税の特例の適用事例が見受けられる。

なお，圧縮積立金は本来その積立ての趣旨から，対象物件に紐付けられて取崩し処理されるべきものであるが，後記の買取特例圧縮積立金を除き，任意積立金の取崩し自体は企業の判断に委ねられている。このため，対象物件とは紐付けられることなく，配当の安定化・平準化を背景に，実務上は取崩し処理が行われることがREIT業界では多く見受けられる。

② 買換特例圧縮積立金（積立て）

REITにおいては90％超配当要件があるため，利益の一部につき圧縮積立金を利益処分方式により積立てた場合には，積立金額次第では90％超配当要件に抵触するおそれがあった。そこで2011年度の投資法人計算規則の改正により買換特例圧縮積立金の制度が導入され，同年の税制改正により，金銭の分配に係る計算書において買換特例圧縮積立金として積立てた金額に控除限度割合を乗じた金額（以下「買換特例圧縮積立金個別控除額」という。）を90％超配当要件における分母の金額から控除することが可能となった。

【買換特例圧縮積立金個別控除額】

$$\text{買換特例圧縮積立金個別控除額} = \text{買換特例圧縮積立金の繰入額} \times \text{控除限度割合}^*$$

$${}^*\text{控除限度割合}^{**} = \frac{\text{その事業年度において譲渡をした不動産の譲渡対価の合計額} - \text{その不動産の譲渡直前の帳簿価額の合計額（譲渡経費を含む）}}{\text{その事業年度に係る買換特例圧縮積立金繰入額}}$$

**分子の金額は分母の金額が上限とされる。

なお，本制度の対象となる買換特例圧縮積立金とは，後記の特定の資産の買換えの場合の課税の特例（震災特例法に基づくものを含む。），特定の資産の譲渡に伴い特別勘定を設けた場合の課税の特例（震災特例法に基づくものを含む。），2009年および2010年に土地等の先行取得をした場合の課税の特例の適用を受けたものとなる。

また，投信法上の利益から上記の規定の適用を受けた過年度における積立金およびその事業年度において積立てを行おうとする積立金額を控除した金額が，税引前当期純利益の額として一定の調整を行った金額の90％を超える場合（簡略すると，配当可能利益の額の10％以下の積立てをしたもの）は，その全額が買換特例圧縮積立金には該当しないとされ，買換特例圧縮積立金以外のその他の任意積立金となる。一方で，上記に該当していなければ全額が買換特例圧縮積立金となる。したがって，買換特例圧縮積立金の積立てにあたっては，積立てを行う年度ごとに，買換特例圧縮積立金要件を満たしているかどうかによって，その全額が買換特例圧縮積立金に該当するかどうかが決定されることになる。また，年度ごとにいずれか一方を選択することになり，同一事業年度において両方の積立金を積立てることはできない。

なお，買換特例圧縮積立金の積立てにおいては，その他の任意積立金とは区別して表示することが求められている。

③ 買換特例圧縮積立金の取崩し

投信法や投資法人計算規則において，買換特例圧縮積立金の取崩しができる場合およびその金額が規定されている。ここで留意すべきことは，取崩しできる場合が投資法人計算規則において限定されていることであり，任意に取崩し処理ができないことである。取崩しの概要については次表のとおりとなる（投資法人計算規則18の2）。

取崩すことができる場合	取崩すことができる金額
買換資産について，償却費として損金経理した金額のうち「損金算入額」があるとき	その買換資産に係る買換特例圧縮積立金 × (その買換資産に係る損金算入額 / その買換資産の取得価額)
買換資産又は先行取得土地等の全部について，譲渡，除去又は滅失その他これらの類する事由が生じたとき	その買換資産又は先行取得土地等に係る買換特例圧縮積立金に相当する金額
利益から買換特例圧縮積立金の額を控除した金額が，配当可能利益の90％を超えない場合において，取崩金額の全額を当期の金銭の分配に充当することにより，導管性要件を充足しようとする場合	その配当可能利益の額に取崩金額を加えて得た額の90％に相当する金額を超えることとなる金銭の分配をするために最低限必要な金額

この取崩しがあった場合，90％超配当要件の分母の金額については，取崩した事業年度（金銭の分配に係る計算書に基づき買換特例圧縮積立金を取崩した場合には，その金銭の分配に係る計算書の属する事業年度）の配当可能利益の計算上，後記の金額を加算するとされている。なお，買換特例圧縮積立金の目的取崩しは損益計算書において，その他の任意積立金取崩額とは区別して表示することが求められている。また，目的外取崩しの場合も，金銭の分配に係る計算書において買換特例圧縮積立金取崩高として区分して表示されることになる。その他，買換特例圧縮積立金に関する開示については，投資法人計算規則70を踏まえ一定の注記（その旨，内容，対象資産，発生原因，金額と残高，取崩方針，当期取崩しについての説明等）が記載されるものと考えられる。ま

た，積立てを行った期は当該積立額，取崩しを行った期は，損益計算書または金銭の分配に係る計算書に取崩額が記載される。なお，投資法人監査上の取扱い付録2に一般的な注記文例があるので参照されたい。

$$\begin{pmatrix} \text{その不動産に係る買換} \\ \text{特例圧縮積立金個別控} \\ \text{除額（取崩事業年度前の} \\ \text{各事業年度において既} \\ \text{に加算された金額に相} \\ \text{当する金額を除く）} \end{pmatrix} \times \frac{\text{目的取崩額*} + \begin{pmatrix} \text{投資法人計算規則18の2①} \\ \text{3に定める金額のうち，その} \\ \text{不動産に係る金額} \end{pmatrix}}{\begin{pmatrix} \text{取崩し事業年度終了の日におけるB/Sに買換特例} \\ \text{圧縮積立金として表示された金額のうちその不動} \\ \text{産に係る金額} \end{pmatrix}}$$

＊計算規則54条3項の規定より買換特例圧縮積立金の取崩額として表示された金額

④ 欠損填補のための無償減資

多額の売却損や減損損失が発生することなどにより会計上の欠損が累積している場合，その期間は利益の配当を行えないが[20]，金銭の分配に係る計算書に基づき，損失の全部または一部を出資総額から控除すること（いわゆる「欠損填補の無償減資」）が2013年度の投信法改正により可能となり，継続的な収益の配当を維持することが可能となった。すなわち，発生した多額の当期純損失を処理しておかないと翌期以降の利益配当に多大な影響を及ぼしかねず（翌期の当期純利益は，まずは繰越損失の処理に充てられてしまい，場合によっては利益分配ができなくなる状況は十分にあり得る。），早期に対処しておくことが必要である。一方，税務上は，無償減資が行われたとしても資本金等の額に変更はないことから，繰越欠損金はそのまま残ることになる。なお，無償減資を行った事業年度以降，税会不一致がなく課税所得が発生しない場合には，当該繰越欠損金は使用の機会がなくなり期限切れとなる可能性があるが，将来税会不一致等を理由に課税所得が生じる際には使用による課税の軽減効果が得られるものと考えられる。

⑤ その他の税務上の特例措置

REITに関するその他の税務上の特例措置として，中小法人に対する軽減税

率の不適用，受取配当等の益金不算入の不適用，外国子会社から受ける配当等の益金不算入の不適用，欠損金の繰越控除の特例，外国税額控除の計算の特例，交際費等の定額控除限度額の不適用，外形標準課税の不適用，利子等の課税の特例などがある。さらに，不動産取得税および登録免許税の軽減措置が講じられている。

(6) 投資家の会計

REITが発行する証券は金商法2①により規定される有価証券に該当する。したがって，当該有価証券に関する投資家の会計処理については，主として金融商品会計基準および金融商品会計実務指針に基づいて会計処理を行う。

金融商品会計基準では，有価証券の貸借対照表価額および評価差額等の処理について，①売買目的有価証券，②満期保有目的の債券，③子会社株式および関連会社株式，④その他有価証券，に区分し，それぞれの区分に応じた処理を規定している（金融商品会計基準15から18，金融商品会計実務指針59）。

(7) 投資家の税務

国内投資家におけるREITからの分配金に関する主要な課税関係については，以下のとおりとなる。

① 利益（一時差異等調整引当額を含む）の分配
ⅰ）発行済投資口数の100分の3未満の口数を保有する個人投資主の取扱い
国内個人投資主がREITから受ける利益分配に対しては，原則として20.315％（所得税15％，住民税5％，復興特別所得税は所得税の2.1％）の税率により源泉徴収されて総合課税の対象となるが，総合課税に代えて源泉徴収だけで納税手続を終了させる確定申告不要の選択ができる。また，総合課税に代えて申告分離課税を選択することも可能である。

なお，REITからの利益分配については，金融商品取引業者等における特定口座の源泉徴収選択口座内で受取ることが可能となっている。

2014年1月より少額投資非課税制度（いわゆる「NISA」）がスタートしているが，同制度に従って所定の手続・要件を満たす場合には，受取る配当金額

に対して非課税[21]の取扱いを受けることができる。

　ⅱ）発行済投資口数の100分の3以上の口数を保有する大口投資主の取扱い

　国内個人投資主が，REITから受取る利益分配に対しては，20.42％（所得税20％，復興特別所得税は所得税の2.1％）の税率により源泉徴収され，総合課税となる。なお，1回に受取る分配金額が10万円以下（年換算あり）の場合，源泉徴収だけで納税手続を終了させる確定申告不要の選択ができる。

　ⅲ）法人投資主の取扱い

　内国法人および日本に恒久的施設を有する外国法人がREITから受取る利益分配に対しては，原則として15.315％（所得税15％，復興特別所得税は所得税の2.1％）の税率により源泉徴収されるが，この源泉税は法人投資主の法人税の申告上所得税額控除の対象となる。なお，受取配当等の益金不算入の規定の適用はないが，この取扱いはREITが導管性要件を満たさない場合も同様となる。

② 出資等減少分配

　個人投資主および法人投資主がREITから受取る利益超過分配（一時差異等調整引当額の分配を除く。以下「出資等減少分配」という。）は，出資の払戻しまたは資本の払戻しとして取扱われる。そして，この金額のうち，払戻しを行ったREITに対する出資等に対応する金額を超える金額がある場合，みなし配当として前記の利益配当と同様の課税関係が適用される。また，出資等減少分配額のうちみなし配当を上回る金額は，投資口の譲渡における収入金額として取扱われるため，各投資主はこの譲渡収入に対応する譲渡原価を計算し，投資口の譲渡損益の額を計算することになる。

　なお，出資の払戻しを受けた後の投資口の取得価額は，この出資の払戻しを受ける直前の帳簿価額から，出資の払戻しにおける譲渡原価を控除した金額となる。

　みなし配当の金額は，以下のとおり計算される。

> みなし配当の金額＝出資等減少分配額－投資主の所有投資口に対応する投資法人の出資等の金額（資本金等の額）。

投資主の所有投資口に対応する投資法人の出資等の金額（資本金等の額）は，後記のとおり計算される。

$$\text{投資主の所有投資口に対応する投資法人の出資等の金額（資本金等の額）} = \text{出資等減少分配直前の税務上の資本金等の額} \times \frac{\text{投資法人の出資等減少分配により減少した投資法人の出資総額等}}{\text{投資法人の前々期末の簿価純資産価額}^{*}} ** \times \frac{\text{各投資主の出資等減少分配直前の所有投資口数}}{\text{投資法人の発行済投資口総数}}$$

＊出資等減少分配の直前までの間に資本金等の額の増減があった場合には，その増減額を加減算した金額。
＊＊小数第3位未満の端数がある時は切上げとなる。

投資口の譲渡に係る収入金額は，後記のとおり計算される。

> 投資口の譲渡に係る収入金額＝出資等減少分配額－みなし配当の金額

投資主の譲渡原価は，以下の式のとおり算定される。

$$\text{投資主の譲渡原価} = \text{出資等減少分配直前の取得価額} \times \frac{\text{投資法人の出資等減少分配により減少した投資法人の出資総額等}}{\text{投資法人の前々期末の簿価純資産価額}^{*}} **$$

＊出資等減少分配の直前までの間に資本金等の額の増減があった場合には，その増減額を加減算した金額。
＊＊小数第3位未満の端数がある時は切上げとなる。

投資口の譲渡損益は，後記のとおり計算される。

> 投資口の譲渡損益の額 ＝ 譲渡収入金額 － 譲渡原価の額

4 投資事業有限責任組合（LPS）

(1) 投資事業有限責任組合（LPS）の概要

　不動産の流動化スキームでは，投資家から集めた資金を，前記の匿名組合（GK-TK），特定目的会社（TMK）および投資法人（REIT）等に対して出資の形態で資金供給する事業体として，投資事業有限責任組合（以下「LPS」という。）を利用する場合がある。LPSとは「投資事業有限責任組合契約に関する法律（以下「LPS法」という。）」に基づき組成され，各組合員がLPSに出資を行い，共同で事業を営むことを約することにより，その効力を生ずるものとされる。

　なお，LPSが直接，不動産現物を取得，保有あるいは売買するためには不動産特定共同事業法や宅建業法の適用の問題があるので留意する必要がある。一方，措法施行規則22の19においてLPSは「機関投資家」として定義されているので，不動産証券化スキームにおいては機関投資家として利用されていることが多い。

　LPSも民法上の組合の一つであるが，LPSの組合員は無限責任組合員（以下「GP」という。）と有限責任組合員（以下「LP」という。）から構成されていることが特徴であり，対外的な無限責任を負うGPがその組合の業務を執行し，各組合員の出資その他の組合財産は組合員の共有に属する。LPは対外的にはその出資額を限度とした有限責任に限定される。

(2) 投資事業有限責任組合（LPS）の会計・税務

① 投資事業有限責任組合（LPS）の会計

　LPS法が1998年11月から施行され，同法8①に基づく財務諸表等に記載すべき事項を規定したものとして，「中小企業等投資事業有限責任組合会計規則（以下「有責組合会計規則」という。）」が経済産業省中小企業庁より公表されている。

　この有責組合会計規則では，会計規のような詳細な規定があるわけではなく，貸借対照表，損益計算書，業務報告書及び附属明細書を作成する旨を定めてい

るのみである。このため，日本公認会計士協会より業種別委員会報告第38号「投資事業有限責任組合における会計処理及び監査上の取扱い」が公表され，LPS法に基づく財務諸表等の作成方法，有責組合会計規則に準拠した場合の時価評価の取扱い，会計処理，表示方法および金商法に基づく財務諸表等の取扱い等についての実務上の指針が提供されている。

② 投資事業有限責任組合（LPS）の税務
ⅰ）構成員（組合員）課税

LPSは，GPとLPから構成される法人格のない組合であり，法人税法上，組合自体が法人税等の納税義務の主体とはならないと取扱われている。組合財産は組合員の共有に属しており，組合事業から生じる損益は組合契約に定める損益分配割合に応じて各組合員（構成員）に直接帰属し，各組合員が法人税等の納税義務の主体となり，構成員課税が行われる。

個人組合員においても所基通において法人組合員と同様の取扱いが規定されており，各組合員の損益の認識時期は法人個人を問わず，LPSから現実に利益の現金分配を受けた時期ではないことに留意する必要がある。

なお，組合員の各事業年度の所得の金額の計算上，益金の額又は損金の額に算入する利益の額又は損失の額は，通達に規定されるいずれかの方法により継続して計算することになるが，LPSの組合員は，LPS法および同法施行規則により，組合の当該事業年度終了の日における貸借対照表や損益計算書の各科目の金額および当該金額の組合員別の内訳が組合から開示されることから，事実上，総額方式[22]によることになる。

5　不動産信託受益権

(1) **不動産流動化における信託の活用**

不動産の流動化スキームでは，不動産を信託銀行に信託し，信託受益権の形態で売買が行われることが一般的である。信託受益権の形態で売買が行われる主な理由として次の利点が挙げられる。

① 不動産を信託することにより信託財産は受託者の名義となり，また，受託者は自己の財産とは分別して管理することから，委託者および受託者から倒産隔離が図られる。
② 匿名組合スキームにおいて，現物で不動産を取得する場合は不動産特定共同事業法の適用を受ける可能性があり，適用を受けた場合，匿名組合契約の営業者は同法の許可事業者である必要があるが，不動産を信託銀行に信託した場合には同法の適用対象外となる。
③ 信託受益権の形態で売買が行われた場合，不動産取得税は課税されず，登録免許税は信託の変更登記に係る額まで軽減できる。

(2) 不動産信託受益権の会計・税務

① 不動産信託受益権の会計

不動産信託受益権の会計処理は，実務対応報告第23号「信託の会計処理に関する実務上の取扱い」により次のとおり明示されている。

ⅰ) 信託設定時の会計処理

金融資産の信託（有価証券の信託を含む。）や不動産の信託などにおいて，受益者は信託財産を直接保有する場合と同様の会計処理を行うものとされている（金融商品会計実務指針78, 100①, 不動産流動化実務指針44）。このため，信託設定時には委託者兼当初受益者において損益は計上されない。

ⅱ) 委託者兼当初受益者による受益権の売却時の会計処理

前記のとおり受益者は信託財産を直接保有する場合と同様の会計処理を行うことから，受益権が売却された場合は信託財産を直接保有していたものとみて消滅の認識（または売却処理）の要否を判断することになる（金融商品会計基準9, 不動産流動化実務指針19から21）。

なお，会計上は優先部分と劣後部分のように質的に異なる受益権に分割されて譲渡されている場合，委託者兼当初受益者は当該不動産全体に関するリスクと経済価値のほとんどすべてが他の者に移転しているときに売却処理を行う（不動産流動化実務指針21参照）。

ⅲ) 委託者兼当初受益者による期末時の会計処理（原則的な取扱い）

金銭以外の信託の受益者は，信託財産を直接保有する場合と同様に会計処理

を行うことになるため，信託財産のうち持分割合に相当する部分を，受益者の貸借対照表の資産・負債として計上し，損益計算書も同様に持分割合に応じて処理する（以下「総額法」という。）。ただし，重要性が乏しい場合にはこの限りではない。

ⅳ）他から受益権を譲受けた受益者の会計処理（原則的な取扱い）

受益者は，原則として信託財産を直接保有する場合と同様の会計処理を行うため，受益権を取得した場合は信託財産を直接取得したものとみなして会計処理を行い，受益権をさらに売却したとき場合には信託財産を直接保有していたものとみて消滅の認識（または売却処理）の要否を判断することになる（金融商品会計基準9，不動産流動化実務指針19から21）。

また，期末時において，金銭以外の信託の受益者は信託財産を直接保有する場合と同様に会計処理を行うことから，総額法による。

② 信託の税務

ⅰ）信託課税の基本的考え方

集団投資信託，退職年金等信託，特定公益信託等または法人課税信託を除き，法人税法上は原則として受益者（受益者としての権利を現に有するものに限る。）がその信託財産に属する資産・負債を有するものとみなし，かつ，信託財産に帰せられる収益・費用は受益者の収益・費用とみなして，税務上の規定を適用する。

ⅱ）信託収益・費用の認識

受益者は信託財産に帰する収益・費用を発生主義により計上することになる。仮に，信託財産として留保される修繕積立金がある場合には，実際に修繕費として支出された時点で損金として認識し，資本的支出に該当する場合は資産計上することになる。

注

1　昭和63年10月13日付最高裁判例（昭61（行ツ）155号）は，匿名組合契約を特徴づける最も重要な次の基準を提示している。
　・匿名組合営業者は匿名組合事業に係る資産の所有権を有し，かつ，

・匿名組合員は匿名組合営業者が行う匿名組合事業に一切参加していない。

仮に匿名組合契約という名の下で契約が締結されている場合であっても，組合財産の共有，組合員による事業への参加等の共同事業性が認められ，その性格上，当該契約が税務上の匿名組合契約ではないとみなされた場合，税務当局は匿名組合契約を民法上の任意組合とみなす可能性がある。任意組合とみなされた場合は，各投資家が組合事業に参加し，組合の資産・負債は各投資家によって共有されているとみなされ，国外投資家であっても組合損益の持分に対する法人税等の申告納税義務を負うことになる。東京高等裁判所平成19年6月8日付判例（平17年（行コ）第278号）においても，匿名組合が任意組合に該当するかについて争われている。

2 匿名組合契約に基づく匿名組合員への分配方法については，一定の経済的合理性が求められると考えられる。分配が非合理的な基準による場合，営業者と各匿名組合員の間での寄附・贈与の問題が生じる可能性がある。

3 匿名組合契約に係る計算期間は，必ずしも営業者の事業年度と一致される必要はないが，営業者の事業年度末日と匿名組合契約の計算期間の末日が異なることとなる場合には，営業者の各事業年度に生じる匿名組合事業に係る損益と匿名組合員に分配できる損益とに乖離が生じ，その結果，営業者において想定外の課税所得または損失が生じる可能性がある。

4 匿名組合契約において匿名組合事業の各計算期間における会計上の損益を基準に各組合員に分配することを約している場合にあっては，税務上は加算調整すべき減損損失等の費用が会計上において計上された場合，当該費用を反映した後の損益が，匿名組合員に分配されることになるが，その一方で，当該減損損失等は営業者において全額加算調整されることとなるため，営業者において当該加算調整すべき費用のすべてに対する課税負担が生じる可能性がある。このような問題が生じることを回避するためには，匿名組合事業において税務上加算調整すべき費用等が生じた場合等，会計上の取扱いと税務上の取扱いに乖離が生じることが見込まれるときには，当該会計と税務の取扱いに乖離が生じた場合の匿名組合事業に係る損益の分配方法について，予め匿名組合契約において定めておく必要がある。

5 匿名組合員である法人が特定組合員（組合事業に係る重要業務の執行の決定に関与し，かつ，重要執行部分を自ら執行する組合員以外の組合員）に該当し，かつ，組合債務を弁済する責任が実質的に組合財産となるべき資産に限定されている等の「一定の場合」に該当するときは，当該特定組合員である法人は，組合契約から生じる損失のうち組合事業に係る出資金額等を基礎として計算された限度額を超える部分の金額（以下，「組合等損失超過額」という。）は，所得の計算上損金の額に算入できない。前事業年度以前において生じた組合等損失超過額を有する内国法人が，同一の組合から利益の分配を受けた場合には，前事業年度以前において生じた組合等損失超過額は当該利益の範囲内で損金の額に算入される。

6 特定社員があらかじめ利益の配当を受ける権利および残余財産の分配を受ける権利の全部を放棄する旨の記載がある特定出資以外の特定出資をいう。基準特定出資の国内募集50％超要件は2010年度税制改正により追加されたものであり，

2010年4月1日前に設立された特定目的会社については，同日以後に以下のいずれかの届出をするものに限り適用される。
・資産流動化計画の計画期間および計画期間に関する一定の事項の変更の届出
・資産流動化計画に係る業務の終了の届出
なお，2015年度税制改正により，上記に加えて，2010年4月1日前に設立されたTMKが2015年3月31日までに業務開始届出を提出していない場合にも，「基準特定出資の国内募集50％超要件」が適用される。

7 2種類の優先出資を発行する場合には，それぞれの種類の優先出資ごとに判定する。

8 政令で定める同族会社は，次に掲げるものとする。
　一　TMKの出資者の3人以下ならびにこれらと法人税法2条10号に規定する特殊の関係のある個人および法人（次号において「特殊の関係のある者」という。）がそのTMKの出資の総数の100分の50を超える数の出資を有する場合における当該TMK
　二　TMKの出資者の3人以下およびこれらと特殊の関係のある者（議決権を有する優先出資社員に限る。）がそのTMKの法人税法施行令4条3項2号イからニまでに掲げる議決権のいずれかにつきその総数の100分の50を超える数を有する場合における当該TMK

9 支払配当の損金算入の特例および一定の繰越欠損金の繰越控除の規定を適用しないで計算した場合の当該事業年度の所得の金額をいう。

10 特定資産の譲渡または特定社債の発行，特定約束手形の発行もしくは借入れをいう。

11 その配当等の額が当該事業年度の所得の金額（欠損金の繰越控除，支払配当の損金算入等の適用前の金額）を超える場合には，所得の金額が限度となる。

12 機関投資家とは，金商法2⑨に規定する金融商品取引業者（同法28①に規定する第一種金融商品取引業のうち同条⑧に規定する有価証券関連業に該当するものまたは同条④に規定する投資運用業を行う者に限る。）その他の財務省令で定めるものをいう。

13 投信法63において，資産の運用以外の行為を営業としてすること，本店以外の営業所を設けることや使用人を雇用することが禁止されている。

14 投信法施行令3条1号から10号までに掲げる資産をいう。なお，特定資産に含まれる匿名組合出資持分は，主として対象資産（投信法施行令3条1号に掲げる資産のうち匿名組合契約等に基づく権利以外のもの及び2号から7号までに掲げる資産をいう。）に対する投資として運用することを約するものに限るものとされている。また，一定の要件を満たす場合には，その取得した再生可能エネルギー発電設備について一定期間分子に加算できる特例がある。

15 配当等の額とは，投信法137の金銭の分配から出資等減少分配を控除し，みなし配当および合併交付配当金を加算した金額となる。

16 金銭の分配の額とは，投信法137の金銭の分配をいい，みなし配当のうち出資等減少分配に係る部分の金額を除き，合併交付配当金を含む。

17 交際費，寄附金および法人税等の永久差異の税会不一致は「一時差異等調整引当額」の範囲から除かれている。

18　もっとも，前記したように，不動産投資法人においては通常利益の全額を配当することから，計算の結果，みなし配当は生じないケースが多いと考えられる。

19　一時差異等調整積立金に関しては，投信協会による2015年8月25日付の事務連絡通知"一時差異等調整積立金の取崩に係る実務上の留意事項"がある。

20　クローズド・エンド型の不動産投資法人においては，計算期間の末日に算定された減価償却累計額の合計額から前計算期間の末日に計上された減価償却累計額の合計額を控除した額の100分の60に相当する金額を限度として，税法上の出資等減少分配に該当する出資の払戻しを行うことができることとされている（不動産投資法人規則43）。

21　NISAは新規投資額で毎年120万円（2015年以前は100万円）を上限とした上場株式等に係る配当等について非課税口座を開設した年の1月1日から5年以内に支払いを受けるものについては，所得税および住民税が課されない。また，未成年者を対象としたジュニアNISAも創設されている。

22　当該組合事業の収入金額，支出金額，資産，負債等をその分配割合に応じて各組合員のこれらの金額として計算する方法。

第5章

海外不動産投資

1 海外不動産投資の概要

　国内不動産への投資が過熱し競争が高まる中，より高い収益性や外貨建資産への投資需要等を背景に，国内投資家による海外不動産への投資が積極的に検討されている。

　国内投資家が，海外に所在する不動産へ投資するにあたっては，投資対象国において適用される会計基準や税法その他法規制等，国内の不動産投資の場合に比してより慎重な検討が求められる。とりわけ海外における課税関係の理解は重要な点であり，国内投資家にとって不利な課税関係が生じないよう投資のストラクチャーを検討していくことが重要となる。

　投資家ごとにその投資目的や背景（不動産業を営む企業の事業拡大の一環として海外投資を推進するのか，機関投資家によるリターンの追求を主とした投資であるのか，あるいは複数の投資家による集団投資であるのか等）が異なることや，適用される税法も投資対象国ごとに異なることから，投資のストラクチャーは個別性が強く，必ずしもすべての投資スタイルに万能なストラクチャーは存在しないものと考えられる。したがって，案件ごとの事実関係に基づき個別検討が必要となるが，本章においては，以下の簡易なストラクチャーを前提として会計上の取扱いおよび税務上の取扱いを検討する。

(1) 直接投資

　直接投資とは，国内投資家が直接海外不動産を保有するケースであるが，当該ストラクチャーにおいては直接的な海外不動産の管理運営や損益の取込みが可能であると考えらえる。一方，国内投資家は，直接海外における租税債務を負う可能性が高い点や，法的なリスク遮断が必ずしも達成できない可能性がある点に留意する必要がある。

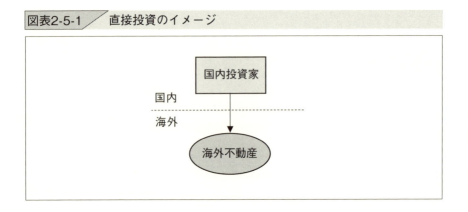

図表2-5-1　直接投資のイメージ

(2) 間接投資（法人型）／間接投資（パススルー型）

　間接投資（法人型）とは，国内投資家が海外不動産所在地国における法人ビークル[1]を経由して海外不動産に投資するストラクチャーである。当該ストラクチャーについては，国内投資家が海外の租税債務を直接負うことを回避するためや，海外不動産事業から生じる法的なリスクを遮断するため，または，現地において金融機関から借入れを行うため等の目的で採用される。海外不動産保有ビークルは物件の所在地国に置かれるのが一般的だが，場合によっては第三国を経由するケースもあり得る[2]。

　また，間接投資（パススルー型）については，税務上パススルーとして取扱われるビークル[3]を経由して投資される形であり，ビークルレベルでの課税が生じないものである。

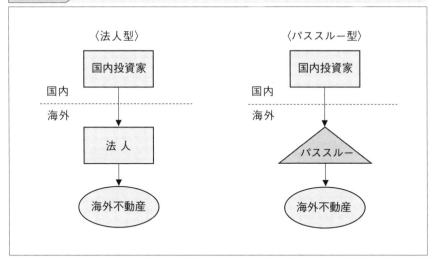

図表2-5-2 関接投資のイメージ

　なお，本書で詳細は触れないが，前記の投資形態の派生形として，国内投資家が複数人いる場合等には，それらを束ねるビークルを設けて海外不動産投資を行うことも考えられる。その場合，ビークルの種別として，株式会社，合同会社，投資法人[4]，投資信託，任意組合，匿名組合，海外における組合や法人，信託などさまざまな種別が挙げられるが，投資家の属性やビジネス上の諸条件，課税の影響等を勘案して最適なビークルを選択する必要がある。

2　会計上の取扱い

　後記で投資スキーム別の会計処理を検討するが，ここでは個別財務諸表での処理を前提に説明する。

(1) 直接投資

　会計上，オフィスビルなどの賃貸用不動産は固定資産，分譲マンションなどの販売用不動産は棚卸資産として取扱われるため，会計処理にも違いが生じる。
　直接投資のケースでは，取得時は原則として取引発生時の為替相場による円換算額をもって記帳され，海外不動産が固定資産の場合は，減価償却を行った

上で減損会計が適用される。
　一方、海外不動産が棚卸資産の場合は、決算期末において棚卸資産会計基準に基づいて評価を行う。
　直接投資について、段階別の主な会計処理と外貨換算の方法は図表2-5-3のとおりである。

図表2-5-3　段階別の主な会計処理と外貨換算の方法（直接投資）

	会計処理	外貨換算
取得時	原則として購入対価又は製造原価に付随費用を加算して取得原価とする。	原則として取引発生時の為替相場による円換算額をもって記録する（外貨建会計基準一1）。
損益計上および減価償却時	①　海外不動産から生じる損益を計上する。損益は、日本の会計基準に基づいて処理された数値を計上する。 ②　固定資産については、会社が採用する会計方針に基づいて減価償却を実施する。	①　原則として取引発生時の為替相場による円換算額をもって記録するが、本支店合併財務諸表を作成している場合には、収益性負債の収益化額及び費用性資産の費用化額を除き、期中平均相場によることができる（外貨建会計基準二1）。 ②　取引発生時の為替相場による円換算額をもって記録した金額に基づいて償却を実施する。
期末（評価）	（1）　固定資産 時価評価は行わない。 ただし、減損の兆候がある場合、減損損失の認識の判定を行い、割引前将来キャッシュ・フローと帳簿価額を比較し割引前将来キャッシュ・フローが帳簿価額を下回った場合には、減損損失の測定を実施する。	（1）　固定資産 認識の判定に用いられる割引前将来キャッシュ・フローと認識の判定および減損測定時に用いられる回収可能価額の外貨換算の方法は以下の通りである。 ①　割引前将来キャッシュ・フロー 将来キャッシュ・フローが外貨建てで見積もられる場合、減損会計適用指針第18項及び第19項に基づいて算定された外貨建ての将来キャッシュ・フローを、減損損失の認識の判定時の為替相場により円

第5章 海外不動産投資 | 199

換算し，減損損失を認識するかどうかを判定するために見積られる割引前将来キャッシュ・フローに含める（減損会計適用指針20）。
② 回収可能価額
正味売却価額が外貨建てで見積られる場合には，減損損失の認識の判定及び測定時の為替相場により円換算するものとする（減損会計適用指針30）。

使用価値の算定において見積られる将来キャッシュ・フローが外貨建ての場合，減損会計適用指針第31項（1）及び（2）に基づいて算定された外貨建ての将来キャッシュ・フローを，当該通貨に関して減損会計適用指針第31項（3）に基づき算定された割引率によって現在価値に割り引き，当該外貨建ての将来キャッシュ・フローの現在価値を減損損失の測定時の為替相場により円換算することにより，使用価値を算定するものとする（減損会計適用指針35）。
(2) 棚卸資産
外国通貨で表示されている在外支店の財務諸表に基づき本支店合併財務諸表を作成し，在外支店において外国通貨で計上されている棚卸資産について低価基準を適用する場合または時価の著しい下落により評価額の引下げが求められる場合には，外国通貨による時価又は実質価額を決算時の為替相場により円換算した額による（外貨建会計基準注11）。

(2) 棚卸資産
期末における正味売却価額が取得原価よりも下落している場合には，当該正味売却価額をもって貸借対照表価額とする。この場合において，取得価額と当該正味売却価額との差額は当期の費用として処理する（棚卸資産会計基準7）。

『監査人はここを見る!!』
- ☑ 時価評価が適切な時価に基づいて行われているか？
- ☑ 海外不動産の経理を現地で行っている場合，損益が本国の会計基準に基づいて処理されているか？ 本国と異なる会計基準に基づいて処理されている場合，必要な調整がされているか？

(2) 間接投資

① 組合等への出資に該当する場合

金融商品会計実務指針132において，任意組合，匿名組合，パートナーシップ，リミテッド・パートナーシップ等（以下「組合等」という。）への出資に関する会計処理が規定されている。なお，組合等が子会社・関連会社の範囲に含まれる場合であっても，当該会計処理によるとされている（金融商品会計Q&A Q71）。子会社・関連会社の範囲には，会社のほか，組合その他これらに準ずる事業体（外国におけるこれらに相当するものを含む。）が含まれるとされ，具体的には，特定目的会社，海外における同様の事業を営む事業体，パートナーシップその他これらに準ずる事業体等で営利を目的とする事業体が考えられる（ただし，ベンチャーキャピタルが営業の目的を達成するために他の会社の株式を所有している場合は除く。）とされている（連結範囲適用指針28）。

組合等について，段階別の主な会計処理と外貨換算の方法は図表2-5-4のとおりとなる。なお，組合等の外貨換算については明確な基準がないことから，組合等の実態に応じて個別に判断することになるが，図表では想定される換算処理としている。

図表2-5-4　段階別の主な会計処理と外貨換算の方法（間接投資①組合等）

	会計処理	外貨換算
出資時	組合等への出資については，原則として，組合等の財産の持分相当額を出資金（金融商品取引法第2条第2項により有価証券とみなされるものについては有価証券）として計上し，組合等の営業により獲得した純損益の持分相当額を当期の純損益として計上する（以下「純額法」という。）。 　また，組合員の財産が法律上組合員の共有であることから，出資持分ではなく，組合財産のうち持分割合に相当する部分を出資者の資産及び負債として貸借対照表に計上し，損益計算書についても同様に処理する方法も認められるが（以下「総額法」という。），契約内容の実態及び経営者の意図を考慮して，経済実態を適切に反映する会計処理及び表示を選択することとなる（金融商品会計実務指針132,308）。	純額法では，出資は取引発生時の為替相場により換算することになる。損益分配は期中平均相場で換算することが適当と考えられる。 総額法では，資産，負債および損益を直接財務諸表に計上することになることから，直接投資と同様に換算することが適当であると考えられる。
現金分配時	①　純額法 　現金分配は，発生時に出資金として計上した場合は出資金の減少として処理（未収分配金として処理した場合は未収分配金の減少として処理）する。 ②　総額法 　現金分配を受取配当金として損益計算書に計上する。	①　純額法 　現金分配は，入金時の為替相場で換算し，換算差額は為替差損益として計上することになると考えられる。 ②　総額法 　現金受領時の為替相場で換算する。

期末 (評価)	(1) 純額法 時価評価は行わない。	(1) 純額法 時価評価は行わないが，決算時の為替相場により換算し，換算差額は為替差損益として計上することになると考えられる。
	(2) 総額法 直接投資と同様に処理することが適当であると考えられる。	(2) 総額法 直接投資と同様に換算することが適当であると考えられる。

『監査人はここを見る!!』
☑ 組合等の実態に基づいた会計処理が採用されているか？

② 組合等以外の場合
ⅰ) 子会社・関連会社に該当する場合の会計処理

投資先に対する意思決定機関に支配力を有している場合には「子会社」，子会社以外で財務および営業または事業の方針の決定に対して重要な影響を与えることができる場合には「関連会社」に該当することになる。

子会社・関連会社について，段階別の主な会計処理と外貨換算の方法は図表2-5-5のとおりとなる。

図表2-5-5　段階別の主な会計処理と外貨換算の方法（間接投資②子会社・関連会社）

	会計処理	外貨換算
取得時	取得価額（金融資産の取得に当たって支払った対価の支払時の時価に手数料その他の付随費用を加算したもの）で計上する。	原則として取引発生時の為替相場による円換算額をもって記録する（外貨建会計基準一1）。
配当金受領時	配当を受取配当金として損益計算書に計上する。	配当金が配当決議日に現地通貨により記録されている場合には，配当決議日の為替相場により円換算する（外貨建実務指針44）。
期末（評価）	(1) 時価評価 　時価評価は行わない。 (2) 強制評価減 ① 時価のある有価証券 　時価が著しく下落したときは，回復する見込みがあると認められる場合を除き，当該時価をもって貸借対照表価額として，評価差額を当期の損益として処理しなければならない。時価が取得原価に比べて50％程度以上下落した場合，合理的な反証がない限り，減損処理を行わなければならない。なお，時価の下落率がおおむね30％未満の場合には，一般的には「著しく下落した」ときに該当しないと考えられるため，30％～50％程度の場合の処理方針を決定する必要がある（金融商品会計基準20，金融商品会計実務指針91，284）。 「著しく下落した」かどうかは，外貨建	(1) 時価評価 　取得時の為替相場による円換算額を付する（外貨建会計基準一2(1)③ハ）。 (2) 強制評価減 　時価の著しい下落又は実質価額の著しい低下により評価額の引下げが求められる場合には，当該外貨建有価証券の時価又は実質価額は，外国通貨による時価又は実質価額を決算時の為替相場により円換算した額による（外貨建会計基準一2(1)③ニ）。 　有価証券の時価の著しい下落又は実質価額の著しい低下により，決算時の為替相場による換算を行ったことによって生じた換算差額は，当期の有価証券の評価損として処理する（外貨建会計基準一2(2)）。

ての時価と外貨建ての取得原価とを比較して判断する（外貨建実務指針19）。

② 時価を把握することが極めて困難な有価証券

当該有価証券の発行会社の財政状態の悪化により実質価額が著しく低下したときは，相当の減額を行い，評価差額は当期の損失として処理しなければならない。少なくとも実質価額が取得原価に比べて50%程度以上低下した場合，「著しく低下した」ときに該当する（金融商品会計基準21，金融商品会計実務指針92，285）。

「著しく低下した」かどうかは，外貨建ての実質価額と外貨建ての取得原価とを比較して判断する。外貨建ての実質価額の算定に当たり資産等の時価評価のための資料が合理的に入手できる場合には，時価評価に基づく評価差額等を加味して外貨建ての実質価額を算定する必要がある（外貨建実務指針18）。

ⅱ）子会社・関連会社に該当しないと判断された場合の取扱い

子会社・関連会社に該当しないと判断され，「その他有価証券」に分類された場合の段階別の主な会計処理と外貨換算の方法は図表2-5-6のとおりとなる。

図表2-5-6　段階別の主な会計処理と外貨換算の方法（間接投資③その他有価証券）

	会計処理	外貨換算
取得時	図表2-5-5の子会社・関連会社に該当する場合の会計処理と同様の処理となる。	図表2-5-5の子会社・関連会社に該当する場合の会計処理と同様の処理となる。

配当金受領時	図表2-5-5の子会社・関連会社に該当する場合の会計処理と同様の処理となる。	図表2-5-5の子会社・関連会社に該当する場合の会計処理と同様の処理となる。
期末（評価）	(1) 時価評価 ① 時価のある有価証券 　時価をもって貸借対照表価額とし，評価差額は洗替え方式に基づき，次のいずれかの方法により処理する。 ・全部純資産直入法 　評価差額の合計額を純資産の部に計上する。 ・部分純資産直入法（継続適用を条件） 　時価が取得原価を上回る銘柄に係る評価差額は，純資産の部に計上し，時価が取得原価を下回る銘柄に係る評価差額は当期の損失として処理する（金融商品会計基準18，金融商品会計実務指針73）。 ② 時価を把握することが極めて困難な有価証券 　時価評価は行わない。 (2) 強制評価減 　図表2-5-5の子会社・関連会社に該当する場合の会計処理と同様の処理となる。	(1) 時価評価 ① 時価のある有価証券 　外国通貨による時価を決算時の為替相場により円換算した額を付する（外貨建会計基準－2(1)③ロ）。 ② 時価を把握することが極めて困難な有価証券 　取得原価又は償却原価を決算時の為替相場により換算する（外貨建実務指針15，58）。 ①，②とも換算差額は，時価評価に係る評価差額と同様に処理する（外貨建会計基準－2(2)，外貨建実務指針16）。 (2) 強制評価減 　図表2-5-5の子会社・関連会社に該当する場合の会計処理と同様の処理となる。

　『監査人はここを見る!!』

☑ 減損処理が会社の定めた方針に従って行われているか？
☑ 時価を把握することが極めて困難な有価証券の実質価額算定にあたり，時価評価が適切に行われているか？

3 税務上の取扱い

　ここでは，海外の各国の税制に関する取扱いについては言及せず，前記のストラクチャー（直接投資，間接投資（法人型），間接投資（パススルー型））を前提として，国内投資家が海外不動産投資を行う場合の本邦税務上の主要な論点について説明する。なお，国内投資家が個人である場合と法人である場合とで課税関係が異なるが，ここでは，国内投資家が株式会社や合同会社等の内国法人であることを前提とする。

(1) 直接投資

　海外不動産への直接投資を行う場合，保有物件より生ずる賃料収入や物件売却時のキャピタルゲインについて，それぞれの物件所在地国における課税関係および国内投資家における本邦税務上の取扱いについて確認する必要がある。

① 外国税額控除

　不動産投資においては，不動産の所在地国において法人税等の課税が生じることが一般的であり，一方，内国法人であるため日本における法人税等の課税関係も生じることになる。このため，二重課税が発生する可能性が生じるが，不動産の所在地国における法人税等の課税については日本の法人税等の額の計算上，外国税額控除の適用を受けることにより二重課税を回避または軽減することが可能となる。

② 所得認識

　所得の認識のタイミングについては，国内投資家は発生ベースで海外不動産から生じる所得を取込むことになる。この場合に取込む所得金額については，不動産所在地国における所得金額の計算上，不動産所在地国における税法基準に従って所得計算が行われる一方で，日本の所得金額の計算上は日本の税法基準に従って計算されることになる。たとえば，双方の所得計算において乖離が生じる典型的なものとして減価償却費が挙げられる。

　なお，間接投資（パススルー型）の場合で，当該ビークルが日本の税法上も

パススルーと取扱われる場合には，日本における課税関係は直接投資の場合に準じたものとなる。ただし，所得の取込みのタイミングや取込み方法（総額法，折衷法または純額法）については，法基通に規定されている。

(2) 間接投資（法人型）

　間接投資（法人型）の場合には，海外不動産保有ビークルで生ずる賃料収入やキャピタルゲインについて海外不動産保有ビークル所在地国における課税関係を確認するとともに，海外不動産保有ビークルから国内投資家への利益の還流に関する現地税制および本邦税務上の取扱いについて併せて確認する必要がある。また，将来国内投資家が海外不動産保有ビークルの持分を売却する可能性がある場合には，当該キャピタルゲインに係る本邦および海外ビークル所在地国における課税関係についても併せて確認する必要がある。

① 外国子会社配当益金不算入制度

　内国法人が，一定の外国子会社から受領する剰余金の配当については，原則として剰余金の配当に係る費用の額に相当する金額（剰余金の配当等の額の5％）を控除した金額（つまり配当額の95％相当）が益金不算入とされる。上記の「一定の外国子会社」とは，内国法人が外国子会社の発行済株式等の25％以上[5]の株式等を，配当等の支払義務が確定する日以前6ヵ月以上引続き直接に保有している場合のその外国法人をいう。

　つまり，内国法人が一定の外国子会社に該当する海外不動産保有ビークルから受領する配当については，95％が免税扱いになる。

　なお，外国子会社配当益金不算入制度の適用対象となる配当に係る外国源泉税については，外国税額控除の対象外となり，内国法人の法人税申告上，損金にも算入されない。

　また，外国子会社の所得の金額の計算上，損金の額に算入される剰余金の配当等（たとえば，REITからの配当等）については，海外不動産保有ビークルにおいて法人税等の課税が回避または軽減されていることから，外国子会社配当益金不算入制度の対象から除外されている点にも留意する必要がある。

　国内投資家が複数で海外不動産保有ビークルに投資をするケースにおいては，

前記の持株要件を満たさない場合，当該外国子会社配当益金不算入制度の適用がなく，内国法人において外国子会社から受領する配当のすべてが益金として取扱われる。こうした場合，国内投資家において収益の分配に課せられた外国源泉税等について，外国税額控除を適用することが可能であると考えられる。しかしながら，日本の税務上は原則として間接外国税額控除は認められないことから，海外不動産保有ビークルレベルで発生した外国法人税等は，内国法人である国内投資家において外国税額控除の対象とはならない。

② 外国子会社合算税制（タックス・ヘイブン対策税制）

内国法人等が軽課税国に所在する外国関係会社を通じて国際取引を行う場合，この外国関係会社を介することにより税負担を不当に軽減・回避し，結果として日本での課税を免れる事態が生じることがある。タックス・ヘイブン対策税制とは，このような事態に対処するため，一定の外国関係会社の所得に相当する金額を内国法人等の所得とみなし，これを合算して課税する仕組みをいう。

特に不動産投資において使用される海外不動産保有ビークルについては，いわゆるSPCとして実態を伴わないケースが多くあることから，不動産所在地国における実効税率が低い場合には合算課税の影響を受けることが考えられる。

ここで，タックス・ヘイブン対策税制の制度について概要を説明すると，適用対象法人は下記のものであり，合算対象となる所得の範囲については図表2-5-7のフローチャートに従って判定されることになる。

図表2-5-7　合算所得のフローチャート

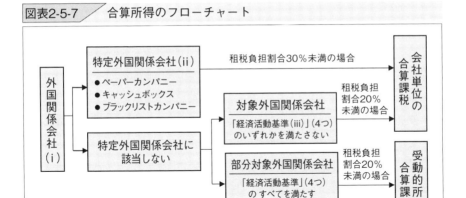

<適用対象法人>
(a) 外国関係会社を直接及び間接に10％以上保有する内国法人
(b) 外国関係会社を直接及び間接に10％以上保有する同族株主グループに属する内国法人
(c) 外国関係会社との間に実質支配関係がある内国法人
(d) 内国法人との間に実質支配関係がある外国関係会社（被支配外国法人）の他の外国関係会社に係る直接及び間接の保有割合が10％以上である場合のその内国法人

ⅰ) 外国関係会社

外国関係会社とは，居住者及び内国法人並びに特殊関係非居住者及び被支配外国法人による，直接及び間接の株式保有割合等が50％超である外国法人のことをいう。あるいは，居住者又は内国法人との間に実質支配関係がある外国法人のことをいう。

ⅱ) 特定外国関係会社

外国関係会社のうち，ペーパーカンパニー[6]，キャッシュボックス[7]，あるいはブラックリストカンパニー[8]に該当する会社が，特定外国関係会社に該当する。

ⅲ）経済活動基準[9]

　タックス・ヘイブン対策税制に抵触する場合には，海外不動産保有ビークルにおける一定の課税対象金額が，国内投資家の日本における所得金額に合算され課税されることになる。この場合において海外不動産保有ビークルにおいて納付した外国法人税の額のうち，課税対象金額に対応する部分の金額について，国内投資家の納付する控除対象外国法人税の額とみなして，外国税額控除の適用を受けることができる。その結果，海外不動産保有ビークルで稼得した所得については，日本における税率に基づいて課税が引直されることになる。

　なお，海外不動産保有ビークルから国内投資家に実際に配当が行われた際には，国内投資家において既にタックス・ヘイブン対策税制により課税済みであることから，二重課税を回避すべく，既に合算対象とされた所得金額の範囲内で当該配当金を益金不算入とする手当てがされている。

　また，海外不動産保有ビークルがREITのように配当を損金算入している場

図表2-5-8　経済活動基準の形態

①	事業基準	主たる事業が以下のものでないこと ・株式等又は債券の保有 ・無形資産等の提供 ・船舶又は航空機の貸付け
②	実体基準	本店所在地国において，主たる事業を行うに必要と認められる事務所，店舗，工場その他の固定施設を有していること
③	管理支配基準	本店所在地国において，事業の管理，支配及び運営を自ら行っていること
④	(a) 非関連者基準 （主たる事業：卸売業，銀行業，信託業，金融商品取引業，保険業，水運業・航空運送業，航空機リース業）	主たる事業における取引の50％超が非関連者とのものであること
	(b) 所在地国基準 （主たる事業：非関連者基準が適用される事業以外）	主たる事業を主として本店所在地国で行っていること

合,租税負担割合が著しく低くなることから,このビークルが外国関係会社に該当している場合において,国内投資家が適用対象法人に該当する場合には,タックス・ヘイブン対策税制の影響を受ける可能性があると考えられる。

③ 外国源泉税等への租税条約の適用

間接投資(法人型)において,海外不動産保有ビークルから支払われる配当に外国源泉税等が課せられる場合には,これら外国源泉税等に関する租税条約による減免の適用の有無についても併せて確認する必要がある。具体的には,租税条約は各国ごとにその取扱いが異なるものの,一般的に租税条約の適用に際してまず留意すべき点は,海外不動産保有ビークルおよび国内投資家が租税条約上の「居住者」に該当するかどうかという点が挙げられる。また,租税条約上の特典を受けられる者を制限する特典制限条項が設けられている租税条約[10]の場合には,さらに「適格居住者」に該当することが求められるため,留意する必要がある。

また,パートナーシップ等の導管体を通じて海外不動産保有ビークルに投資する場合には,基本的に日本および物件所在地国の双方の観点から,ビークルの取扱いを確認した上で,条約の適用関係について検討する必要がある。特にパートナーシップ等の取扱いが日本および物件所在地国双方で異なる取扱いを受ける場合(たとえば,一方ではパススルー,他方では法人)においては,比較的新しく締結された租税条約[11]において,両国間において取扱いの異なるビークル(ハイブリッド・エンティティ)について規定されている。その場合は基本的に,受益者の居住地国における事業体の課税上の取扱いに従って条約の特典が与えられるかどうかが判定されることになる。

注

1 海外不動産所在地国および日本の税法上ともに法人として取扱われるビークルを前提としている。
2 第三国を経由するケースについては,BEPS(Base Erosion and Profit Shifting(「税源浸食と利益移転」の略称)を踏まえ,税務上問題が生じる可能性があるため(特に,専ら税メリットのみを追求した経済的実体のない第三国を経由し

たストラクチャーなど）留意が必要である。
3 実務上，海外不動産所在地国から見てパススルーでも日本から見たらパススルーに該当しない場合（その逆も同様）があるため，より複雑になるケースもあるが，ここでは海外不動産所在地国および日本の税法上ともにパススルーとして取扱われるビークルを前提としている。
4 投資法人については，投信法上，投資先の議決権のある株式の50％超の保有が禁止されているが，租税特別措置法上も，他の法人の発行済株式または出資の総数または総額の50％以上の保有をしていないことが導管性要件の一つとなっている。しかしながら特定資産の所在する国の法令または慣行等により，不動産取引を自ら行うことができない場合等一定の要件を満たす場合には，これらの制限は適用されないこととされている。投資法人を用いて海外不動産投資を行う場合には，導管性要件や税会不一致，外国税額控除など留意する点が多々あるため慎重な検討が求められる。
5 租税条約において，間接外国税額控除の対象となる子会社の持株要件が緩和されている場合には，その割合が適用される。たとえば，アメリカ，オーストラリア，ブラジルについては10％以上，フランスは15％以上とされている。
6 ペーパーカンパニーとは，①実体基準（主たる事業を行うに必要と認められる事務所等の固定施設を有している）および②管理支配基準（本店所在地国において，事業の管理，支配及び運営を自ら行っている）のいずれも満たさない外国関係会社。
7 キャッシュボックスとは，①受動的所得基準（配当や利子等の受動的所得の総資産に占める割合が30％超）および②資産基準（有価証券，貸付金，貸付用の有形固定資産および無形資産等の総資産に占める割合が50％超）のいずれにも該当する外国関係会社。
8 OECDのブラックリストに掲載された国・地域が該当すると考えられる。
9 保険会社や統括会社等，判定には一定の特例がある。
10 日本が締結した租税条約の中で特典制限条項を有するものとして，アメリカ，イギリス，フランス，オーストラリア，オランダ，スイス，ニュージーランド，スウェーデン，ドイツとの租税条約が挙げられる。
11 ハイブリッド・エンティティに関する規定が定められた租税条約として，アメリカ，イギリス，フランス，オーストラリア，オランダ，スイス，ポルトガル，ニュージーランド，ドイツとの租税条約が挙げられる。

第6章

不動産鑑定評価

1 不動鑑定評価の概要

(1) 不動産の鑑定評価に関する基礎知識

① 不動産の鑑定評価

不動産の鑑定評価とは「不動産の経済価値を判定し，その結果を価額（貨幣額）で表示すること」をいう。鑑定評価額の決定に至るプロセスには，収集した資料の分析や，さまざまな要因が価格に影響を与える程度の判断等，評価主体である不動産鑑定士の判断が介在するため，異なる不動産鑑定士による不動産の鑑定評価結果は必ずしも一致するものではない。

また，不動産鑑定業者が行う不動産の評価には，不動産鑑定評価基準に則った評価（鑑定評価）以外に，現況と異なる条件を付す等の理由により同基準には則らない評価がある（これらを総称して本章で「鑑定評価等」という。）。

なお，本項では財務諸表のために不動産の鑑定評価等を取得する際の留意点について説明を行うが，財務諸表に直接関連しない場合で鑑定評価等を取得する場合を例示すると以下のとおりとなる。

- 不動産の売買に関連して鑑定評価等を取得する場合
- 不動産を担保にする際に関連して鑑定評価等を取得する場合
- 不動産の証券化に関連して鑑定評価等を取得する場合

② 不動産鑑定士

不動産鑑定士は，不動産の鑑定評価に関する法律に基づき制定された国家資格で，不動産の経済価値に関する専門家である。不動産鑑定士は鑑定評価等の評価業務以外にも，不動産評価に関連したコンサルティング業務等[1]も行っている。なお，不動産の鑑定評価業務は国土交通省に登録されている不動産鑑定士のみが行うことができる独占業務である。

③ 不動産の鑑定評価が必要とされる理由

不動産鑑定評価基準によれば，不動産鑑定評価が必要となる理由は，不動産の現実の取引価格は，取引における当事者双方の能力や事情により個別的に形成されることから，必ずしも不動産の適正な価格を表すものではない。このような取引価格から「不動産の適正な価格」を見出すことは，一般の人々にとって著しく困難であるためとされている。言い換えれば，個々の不動産の取引価格は個別性が非常に強いものであるため，不動産の評価の専門家としての不動産鑑定士による鑑定評価等が必要となるということである。

不動産鑑定士は法律により，不動産の鑑定評価を行うことのできる唯一の専門家としての地位を付与されているため，評価を行う際には高い客観性と公平性（中立性）を保つことが強く求められている。

(2) **不動産の鑑定評価における基準等**

不動産の鑑定評価における主な法令，基準，ガイドライン等は，次頁の図表2-6-1のとおりとなる。

(3) **不動産の鑑定評価業務の流れ**

不動産鑑定評価基準によれば，不動産の鑑定評価における業務の大枠の流れは以下のとおりとなる[2]。

　ⅰ) 鑑定評価の依頼受付
　依頼者より，鑑定評価の依頼を受付ける。

| 図表2-6-1 | 不動産の鑑定評価における主な法令，基準，ガイドライン等 |

名　称	公表主体	概　要
不動産の鑑定評価に関する法律	—	この法律は，不動産の鑑定評価に関し，不動産鑑定士及び不動産鑑定業について必要な事項を定め，もって土地等の適正な価格の形成に資することを目的とする（同法1）。
不動産鑑定評価基準	国土交通省	不動産の鑑定評価の専門家である不動産鑑定士に対し，不動産の鑑定評価を行うに当たってその拠り所とする統一的基準をいう。 不動産鑑定評価基準及び不動産鑑定評価基準運用上の留意事項から構成される。
不動産鑑定士が不動産に関する価格等調査を行う場合の業務の目的と範囲等の確定及び成果報告書の記載事項に関するガイドライン（以下「価格等調査ガイドライン」という。）	国土交通省	価格等調査ガイドラインは，不動産鑑定評価基準に則っているか否かにかかわらず，価格等調査を行うための業務の実施方法等を示した手続的な指針である。不動産鑑定士は，価格等調査を行う場合は，必ず価格等調査ガイドラインを遵守する必要がある。
財務諸表のための価格調査の実施に関する基本的考え方	国土交通省	企業会計基準に定める固定資産の減損等の各場面に対応し，不動産鑑定士が価格調査を行う場合における一定のルールとして，調査手法の峻別や調査手順等を定めたもの。
財務諸表のための価格調査に関する実務指針（以下「価格調査実務指針」という。）	公益社団法人日本不動産鑑定士協会連合会	「財務諸表のための価格調査の実施に関する基本的考え方」を踏まえ，不動産鑑定士が実務を行うにあたり指針とすべきものとして公表されたもの。

ⅱ）「鑑定評価の基本的事項」の確定

依頼内容に基づき，評価対象範囲（評価数量，権利関係等）を確定する。

ⅲ）現地調査

評価対象となる不動産（以下，鑑定評価等の評価対象となる不動産を「対象不動産」という。）の現在の利用状況や適用される法規制，権利関係等の確認のため，現地視察および公的機関への聴聞と資料閲覧（役所調査）を実施する。

ⅳ）価格形成要因の分析

対象不動産の属する市場を特定，分析したうえで，需要者の観点から，価格に影響を与えるさまざまな要因について分析を行う。

ⅴ）評価手法の適用および鑑定評価額の決定

収集した資料や価格形成要因の分析等の結果に基づき，対象不動産の用途等に応じた評価手法を適用して，鑑定評価額を決定する。

ⅵ）不動産鑑定評価書の作成

鑑定評価の基本的事項や鑑定評価額等を記載した不動産鑑定評価書を作成し，依頼者に納品する。

(4) 鑑定評価の基本的事項

不動産の鑑定評価にあたって，確定する必要のある事項を「鑑定評価の基本的事項」という。鑑定評価の基本的事項は鑑定評価の依頼内容と密接に関連するものであり，鑑定評価の依頼者の意向を十分把握した上で鑑定評価が行われる必要がある。

① 鑑定評価の基本的事項

ⅰ）対象不動産

不動産の鑑定評価を行うにあたっては，まず鑑定評価の対象となる範囲を確定する必要がある。具体的には，土地についてはその範囲・数量・権利関係（借地権の存否等）を，建物についてはその構造・用途・数量・権利関係（賃借権の設定の有無等）を，それぞれ確定する。

ⅱ）価格時点

不動産の価格は評価の時点により変動するため，不動産の鑑定評価にあたっ

ては，価格の判定の基準日（価格時点）を確定する必要がある。価格時点には鑑定評価を行った時点を基準として，現在の場合（現在時点），過去の場合（過去時点）および将来の場合（将来時点）がある。ただし，将来時点の鑑定評価は，想定や予測を多く含み不確実であることから，原則として行うべきではないとされている。

ⅲ）価格[3]の種類

不動産の鑑定評価にあたって，対象不動産の属する市場に応じた価格の種類を設定する必要がある。財務諸表のための鑑定評価で求める価格の種類は，基本的には「正常価格（現実の社会経済情勢の下で合理的と考えられる条件を満たす市場で形成されるであろう市場価値を表示する適正な価格）」となる。

なお，詳細の説明は割愛するが，鑑定評価の依頼目的に応じて，限定価格，特定価格，特殊価格を求める場合がある。それぞれの価格について不動産鑑定評価基準に基づき概要を記載すると以下のとおりとなる。

- 限定価格とは，市場性を有する不動産について，隣接する不動産との併合を目的とする売買に関連する場合等，市場が相対的に限定される場合における不動産の価格をいう。
- 特定価格とは，市場性を有する不動産について，法令等による社会的要請を背景とする鑑定評価目的（一例として，リートが保有する証券化対象不動産（不動産鑑定評価基準各論第3章第1節に規定。以下「証券化対象不動産」という。）の評価）の下で，形成される不動産の価格をいう。
- 特殊価格とは，文化財等の一般的に市場性を有しない不動産について，その利用現況等を前提とした不動産の価格をいう。

② 不動産の種別および類型

ⅰ）不動産の種別

不動産の種別とは，不動産の用途に関して区分される不動産の分類をいう。具体的には，宅地地域（住宅地域，商業地域等），農地地域，林地地域等に分けられる。

不動産は用途に応じて一定の地域性を持つため，不動産の鑑定評価にあたっては，対象不動産がその属する地域の利用状況等と適合しているかなどの観点

から分析を行うことが重要となる。

ⅱ）不動産の類型

不動産の類型とは，不動産の有形的利用（土地のみ，もしくは土地建物一体から構成）および権利関係の態様に関して区分される不動産の分類をいう。

不動産の類型は大きく「宅地」（土地のみを評価する場合）と「建物及びその敷地」（土地建物一体で評価する場合）とに分けられ，主な類型の内容について整理すると，図表2-6-2のとおりである。

(5) 鑑定評価の手法

不動産の価値は，一般に「費用性」「市場性」「収益性」の3つの観点（価格の三面性）を考慮して決定されると考えられており，不動産の鑑定評価ではそれぞれの考え方を中心とした「原価法（コストアプローチ）」，「取引事例比較法（マーケットアプローチ）」および「収益還元法（インカムアプローチ）」の3手法を適用して，鑑定評価額を決定することが原則となる。

一方で，実際には各手法の特性や資料収集の困難性等によって適用可能な手法が限定されることもある。ただし，不動産鑑定評価基準によれば，複数の鑑定評価の手法が適用できない場合でもその考え方をできるだけ参酌するように努めるべきであり，また，不動産鑑定評価書において手法の適用ができなかった合理的な理由を記載する必要があるとされている。

以下，鑑定評価の手法等について具体的に説明していく。

① 価格形成要因の分析（最有効使用の判定）

不動産鑑定評価基準によれば，対象不動産の効用が最高度に発揮される可能性に最も富む使用を「最有効使用」という。

不動産の価格は，対象不動産の最有効使用を前提として形成されるものである。そのため，鑑定評価にあたっては対象不動産の最有効使用を判定する必要があり，最有効使用の判定にあたっては対象不動産に係る市場参加者[4]の行動や考え方を把握しておくことが重要となる[5]。

最有効使用の判定のいかんでは鑑定評価額が大きく異なってくるため，価格形成要因の分析を通じて対象不動産における最有効使用を適切に判定すること

図表2-6-2　不動産の類型

類型		概要	イメージ
宅地	更地	建物等の定着物がなく，所有権以外の使用収益を制約する権利の付着していない土地をいう。	所有者A以外に，権利関係者なし
	建付地	建物が存する場合における，その敷地部分をいう。	同一の所有者Aにおける敷地部分
	借地権	借地権（建物の所有を目的とする地上権又は土地賃借権）の付着した土地をいう。	借地権者Aが有する権利
	底地	借地権が付着している土地における当該土地の所有権をいう。	底地権者Bが有する権利
建物及びその敷地	自用の建物及びその敷地	土地建物が同一の所有者に属しており他の権利関係が存しない場合における当該建物及びその敷地をいう。	同一の所有者Aの土地建物
	借地権付建物（建物は自用）	借地権を権原とする建物が存する場合における当該建物及びその敷地をいう。	同一の所有者Aが有する借地権及び建物
	借地権付建物（建物は貸家）	同上	借地権者Aが有する建物を第三者に賃貸している場合
	区分所有建物及びその敷地	区分所有建物（分譲マンション等）において，ある所有者が所有する専有部分，共用部分の共有持分，敷地利用権をいう。	区分所有の専有部分

は，非常に重要な手続となる。

ⅰ）地域分析および個別分析

価格形成要因の分析は，地域分析と個別分析に大別される。

地域分析とは，その対象不動産がどのような地域に存するか，その地域はどのような特性を有するか，対象不動産に係る市場はどのような特性を有するか，及びそれらの特性はその地域内の不動産の利用形態と価格形成について全般的にどのような影響力を持っているかを分析・判定することをいう。

一方，個別分析とは，対象不動産の個別的要因が対象不動産の利用形態と価格形成についてどのような影響力を持っているかを分析して，その不動産の最有効使用を判定することをいう。

ⅱ）最有効使用の判定における留意点

対象不動産が土地と建物から構成されている場合，建物や権利関係等が存在しない土地のみ（更地）で最有効使用を判定するケースと，土地建物一体としての最有効使用を判定するケースとがある。

たとえば，土地のみ（更地）としての最有効使用が分譲用の高層マンションであると判定された場合でも，現況はテナントに賃貸している築古（ちくふる）の店舗ビルが既に存在しているような事例では，既存の建物を取壊して高層マンションを建築することを前提としてテナントの立退き費用や建物の取壊し費用等を勘案すると，現況の店舗ビルを前提として評価を行うほうが高い評価結果となる場合には，現況の店舗ビルを前提として評価されることになる。

また，個々の不動産の最有効使用は，一般に対象不動産が属する地域特性の影響を受けるため，最有効使用の判定にあたっては同じ地域における不動産の標準的な使用との関係を明らかにし，価格に与える影響の程度を判定することが必要となる。

ただし，対象不動産の規模等によっては，対象不動産が属する地域における標準的な使用と異なる用途が最有効使用である場合があるため，それぞれの用途等に対応した個別的要因の分析を適切に行ったうえで最有効使用を判定することが必要となる。たとえば，対象不動産の地積が大きい事例では，地域の標準的な使用は戸建住宅であるものの，マンションの需要も底堅くあるような地域である場合には，最有効使用は戸建住宅の敷地ではなくマンション用地とな

る可能性がある。

② 鑑定評価の各手法

　判定した最有効使用に応じて，対象不動産に係る需要者は異なるため，当該需要者の行動や考え方等に即した鑑定評価手法を適用する必要がある。このため，鑑定評価手法の適用に先立ち，対象不動産が属する市場の特性を把握・分析しておくことが重要となる。

　不動産価格を決定する鑑定評価の手法は，原価法（コストアプローチ），取引事例比較法（マーケットアプローチ）および収益還元法（インカムアプローチ）に大別され，このほかこれら3手法の考え方を活用した開発法等がある。

ⅰ）原価法（コストアプローチ）

　原価法とは，価格時点における対象不動産の再調達原価を求め，この再調達原価について減価修正[6]を行って対象不動産の試算価格[7]を求める手法であり，原価法により算定された価格を「積算価格」という。

　原価法は，対象不動産が建物又は建物及びその敷地である場合，再調達原価の把握および減価修正を適切に行うことができる際に有効な手法となる。

　一方，対象不動産が土地のみの場合，再調達原価を適切に求められるのであれば適用できるものの，そもそも最近埋立てられた埋立地等でない限り再調達原価の把握は困難なことから，実務上は原価法を適用することは稀となっている。したがって，土地と建物が対象不動産である場合は，土地については取引事例比較法により算定するケースが多い。

ⅱ）取引事例比較法（マーケットアプローチ）

　取引事例比較法とは，まず多数の取引事例を収集して適切な事例の選択を行い，取引価格に必要に応じて事情補正および時点修正を行い，かつ，地域要因の比較および個別的要因の比較を行って求められた価格を比較考量して試算価格を求める手法であり，取引事例比較法により算定された価格を「比準価格」という。

　取引事例比較法により算定するのは，土地や，マンション等の区分所有建物及びその敷地の場合が実務上ほとんどである。

　一方，自用の建物及びその敷地等が対象不動産の場合，土地建物一体として

の個別性についての補正が困難であることから，実務上はほとんど適用されない。

　ⅲ）収益還元法（インカムアプローチ）

　収益還元法とは，対象不動産が将来生み出すであろうと期待される純収益の現在価値の総和を求めることにより対象不動産の試算価格を求める手法であり，収益還元法により算定された価格を「収益価格」という。

　収益還元法はさらに，直接還元法とDCF法（Discounted Cash Flow法）とに分けられる。直接還元法とは，一期間の純収益を還元利回りによって除算して求める方法をいい，DCF法とは連続する複数の期間に発生する純収益および復帰価格[8]をその発生時期に応じて割引計算する方法をいう。なお，直接還元法とDCF法との間に精度および信頼性の差はないことから，両手法による価格は理論的には一致することになる。

　収益還元法は，賃貸オフィスや共同住宅等の賃貸用不動産や，ゴルフ場等の賃貸以外の事業の用に供する不動産の価格を算定する場合に特に有効となる。

　また，不動産価格は一般に当該不動産の収益性を反映して形成されるものであり，収益は不動産の経済的価値の本質を形成することから，文化財の指定を受けた建造物等の一般的に市場性を有しない不動産以外，基本的にすべての対象不動産に対して収益還元法を適用すべきである。なお，自用の不動産の場合であっても，賃貸を想定した上で収益還元法を原則として適用することになる。

　ⅳ）開発法

　マンション用地などの地積が大きい土地については，以下のような開発法を適用して試算価格を求める場合もある。

- 土地全体を一体として利用することが合理的と認められる場合（一例として，土地に一棟の分譲マンションを建築することが最有効使用である場合），価格時点において当該更地に最有効使用の建物が建築されることを想定し，販売総額から通常の建物建築費相当額および発注者が直接負担すべき通常の付帯費用を控除した価格
- 土地全体を分割して利用することが合理的と認められる場合，価格時点において当該更地を区画割りして標準的な宅地とすることを想定し，販売総額から通常の造成費相当額および発注者が直接負担すべき通常の付帯

費用を控除した価格

なお，開発法では投下資本収益率を用いて価格時点に販売収益および建築費等を割引計算するが，この投下資本収益率には開発リスクや調達コスト，デベロッパーの開発利益などが織込まれていることから，DCF法で用いられる利回りに比べて一般的に高くなる。

③ 試算価格の調整

試算価格の調整とは，鑑定評価の複数の手法の適用において採用した資料の適切性や価格形成要因の分析に関する判断の妥当性等について，適当であったかを再確認した上で，各試算価格の中でどの試算価格を重視するかという判断を行い，鑑定評価における最終判断である鑑定評価額の決定に導くことをいう。

たとえば，都心にある賃貸オフィスを評価する場合，一般的に買い手は収益性を重視した価格目線で物件を取得しようとすると考えられるため，鑑定評価額の決定の際にも収益価格を重視して鑑定評価額を決定することになる。

図表2-6-3　不動産の類型と適用手法との関係

不動産の類型（一例）		積算価格	比準価格	収益価格	開発法による価格
宅地	更地：戸建住宅用地	×	○	×	×
	更地：面積が大きい住宅地（例　マンション用地，戸建分譲用地等）	×	○	×	○
建物及びその敷地	自用の建物及びその敷地（例　自社ビル，自社工場，戸建住宅等）	○	×	○	×
	貸家及びその敷地（例　賃貸オフィス，賃貸マンション，商業施設等）	○	×	◎	×

※　◎（重視）＞○（比較考量）＞×（参考のみ，適用しない）

なお，鑑定評価額の決定にあたって，不動産の類型と適用手法との関係は前頁の図表2-6-3のとおりとなる。

2 不動産鑑定評価と会計

前節で不動産鑑定評価の概要について説明したが，本節では財務諸表のための鑑定評価等を利用する場面とその際の留意点について説明する。

(1) 財務諸表のための鑑定評価等を依頼する場合の具体例

財務諸表のための鑑定評価等を取得する場合があり，具体例を記載すると次のとおりとなる。

① 固定資産の減損

固定資産に多額の含み損が生じている場合等においては，減損会計基準に基づき減損処理を検討・実施することとなるが，その際に対象不動産の正味売却価額（時価）の把握のため，鑑定評価等を利用する場合がある。

② 棚卸資産の評価

棚卸資産のうち販売用不動産等について低価法適用の検討に際して，対象不動産の正味売却価額（時価）の把握のため，鑑定評価等を利用する場合がある。

③ 賃貸等不動産の時価等の注記

賃貸等不動産会計基準に基づき財務諸表に賃貸等不動産の時価等の注記を行う場合に，個々の賃貸等不動産の時価の把握のため，鑑定評価等を利用する場合がある。

④ 企業結合等

会社の買収等の企業結合において被買収会社の資産を時価評価する必要があり，被買収会社が不動産を保有している場合には当該不動産の時価を把握す

るため，鑑定評価等を利用する場合がある。

　なお，上記以外にも，たとえば，売買の参考等，自社利用の目的で不動産鑑定評価書等（以下，不動産鑑定評価書，調査報告書等の成果報告書を総称し「不動産鑑定評価書等」という。詳細は本節(3)③で詳述）を取得することも想定されるが，本節では財務諸表のための不動産鑑定評価等について説明していく。

(2) 原則的時価算定とみなし時価算定

　国土交通省より公表されている「財務諸表のための価格調査の実施に関する基本的考え方（以下「価格調査の基本的考え方」という。）」において，不動産鑑定業者が行う財務諸表のための価格調査は，「原則的時価算定」と「みなし時価算定」のいずれかに分類されるものとされている。

　前記(1)の具体例に従って，各利用目的において，いずれの算定方法を採用する必要があるかを以下に記載する。なお，利用目的によっては原則的時価算定としなければならない場合があるため，不動産鑑定業者に適切に依頼できるように経理担当者も内容を十分に理解しておく必要がある。

① 取得年度における時価算定の方法

　対象不動産を取得した年度において時価を把握する場合など，当該不動産に関する時価算定が未実施の年度における時価算定方法としては，以下2つの方法がある。

ⅰ）原則的時価算定

　価格調査の基本的考え方において「原則的時価算定」とは，企業会計基準等において必要とされている不動産の価格を求めるため，不動産鑑定評価基準に則った鑑定評価を指すとされている。

　このため，原則的時価算定の場合には，不動産鑑定業者より不動産鑑定評価書を取得することが必要となる。

　ただし，不動産鑑定評価基準に則ることができない場合その他不動産鑑定評価基準に則らないことに合理的な理由がある場合には，例外的に不動産鑑定評価基準に則らない価格調査も原則的時価算定として含まれることがあり，価格

調査の基本的考え方に基づき，その場合を例示すると以下のとおりとなる。

- 造成工事中又は建築工事中の状態を所与として対象不動産に建物以外の建設仮勘定（未竣工建物及び構築物に係る既施工部分）を含む価格調査を行う場合
- 造成工事又は建築工事の完了後の状態を前提として行う価格調査で，不動産鑑定評価基準に定める未竣工建物等鑑定評価を行うための要件を満たさないものを行う場合
- 自ら実地調査を行い又は過去に行ったことがあり，直近に行った不動産鑑定表基準に則った鑑定評価の価格時点又はそれ以外の原則的時価算定を行った価格調査の時点と比較して，当該不動産の個別的要因並びに当該不動産の用途や所在地に鑑みて公示価格その他地価に関する指標や取引価格，賃料，利回り等の一般的要因及び地域要因に重要な変化がないと認められる不動産の再評価を行う場合

ⅱ）みなし時価算定

「みなし時価算定」とは，原則的時価算定とは異なり不動産鑑定評価基準に則らない価格調査であり，鑑定評価手法の選択的な適用や，適切に市場価格を反映していると考えられる指標等に基づき，不動産の時価算定を行う方法である。

適切に市場価格を反映していると考えられる指標等とは，たとえば土地については公示価格，都道府県基準地標準価格，路線価による相続税評価額，固定資産税評価額等が挙げられ，これらの指標等を適切に選択して，みなし時価算定を行うことになる。

なお，みなし時価算定は原則的時価算定と比較して簡便な算定方法であり，実地調査による対象不動産の確認の省略等の条件設定も認められている（後記(4)参照）。

② 翌期以降における時価算定の方法

翌期以降については，上記①以外の時価算定方法として，時点修正の方法を採用することが認められている（価格調査の基本的考え方の「原則的時価算定の定義における脚注1（以下「脚注」という。）」）。具体的には，不動産鑑定

業者が過去に行った原則的時価算定がある場合には，同じ不動産鑑定業者が当該価格に適切な調整（時点修正）を行って新たな時点の時価を算定することも，また原則的時価算定として認められるものとされている。特徴として，前記①ⅰ）のとおり，原則的時価算定は不動産鑑定評価基準に則る必要があるが，時点修正では必ずしも同基準に則る必要はないものとされており，現地調査の省略や鑑定評価手法の選択適用などが認められている。

時点修正の算定方法としては，たとえば，更地については土地の指標（公示価格，相続税路線価，固定資産税評価額等）の変動率により価格を算定する方法や，収益物件について収益還元法のみを適用して価格を算定する方法などが挙げられる。

脚注に基づく時点修正の期間は原則として12ヵ月未満と考えられている。これは，財務諸表のための価格調査は年度末を価格時点とすることが多いため，業務の集中を避けるべく事前に原則的時価算定を行い，その後に年度末を価格時点とする時点修正で対応することが考えられるからである。ただし，価格調査実務指針によれば，脚注に基づく時点修正の要件として大要，以下の要件を満たすことが求められることに留意する必要がある。

- 過去の評価時点における価格や対象不動産の市場価格を反映していると考えられる指標等に重要な変化が生じていないこと
- 原則として過去の評価時点における評価と新しい時点の評価が，同一の不動産鑑定士により適切に行われたものであること
- 過去の評価時点から長期間経過していないこと

なお，賃貸等不動産適用指針12において時点修正の考え方が示されている賃貸等不動産においては，時点修正の期間は36ヵ月未満が目安とされており，取得年度に不動産鑑定評価書を取得した以降2年目と3年目は時点修正のための報告書（たとえば，時点修正率に関する意見書等）を取得することで時価算定を行うことも実務的に見受けられる。

③ 利用目的に応じた時価算定方法

不動産鑑定業者に鑑定評価を依頼する場合において，「原則的時価算定」と「みなし時価算定」のいずれが適用されるかを，前記(1)で例示した目的別に記載

する。

　なお，利用目的によっては対象不動産の重要性に応じて時価算定方法が異なることがあるが，当該重要性の判断は不動産鑑定業者ではなく，依頼者である企業自らが行う必要があることに特に留意する必要がある。

　以下，図表2-6-4に基づき，個別の目的別に留意点等を説明する。

ⅰ）固定資産の減損

　減損の検討プロセスには，減損の兆候把握，減損損失の認識および減損損失の測定があるが，このうち不動産鑑定業者による価格調査において原則的時価算定が必要となるのは，減損損失の測定の場面（現在の正味売却価額を把握する場合）における重要性がある不動産の時価を算定する場合に限られ，それ以外は原則的時価算定またはみなし時価算定を行うこととされている。ただし，減損損失の測定（使用価値を求める際の将来の正味売却価額を把握）の場合でも，使用価値の把握および正味売却価額の把握の双方に使用可能という点や重要性の観点などから，原則的時価算定である不動産鑑定評価書を取得することも実務的に見受けられる。

　なお，減損損失の測定における回収可能価額としての正味売却価額は「正味売却価額＝時価－処分費用見込額」であるが，不動産鑑定業者が算定する価格は，処分費用見込額を控除する前の時価となっている。このため，依頼者である企業自身が，不動産鑑定業者の価格調査による時価から処分費用見込額を控除して正味売却価額を算定する必要がある。

ⅱ）棚卸資産の評価

　販売用不動産等の「販売見込額」または「完成後販売見込額」の把握のため，不動産鑑定業者による価格調査を利用する場面が想定される。この場合における「販売見込額」または「完成後販売見込額」は，原則的時価算定で算定された価格を原則としている。

　ただし，次の2つの場合に限ってみなし時価算定を行うことも認められている。
- 重要性の乏しい不動産の時価を算定する場合
- 大規模分譲地内に所在する複数の画地や，一棟の区分所有建物に所在する複数の専有部分について，代表的と認められる一つの不動産を「原則的時価算定」で行う場合において，その代表的な不動産以外の不動産の

図表2-6-4　財務諸表の利用目的に応じた時価算定方法の整理

利　用　目　的		重要性が ある不動産	重要性が乏 しい不動産
ⅰ) 固定資産の減損			
	減損の兆候把握	B	B
	減損損失の認識の判定	B	B
	減損損失の測定（使用価値を求める際の将来の正味売却価額）	B	B
	減損損失の測定（現在の正味売却価額）	A	B
ⅱ) 棚卸資産の評価			
	正味売却価額	A	B
	大規模分譲地内複数画地		
	ア）代表画地（1つ）	A	B
	イ）代表画地以外	B	B
	一棟区分所有建物内複数専有部分（価格形成要因の大半が共通）		
	ア）代表専有部分（1つ）	A	B
	イ）代表専有部分以外	B	B
ⅲ) 賃貸等不動産の時価等の注記			
	ア）総額の重要性が乏しいか否かの判断材料	B	B
	イ）個々の賃貸等不動産についての価格調査	A	B
ⅳ) 企業結合等		上記ⅰ)〜ⅲ)の資産の分類に応じて峻別	

（出所）価格調査実務指針
A：原則的時価算定が必須
B：原則的時価算定が必須またはみなし時価算定のいずれかを適用

時価を算定する場合（ただし，複数の画地や専有部分において価格形成に影響を与える要因の大半が同じであることが要件）

ⅲ）賃貸等不動産の時価等の注記

賃貸等不動産の時価算定において不動産鑑定業者による価格調査を利用する場面としては，主に財務諸表への注記のため時価を算定する場合が想定される。この場合，重要性によって時価算定方法が異なり，対象不動産に重要性がある場合には原則的時価算定を行い，重要性が乏しい場合には原則的時価算定またはみなし時価算定を行うこととされている。

また，上記以外に賃貸等不動産に関する注記の要否（賃貸等不動産の総額についての重要性）の判断のために時価算定を行う場合もあるが，この場合は原則的時価算定またはみなし時価算定を行うこととされている。

なお，リート等の業種において，対象となる賃貸等不動産が証券化対象不動産である場合，原則として原則的時価算定を行う必要がある。

(3) 不動産鑑定評価書と不動産鑑定基準に則らない調査報告書等

不動産鑑定業者に評価を依頼した際，成果報告書の名称が不動産鑑定評価書ではなく，たとえば調査報告書といった名称となる場合がある。本項では，不動産の鑑定評価に関する法律と価格等調査ガイドラインにおける不動産鑑定業者が行う業務について整理するとともに，各業務における成果報告書の名称やその相違について説明する。

① 鑑定評価等業務

不動産の鑑定評価に関する法律では，不動産鑑定士が行う業務について，以下の2つが規定されている（以下両者を合わせて「鑑定評価等業務」という。）

- 鑑定評価業務（同法3①にて規定される業務）
  不動産の経済価値を判定し，その結果を価額に表示する業務をいう。
  当該業務は不動産鑑定士のみに認められる，いわゆる独占業務である。
- 隣接・周辺業務（同法3②にて規定される業務）
  不動産鑑定士の名称を用いて，不動産の価格に関する調査や分析，取引や投資の相談に応じる業務をいう。本業務は不動産鑑定士の独占業務には該

当しない。具体的には，販売用不動産に関するマーケット調査などが挙げられる。

② 価格等調査ガイドラインにおける価格等調査の業務と鑑定評価等業務との関連

価格等調査ガイドラインにおける「価格等調査」とは，不動産の価格等（価格または賃料）を文書等（文書または電磁的記録）に表示する調査をいい，鑑定評価業務だけでなく，隣接・周辺業務として価格等調査を行う場合も含まれる。なお，財務諸表のための価格調査には賃料評価は含まれないため，以後，価格等調査ガイドラインにおける名称を除き，本項では単に「価格調査」とする。

不動産鑑定評価基準は鑑定評価を行う際の統一的基準であるため，不動産の価格調査においても不動産鑑定評価基準に則った鑑定評価が原則とされているが，依頼者のニーズに柔軟に対応するため，不動産鑑定評価基準に則らない価格調査を行うことができる場合も例外的に認められている。ただし，成果報告書の利用者を保護する観点から，次頁の図表2-6-5に該当する場合に限定されている。

③ 成果報告書の名称の使い分け

前記のとおり，価格調査には不動産鑑定評価基準に則る場合と則らない場合とが含まれるが，成果報告書の名称はこれに応じて厳密に使い分けることとされている。これは，不動産鑑定基準に則らない価格調査の成果報告書について，依頼者が不動産鑑定基準に則った鑑定評価と誤認することを避けるため，明示的に名称を使い分けることを不動産鑑定業者に求めるものである。

具体的には，不動産鑑定評価基準に則った鑑定評価の場合は，成果報告書の名称が「(不動産)鑑定評価書」となる。一方，不動産鑑定評価基準に則らない価格調査の成果報告書の名称には，「鑑定」や「評価」という用語を用いた「(不動産)鑑定評価書」に類似した名称（「鑑定調査書」，「価格評価書」，「簡易鑑定書」等）を用いることはできず，「調査報告書」，「価格調査書」，「意見書」等（以下「調査報告書等」という。）となる。

図表2-6-5　不動産鑑定評価基準に則らない価格調査を行うことができる場合

例外的に不動産鑑定評価基準に則らない価格調査を行うことができる場合	例示, 留意点等
●調査価格等が依頼者の内部における使用にとどまる場合	不動産売買の参考として価格調査を利用する場合等が挙げられる。 依頼者の内部における使用とは, 厳密には社外への開示・提出が行われない場合をいうが, 監査法人に対して調査価格等を示す場合で, かつ, 当該調査価格等が監査法人の内部でのみ利用される場合には, 依頼者の内部における使用に準じて, 不動産鑑定評価基準に則らない価格調査が認められる場合がある。
●公表・開示・提出される場合でも利用者の判断に大きな影響を与えないと判断される場合	会計上の重要性が乏しい等, 利用者の判断に大きな影響を及ぼさない場合に限られ, 価格等調査ガイドライン上ではたとえば, 以下に該当する場合には不動産鑑定評価基準に則らない価格調査は認められない点に留意する。 ・担保評価（一定額以上の場合） ・関連会社間の取引に係る土地・設備等の売買の適正価格の証明としての評価 ・訴訟に使用するための評価 ・会社更生法における更生会社の財産評価, 民事再生法における再生債務者の財産評価
●調査価格等が公表されない場合ですべての開示・提出先の承諾が得られた場合	開示・提出先の承諾が得られていたとしても, 不動産鑑定評価基準に則らないことによるリスク（主に調査価格に与える影響の程度）が開示・提出先の判断に与える影響を考慮する必要がある。
●不動産鑑定評価基準に則ることができない場合	不動産鑑定評価基準に則らないことが, 国土交通省の定める基準等に抵触しないこと, 社会通念上も妥当性を有すると認められること等が要件となる。具体例としては, 未竣工建物の鑑定評価や調査範囲等条件を設定した鑑定評価（以下(4)で詳述）等が挙げられる。
●その他依頼目的等を勘案して不動産鑑定評価基準に則らないことに合理的な理由がある場合	価格調査の基本的考え方に従った価格調査（たとえば, 脚注に基づく時点修正）などが挙げられる。

(出所) 価格等調査ガイドラインに基づき筆者作成

また，説明性の観点から，調査報告書等には不動産鑑定評価基準に則った鑑定評価との主な相違点や当該相違点の合理的理由等が記載される。そのため，依頼者が調査報告書等を利用する際は，調査報告書等における調査価格を単に把握するのみならず，不動産鑑定評価書との相違について把握した上で当該相違が評価上どのような影響を与えているかについて，十分な理解をしておく必要がある。

④ 鑑定評価等業務および価格調査業務と財務諸表のための時価算定方法との関係性の整理

これまで，鑑定評価等業務と価格調査業務の相違，価格調査業務における成果報告書のタイトルの相違について説明してきたが，これらに加えて時価算定

図表2-6-6　時価算定方法と各業務との関係性

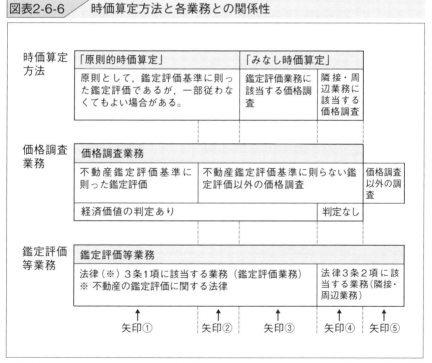

(出所) 価格調査実務指針記載の図表に基づき筆者作成

方法との関係性について図として整理すると図表2-6-6のとおりとなる。

前記のとおり，原則的時価算定とみなし時価算定はいずれも価格調査業務であるが，みなし時価算定には鑑定評価業務と隣接・周辺業務とを含む点に留意する必要がある。

さらに，図表2-6-6における矢印①から矢印⑤について整理すると図表

| 図表2-6-7 | 価格調査の内容と報告書名称との整理 |

	項目	報告書名称	概要
矢印①	原則的時価算定，かつ，不動産鑑定評価基準に則った鑑定評価	鑑定（※1）	不動産の鑑定評価に関する法律 3条1項で規定される鑑定評価業務
矢印②	原則的時価算定の例外事項，不動産鑑定評価基準に則らない価格調査	調査（※2）	価格調査の考え方において，例外事項として列挙されている価格調査
矢印③	みなし時価算定のうち，経済価値の判定を行う不動産鑑定評価基準に則らない価格調査	調査	左記のとおり
矢印④	みなし時価算定のうち，経済価値の判定を行わない不動産鑑定評価基準に則らない価格調査	調査	不動産の鑑定評価に関する法律3条2項で規定される隣接・周辺業務
矢印⑤	価格調査以外の調査	—	価格を示さないマーケット調査等，価格調査業務に該当しない隣接・周辺業務

（※1）鑑定：「(不動産) 鑑定評価書」
（※2）調査：「(不動産) 鑑定評価書」以外の名称（たとえば「調査報告書」，「価格調査書」，「意見書」等）

2-6-7のとおりとなる。

(4) 鑑定評価等における条件設定

不動産鑑定業者が不動産の鑑定評価等を行う際には，対象不動産の現実の状況（用途，権利関係等）を所与として評価を行うことが一般的であるが，多様な社会的ニーズに応えるため，条件設定を行うことも認められている。ただし，現実の条件とは異なる状況を前提に鑑定評価等を行うことで，不動産鑑定評価書等の利用者の利益を害するおそれがあることから，不動産鑑定業者は条件設定の妥当性について十分な検討を行うことを求められており，また，条件設定をする場合，依頼者との間で当該条件設定に係る合意が必要とされている。

不動産鑑定評価基準および価格等調査ガイドラインでは，設定する条件について「対象確定条件」「想定上の条件」「調査範囲等条件」の3つに分類しており，本項ではそれぞれの条件設定における留意事項等について説明する。

① 条件設定により，利用者の利益に重大な影響を及ぼさない場合
ⅰ）対象確定条件

不動産鑑定評価基準では，対象不動産の確定にあたって必要となる鑑定評価の条件を対象確定条件という。これは，対象不動産の所在や範囲等の物的事項，及び所有権や賃借権等の権利の態様に関する事項を確定するために必要な条件である。そして，現実の状況を所与とする以外に，たとえば対象不動産が土地建物から構成されている場合において，その土地のみを建物が建築されていない更地として評価を行うことや建築工事が未了の建物について，当該工事の完了を前提として評価を行うこと等の条件設定が行われる。

対象確定条件の設定にあたっては，不動産鑑定評価書等の利用者の利益を害するおそれがないかという観点から，条件設定の妥当性を検討する必要がある。なお，不動産鑑定評価書等の利用者の利益を害するおそれがある場合とは，現実の利用状況と異なる対象確定条件を設定した場合に，現実の利用状況との相違が対象不動産の価格に与える影響の程度等について，不動産鑑定評価書等の利用者が自ら判断することが困難である（判断を誤らせる可能性がある）と判断される場合をいう。

ⅱ) 想定上の条件

　不動産の価格形成に影響を与える要因について，想定上の条件を設定する場合がある。具体的には，対象不動産が属する地域の用途地域が工業地域から準工業地域に変更されたものとして評価を行う場合や，土壌汚染が判明している土地について土壌汚染が除去されたものとして評価を行う場合などが挙げられる。

　想定上の条件を設定する場合は，対象不動産の現実の状況と異なる状況を前提とするため，不動産鑑定評価書等の利用者の利益を害するおそれがある。そのため，依頼者自身が，想定上の条件設定による価格への影響の程度を利用目的等に応じて判断できることが求められることから，想定上の条件設定に際しては，当該条件の実現性や合法性の観点からも妥当と判断できる必要がある。特に行政的な規制等，対象不動産が属する地域全体の価格形成に影響を与える要因について想定上の条件を設定する場合には，その実現について権限を持つ公的機関等への聴聞等により，条件設定の妥当性を確認できていることが一般に必要とされている。

ⅲ) 調査範囲等条件

　対象不動産の価格に影響を与える要因には土壌汚染など，通常の不動産鑑定士では調査に限界があり，対象不動産の価格への影響の程度を判断できないものも含まれる。こうした場合，依頼者との合意に基づき，他の専門家による調査結果を踏まえて調査範囲を限定する，もしくは価格に影響を与える要因から除外して評価が行われることがある。この場合に設定される条件を調査範囲等条件という。

　調査範囲等条件を設定できる価格形成要因について，不動産鑑定評価基準に基づき例示すると以下のとおりとなる。

- 土壌汚染の有無及びその状態
- 建物に関する有害な物質（PCB，アスベスト等）の使用の有無及びその状態
- 埋蔵文化財及び地下埋設物の有無並びにその状態
- 隣接不動産との境界が不分明な部分が存する場合における対象不動産の範囲

ただし，調査範囲等条件の設定も，利用者の利益を害するおそれがないと判断される場合に限定されており，その場合を不動産鑑定評価基準に基づき例示すると以下のとおりとなる。

- 他の調査レポート等に基づき，不動産鑑定評価書等の利用者が不動産の価格形成に係る影響の判断を自ら行う場合
- 不動産の売買契約等において，調査範囲等条件を設定する要因に係る契約当事者間での取扱いが約定される場合
- 調査範囲等条件を設定する要因について担保権者が取扱いの指針等を有し，その判断に資するための調査が実施される場合
- 調査範囲等条件を設定する要因により見込まれる損失等が保険等で担保される場合
- 財務諸表のための鑑定評価において，調査範囲等条件を設定する要因が存する場合における引当金が計上される場合，財務諸表に当該要因の存否や財務会計上の取扱いに係る注記がなされる場合，その他財務会計上当該要因に係る影響の程度について別途考慮される場合

なお，不動産鑑定評価基準に則らない価格調査においては，前記以外に，実地調査を省略し，依頼者提示の資料に基づいて価格調査を行う（いわゆる「机上調査」）といった条件設定も認められる。

② 条件設定により，利用者の利益に重大な影響を及ぼす場合

上記と異なり，証券化対象不動産や会社法上の現物出資の目的となる不動産の鑑定評価等，利用者の利益に重大な影響を及ぼす可能性がある場合，現実の状況と異なる対象確定条件，想定上の条件および調査範囲等条件の設定は原則として認められていない。

また，財務諸表のための価格調査においても，重要性がある資産について減損処理が行われる場合などは利用者の利益に重大な影響を及ぼす場合に該当するため，条件設定が認められない可能性もあり留意する必要がある。

条件設定の種類や要件等について整理すると，図表2-6-8のとおりとなる。

図表2-6-8　条件設定の種類や要件等の整理

条件の種類	条件設定の要件	条件設定の具体例
条件設定により，利用者の利益に重大な影響を及ぼさない場合		
対象確定条件	・不動産鑑定評価書等の利用者の利益を害するおそれがないこと（現況と異なる条件設定を行う場合	土地建物から構成される不動産について，建物が存しない独立のもの（更地）として評価を行うこと
想定上の条件	・不動産鑑定評価書等の利用者の利益を害するおそれがないこと ・実現性 ・合法性	対象不動産が属する地域の用途地域が変更されたものとして評価を行うこと
調査範囲等条件	・不動産鑑定評価書等の利用者の利益を害するおそれがないこと ・不動産鑑定士に通常期待される調査の範囲では，価格への影響の程度を判断するための事実の確認な困難であること	PCB等の有害物質が存することによる価格への影響については，依頼者等による調査した結果に基づき価格への影響判断を自ら行うため，考慮外として評価を行うこと
条件設定により，利用者の利益に重大な影響を及ぼす場合		
	※原則として，対象不動産の現実の状況と異なる条件設定は不可	

(出所) 不動産鑑定評価基準に基づき筆者作成

3　鑑定評価等を利用する際の留意点

(1) 鑑定評価等を利用する際の留意事項

　財務諸表のための鑑定評価等における不動産鑑定業者への依頼の流れは図表2-6-9のとおりとなる。本項ではこの流れに沿って，依頼者が留意するべき事項を説明する。

第6章 不動産鑑定評価　239

図表2-6-9　不動産鑑定業者への依頼の流れ

依頼の流れ	依頼者	不動産鑑定業者
1. 依頼内容の整理		
2. 依頼の相談	鑑定業者へ連絡	
3. 不動産鑑定業者選定		
4. 契約の締結（業務開始）	依頼書提出 →　　　　　　→ 依頼書受領 承諾書, 確認書受領 ←　　　承諾書, 確認書の提出 鑑定必要資料の送付 ←　　　鑑定必要資料の依頼	実地調査
5. 不明事項等に係る協議やドラフト等の確認	実地調査, 提供資料等を踏まえて, 必要に応じて当初合意した業務内容に変更がないかを確認 変更した確認書を受領 ドラフト受領 ←	業務内容に変更がある場合には, 変更した確認書を再提出 → ドラフト送付
6. 業務完了	成果報告書の受領 ←	→ 成果報告書の説明・交付

(出所) 価格調査実務指針

① 依頼内容の整理

不動産鑑定業者への依頼に際し，依頼者として依頼内容を整理しておく必要がある。その際の留意点を記載すると以下のとおりとなる。

ⅰ）重要性の判断

財務諸表のための鑑定評価等を依頼する場合，重要性の有無等によって時価算定方法が異なるため，重要性の判断が重要となる。なお，重要性の判断は依頼者自身が行う必要がある。

ⅱ）契約内容

不動産鑑定業者との契約にあたっては，成果報告書の種類やスケジュール，報酬等の確定とあわせて，依頼する業務の目的と範囲等を確定する必要がある。これは，価格等調査ガイドラインにおいて不動産鑑定業者に要請されている事項であり，その趣旨は，依頼目的や成果報告書を利用する対象者の範囲等を明確にすることで，依頼者と不動産鑑定業者の双方がこれから行われる鑑定評価等の内容等について合意することにある。価格等調査ガイドラインに基づき，契約の締結までに確認が必要とされる主な内容を例示すると以下のとおりとなる。

- 価格調査の依頼目的
- 依頼者及び成果報告書が依頼者以外の者に提出・開示される場合には当該提出・開示先
- 調査価格の公表の有無等
- 価格調査の基本的事項
- 価格調査の手順
- 不動産鑑定評価基準に則った鑑定評価と則らない価格調査とは結果が異なる可能性がある旨（不動産鑑定評価基準に則らない価格調査の場合）
- 利害関係の有無
- 提携業者等の有無

なお，財務諸表のための鑑定評価等の場合，成果報告書の開示先として会計監査人が含まれることが一般的である。

② 依頼の相談
ⅰ）スケジュールの確認

　鑑定評価等では原則として役所調査や現地調査が必要となり，また，鑑定評価等に必要となる資料（以下「鑑定必要資料」という。）の提出に要する期間に加え，資料等の確認，質疑応答等に要する期間も必要となる。このため，成果報告書のドラフト作成まで3週間程度，さらに，成果報告書の最終版を作成して交付するまでに2週間程度の期間（納品までトータルで約1ヵ月強）が必要となる。なお，このスケジュールはあくまで目安であり，評価の依頼内容や鑑定業者の繁忙状況によっては，より長期間必要な場合もある。

　財務諸表のための鑑定評価等は，会計上の判断等のための期限が予め決まっている場合が多いことから，鑑定評価等の依頼に際して余裕をもったスケジュールを設定する必要がある。さらに，多くの企業は3月決算であり，不動産鑑定業者は12月から4月にかけては特に繁忙であるため，この期間に不動産鑑定評価書等を取得する場合には依頼の相談等を前倒しで行うことが望ましい。

ⅱ）報酬の見積り

　報酬については，不動産鑑定業者や依頼内容によって異なることから，不動産鑑定業者の選定に際して報酬の見積りを依頼することが有用となる。特に財務諸表のための鑑定評価等の場合，依頼目的等に応じた成果報告書の種類や評価内容等によって報酬金額が異なることが一般的であるため，事前に依頼内容を整理しておくことが望ましい。

　また，ゴルフ場のように登記上の土地の筆数が多い場合や地方所在の物件への実査の場合など，鑑定評価等に要する報酬以外に実費を請求されることがあるため，登記簿謄本等の取得費，旅費交通費，宿泊費等の実費の発生の有無等も事前に確認しておく必要がある。

③ 不動産鑑定業者選定
ⅰ）不動産鑑定業者選定のポイント

　不動産鑑定業者には知事登録と大臣登録とがあり，事務所を設けている都道府県が1つなのか複数なのかの違いがあるが，前者の不動産鑑定業者が全体の9割以上を占めている。

この点，知事登録の不動産鑑定業者について，大臣登録の不動産鑑定業者との明らかな専門性等の違いは認められないものの，所属する不動産鑑定士が1〜2名のみである場合が多く不動産鑑定士個々の能力に依存しやすい側面がある点は，不動産鑑定業者の選定に際して留意する必要がある。

なお，不動産は個別性が強く，地域や類型によって考慮すべき要因等が異なるため，対象不動産の評価に即した情報量に精通した不動産鑑定業者を選定することが望ましい。たとえば，首都圏に拠点を構える依頼者が，地方に所在する不動産の評価を依頼する等の場合は，必ずしも対象不動産の存する地域に精通した不動産鑑定業者が首都圏にいるとは限らないため，必要に応じて当該地域の不動産取引等の情報に精通した地元の不動産鑑定業者に依頼することも有用となる。

ⅱ）内部管理態勢

財務諸表のための鑑定評価等については，不動産鑑定業者の実務実施態勢に関する業務指針により，原則2名以上の不動産鑑定士の関与が必須とされている。

このため，以下の観点から，財務諸表のための鑑定評価等を行う内部管理態勢の構築の有無について留意する必要がある。

- 受付担当者以外の不動産鑑定士による受託審査が行われる態勢であるか。
- 成果報告書について，署名・押印を行う不動産鑑定士以外の不動産鑑定士による報告書審査が行われる態勢であるか。

④ 契約の締結（業務開始）

ⅰ）確認書

契約締結の段階で，鑑定業者から受領する資料に「業務の目的と範囲等の確定に係る確認書（以下「確認書」という。）」がある。この確認書とは，業務の目的等に関する依頼者との合意を証するものとして，価格等調査ガイドラインにおいて不動産鑑定業者が提出を義務付けられている資料である。

依頼者としても，確認書に記載された業務内容等について，依頼内容等と相違ないか確認することが望ましい。なお，契約締結の段階では必ずしもすべて

の契約内容等を確定することができるとは限らないため，現地調査等により対象不動産の範囲等に仮に変更が生じた場合には，変更した確認書が再提出される。

ⅱ）鑑定必要資料のやり取り

対象不動産の物的確認や権利の態様の確認に必要な資料，鑑定評価手法の適用にあたって必要な資料等，依頼者と鑑定業者との間でさまざまな鑑定必要資料のやり取りが行われる。特に依頼者からの資料の提出が遅延した場合，業務完了自体も遅延することから留意する必要がある。

鑑定必要資料として提出が求められる可能性がある主な資料を例示すると次頁の図表2-6-10のとおりとなる。

⑤ 不明事項等に係る協議やドラフト等の確認

ⅰ）不明事項等に係る協議

実地調査や提供資料などにより土壌汚染やアスベスト等が判明した場合や，未登記建物が存在することが判明した場合などは，条件設定の必要性や評価数量の変更，未登記建物の評価上の取扱いなどについて協議する必要がある。協議の結果，当初の契約内容に変更が生じた場合には，変更した確認書が再提出される。

ⅱ）成果報告書ドラフト等の確認

対象不動産の所在，数量，鑑定評価の条件，価格時点，鑑定評価上の不明事項に係る取扱いおよび調査の範囲等について，成果報告書のドラフト段階で契約内容と相違ないかを確認することが望ましい。また，評価の内容や前提条件等について不明点等があれば，不動産鑑定業者に積極的に説明を求めるべきである。

⑥ 業務完了

受領した成果報告書がドラフト段階の内容と相違ないかどうか，依頼者自身が確認することが望ましい。また，不動産鑑定業者における製本作業等の関係で，ドラフト提出から成果報告書の発行までに一定期間を要することから，早期に受領したい場合や，大量の物件数の評価を１つの不動産鑑定業者に依頼し

図表2-6-10　主な鑑定必要資料

	資料名称	備考
	1. 評価対象不動産の確定に必要となる資料	
【土地関係】		
1	登記簿謄本	
2	公図	
3	実測図写し	
4	土地賃貸借契約書写し	
5	地役権，区分地上権，その他の権利の設定契約書写し	
6	開発許可の写し	
7	境界確定に関する資料	境界確認書等
【建物関係】		
8	登記簿謄本	
9	建物パンフレット	
10	建物竣工図	
11	建物の附属設備概要が分かる資料	
12	建築確認通知書，検査済証写し	
13	建物工事請負契約書の写し	項目別（本体工事・電気・衛生・空調等）の工事費総額が記載された契約書
14	建物の修繕履歴	可能な限り，取得後全期間の修繕履歴
15	長期修繕計画	計画が策定されている場合
16	区分所有建物に係る管理規約	区分所有建物の場合
17	区分所有建物に係る管理組合の決算報告書	区分所有建物の場合
18	テナント持ち込み資産を把握可能な資料	商業施設，ホテル等の場合

	2. 評価対象不動産の収支等に関する資料	
19	過年度の収支明細（PMレポート等）	過去3年間程度
20	過年度の稼働率の推移を把握可能な資料	過去3年間程度
21	PM契約書写し	契約書に付随する覚書等がある場合は，当該覚書等を含む
22	建物維持管理契約の内容（清掃，メンテナンス，警備，その他）を把握可能な資料	建物管理委託契約書（BM契約書）等
23	土地の固定資産税が分かる資料（評価額課税標準額，税額が全て記載されているもの）	固定資産税課税明細書，固定資産課税台帳等
24	建物の固定資産税が分かる資料（評価額課税標準額，税額が全て記載されているもの）	同上
25	建物所有者が負担している建物の損害（火災）保険，施設損害賠償責任保険証券，その他の保険証券の写し	
26	テナントの売上高などの営業収支に関する資料	過去3年間程度
	3. その他の資料（外部専門家作成の調査報告書等）	
27	エンジニアリング・レポート（建物状況調査報告書）	
28	土壌汚染リスク評価報告書	
29	建物環境リスク評価報告書	アスベスト，PCB等にかかる調査報告書
30	地震リスク評価報告書	
31	マーケットレポート	大規模商業施設，ホテル，老人ホーム等の事業用不動産は，あると望ましい
32	耐震性調査報告書	旧耐震基準に基づく建物では，提出が必須の場合あり
33	地下埋設物調査報告書	
34	物件取得時の売買契約書等	不動産売買契約書，重要事項説明書等
35	開発計画（建築概要・スケジュール・収支計画等）を把握可能な資料	開発予定の大規模画地等の場合

ている場合などは，受領までのスケジュールに留意する必要がある。

(2) その他の留意事項（依頼者プレッシャー）

2012年7月から「鑑定評価監視委員会規程に基づく依頼者プレッシャー通報制度（以下「依頼者プレッシャー通報制度」という。）」が開始され，不動産鑑定業者または不動産鑑定士は，依頼者から不当な働きかけを受けた場合には，迅速に資料を添えて（公社）日本不動産鑑定士協会連合会に通報・調査請求をすることが義務付けられている。

ここで依頼者プレッシャー通報制度における依頼者プレッシャーとは，「依頼者が行う，一定の鑑定評価額等の強要・誘導や妥当性を欠く評価条件の設定の強要等」をいい，単なる希望価格の伝達や目線合わせ等というような鑑定評価の結果に影響を及ぼさない範囲での協議等は，依頼者プレッシャーに該当しないとされている。たとえば，減損の測定の利用目的で鑑定評価の依頼を行うにあたって，依頼者が鑑定業者の意思に反して簿価以上で価格を出すように強制することは当然に依頼者プレッシャーに該当するが，簿価以上の評価額を希望すると伝達することのみをもって依頼者プレッシャーには該当しないとされている。

ただし，財務諸表のための鑑定評価等は，企業の損益に直接影響を与える可能性や，財務諸表の利用者に与える社会的影響度等を勘案すると，依頼者プレッシャーと誤解されるような行為は厳に慎むべきである。

注

1 不動産鑑定評価に関する法律3②にて規定される業務。
2 不動産鑑定評価基準に則らない場合でも，業務の流れ自体には大きな相違はないが，不動産鑑定評価基準に基づく記載のため，ここでは不動産の鑑定評価に限定する。
3 不動産鑑定評価基準には賃料の種類についても記載されているが，価格の種類についてのみ記載している。
4 平易な文言で表現すると，対象不動産を購入する候補者であるが，不動産鑑定評価基準に即して，市場参加者と表記することとする。
5 最有効使用は，対象不動産に係る需要者からみた経済的に最も高い価値が発揮

される使用方法ともいえる。
6 不動産鑑定評価基準によれば，減価修正とは，物理的，機能的，経済的な要因から生ずる減価を再調達原価から控除することをいう。減価額を求める方法には，①耐用年数に基づく方法と②観察減価法とがあり，原則としてこれらを併用するものとされている。このため，会計上の減価償却と減価修正による減価額とは異なる。
7 不動産鑑定評価基準において，試算価格とは，鑑定評価の手法の適用により求められた価格をいう。
8 不動産鑑定評価基準において，復帰価格とは，保有期間の満了時点における対象不動産の価格をいい，保有期間満了時の純収益を保有期間満了時の利回り（最終還元利回り）で除算して求められる。

第7章

個別トピック

1　圧縮記帳

(1) 圧縮記帳の意義

　圧縮記帳とは，税法独自の概念であり，法人税法および措法に基づき，特定の場合に固定資産の帳簿価額を減額するとともに，その減額した金額に相当する金額を損金に算入する手続をいう。

(2) 圧縮記帳の趣旨

　税務上，企業が国などから補助金を受けて設備投資をする場合や，災害等による固定資産の損害により保険金を受けた場合には，その収入金額は益金の額に算入されて法人税が課税されるのが原則となる。この点，設備投資や代替資産の購入に支障をきたし補助金交付等の目的が達成されない可能性がある。そこで，これを回避すべく補助金相当額等を取得資産の帳簿価額から減額（圧縮）して損金算入することで，補助金等への課税が生じないようにしたことがその趣旨である。

　ただし，これは課税が免除されるのではなく，圧縮記帳を行った資産について帳簿価額が減額されることでその後の減価償却費および譲渡原価が減少し，課税の繰延べが図られることになる。

(3) 圧縮記帳の種類

圧縮記帳の対象は法人税法および措法に規定がある。主なものは次のとおりとなる。

法人税法上の圧縮記帳
① 国庫補助金等で取得した固定資産等（法人税法42） ② 工事負担金で取得した固定資産等（法人税法45） ③ 保険金等で取得した固定資産等（法人税法47） ④ 交換により取得した資産（法人税法50）
措法上の圧縮記帳
⑤ 収用等に伴い代替資産を取得した場合の課税の特例（措法64） ⑥ 換地処分等に伴い資産を取得した場合の課税の特例（措法65） ⑦ 特定の資産の買換えの場合の課税の特例（措法65の7） ⑧ 特定の資産を交換した場合の課税の特例（措法65の9） ⑨ 平成21年及び平成22年に土地等を先行取得した場合の課税の特例（措法66の2）

(4) 圧縮記帳の経理処理の方法

法人税法等に基づいて圧縮記帳を行うためには，その経理処理の方法として次の2つの方法が認められている。ただし，法人税法上は圧縮記帳の種類によっては②の方法しか選択できないものがある。

① 損金経理により帳簿価額を減額する方法（直接減額方式）。所得価額から圧縮損相当額を損金経理により直接減額し，その残額のみを表示する。
② 剰余金の処分あるいは確定決算において積立金として積立てる方法（積立金方式）

なお，前記(3)のうち，交換により取得した資産（法人税法50）や換地処分等に伴い資産を取得した場合の課税の特例（措法65）については，税務上は直接減額方式のみが認められている。

(5) 圧縮限度額

圧縮記帳のうち，代表的な圧縮限度額は次のとおりとなる。

① 国庫補助金等で取得した固定資産等（法人税法42）

所得または改良に充てた補助金等の額に相当する金額

② 保険金等で取得した固定資産等（法人税法47）

ⅰ）保険金等により代替試算を取得した場合

$$圧縮限度額 = 保険差益金の額 \times \frac{代替資産の取得等に充てた保険金の額のうち分母の金額に達するまでの金額}{保険金等の額 - 滅失等により支出した経費の額}$$

$$保険差益の額 = 保険金等の額 - 滅失等により支出した経費の額 - 滅失等をした固定資産の被害直前の帳簿価額のうち被害部分に相当する金額$$

ⅱ）保険金等の支払に代えて代替資産の交付を受けた場合

$$圧縮限度額 = 交付を受けた時における代替資産の価額 - 滅失等により支出した経費の額 - 滅失等をした固定資産の被害直前の帳簿価額のうち被害部分に相当する金額$$

③ 交換により取得した資産（法人税法50）

ⅰ）交換差金等がない場合

$$圧縮限度額 = 交換取得資産の価額 - (交換譲渡資産の譲渡直前の帳簿価額 + 譲渡経費の額)$$

ⅱ）交換差金等を取得する場合

$$圧縮限度額 = 交換取得資産の価額 - (交換譲渡資産の譲渡直前の帳簿価額 + 譲渡経費の額) \times \frac{交換取得資産の価額}{交換取得資産の価額 + 交換差金等の額}$$

ⅲ）交換差金等を支払う場合

$$圧縮限度額 = 交換取得資産の価額 - (交換譲渡資産の譲渡直前の帳簿価額 + 譲渡経費の額 + 交換差金等の額)$$

④ 収用等に伴い代替資産を取得した場合の課税の特例（措法64）

$$圧縮限度額 = \begin{bmatrix} 代替資産の取得価額 \\ 補償金等 - 譲渡経費 \end{bmatrix} \text{のうち, いずれか少ない金額} \times 差益割合$$

$$差益割合 = \frac{(補償金等 - 譲渡経費) - 譲渡資産の帳簿価額}{補償金等 - 譲渡経費}$$

⑤ 特定の資産の買換えの場合の課税の特例（措法65の7）

$$圧縮限度額 = \begin{bmatrix} 買取資産の取得価額 \\ 譲渡資産の対価の額 \end{bmatrix} \begin{array}{l}\text{のうち,}\\ \text{いずれか}\\ \text{少ない金額}\end{array} \times 差益割合 \times \frac{80}{100}$$

$$差益割合 = \frac{譲渡資産の対価 - (譲渡資産の帳簿価額 + 譲渡費用)}{譲渡資産の対価}$$

(6) 圧縮記帳の会計上の取扱い

圧縮記帳という制度自体，前記のとおり法人税法上の制度であることから，たとえ税務上容認される処理であっても会計上必ずしも妥当な処理と判断されるものではない。

会計上は，監査第一委員会報告第43号「圧縮記帳に関する監査上の取扱い」に基づき判断されることになり，後記のとおりとなる。

① 国庫補助金等で取得した固定資産の場合の圧縮記帳

国庫補助金や工事負担金等により取得した固定資産の場合，その取得価額に関する会計上の考え方は明確ではないが，企業会計原則注解24で「国庫補助金，工事負担金等で取得した資産については，国庫補助金等に相当する金額をその取得原価から控除することができる。」と規定されており，会計上は直接減額方式および積立金方式のいずれも選択することができる。

② 交換等の場合の圧縮記帳

交換により譲渡資産と同一種類，同一用途の固定資産を取得した場合，資産間の連続性または同一性が認められることから，譲渡資産の帳簿価額を取得資

産の取得価額とすることができるものとされ,会計上は直接減額方式による。

③　その他の場合の圧縮記帳

収用等により資産を譲渡して代替資産を取得するような場合,資産を譲渡することにより金銭等を取得することから,当該譲渡取引から生ずる損益は,実現したものとみるのが相当と考えられる。そのため,代替資産を取得した場合の圧縮記帳については,会計上は積立金方式により処理するのが原則となる。

しかしながら,以下のⅰ)〜ⅲ)の場合には,交換取引に準ずるものとして直接減額方式によることが認められている。

ⅰ)収用等によって譲渡資産の譲渡代金で同一種類・同一用途の代替資産を取得した場合

固定資産の譲渡が収用等によって行われるのは,企業の意思に関係のない社会的要請によるものである。そのため,収用等によって譲渡資産の譲渡代金で同一種類,同一用途の代替資産を取得したような場合は,たとえ金銭等が当該取引に介在していても取得資産と譲渡資産との間に連続性または同一性が認められるため,交換に準じて当該譲渡資産の帳簿価額を取得資産の取得価額とすること,すなわち,譲渡益相当額を取得資産の取得価額から控除することが認められている。

ⅱ)譲渡資産と同一種類・同一用途である等取得資産の価額として譲渡資産の帳簿価額を付すことが適当と認められるときに,譲渡益相当額をその取得価額から控除した場合

たとえば,特定資産の買換えにより取得した固定資産についても,固定資産の譲渡が社会的要請によるものであり,かつ譲渡資産と同一種類・同一用途であるなど,譲渡資産との間に同一性や連続性が認められる場合には,上記ⅰ)に類するものとして取扱うことができる場合がある。

ⅲ)保険金等で保険金受領の対象となった滅失資産と同一種類・同一用途の固定資産を取得した場合

法人税法47の保険差益については,国庫補助金や工事負担金等と同類のものと解されており,直接減額方式も認められている。

(7) 積立金方式による場合の会計処理

　積立金方式の場合，従前は利益処分案の株主総会決議によって積立ておよび取崩しが行われてきたが，会社法施行により利益処分案が廃止されたことを受け，2006年度の税制改正により，利益処分に代わる手続として，圧縮記帳制度を利用する事業年度の決算手続において剰余金の処分により積立金を積立てることで積立額を損金算入できることになった。また，会社法上も法令又は定款の規定により剰余金の項目に係る額の増加又は減少すべき場合には，株主総会の決議は不要としており（会計規153），税法上の積立金を決算で処理できるようになった。

　すなわち，税法上の積立金の積立予定額および取崩予定額を当期末の貸借対照表に反映させるとともに，株主資本等変動計算書に税法上の積立金の積立額および取崩額を注記し，株主総会または取締役会で当該計算書類を承認することになる。

(8) 財務諸表上の表示

　① 圧縮損および譲渡益等の表示

　交換取引の場合には，譲渡資産の帳簿価額が直接取得資産の取得価額とされるため，損益に関する表示の問題は生じない一方で，交換取引に準ずる収用等に伴う代替資産の取得や特定資産の買換え等による固定資産の取得の場合には，圧縮損および譲渡益の表示に関する問題が生ずることになる。仮に交換取引に準ずるものとして取扱う場合，圧縮損と譲渡益は損益計算書上相殺表示が望ましいとも考えられる。しかしながら，税務上の取扱いとの調整がなされるまでは，両建表示によっても監査上妥当なものとして取扱うこととされている。なお，国庫補助金や工事負担金等の圧縮損と受入益についても同様の論点がある。

　② 圧縮記帳を行った場合の注記

　直接減額方式により圧縮記帳を行った場合には，圧縮記帳を行った旨および圧縮額を注記することが必要となる。

　これは，交換により固定資産を取得する場合はともかく，収用等により資産

を譲渡して新たに資産を取得する場合，形式上は売買とみなされるため，その経緯を開示することは重要な財務情報の提供であると考えられるためである。なお，この注記は当該処理が行われた事業年度の財務諸表について行えば足りるものと考えられている。

また，国庫補助金や工事負担金等で資産を取得した場合は，企業会計原則注解24に基づき国庫補助金等に相当する金額をその取得原価から控除することができる。この場合，貸借対照表の表示は次のいずれかの方法によるものとされている。

ⅰ）取得原価から国庫補助金等に相当する金額を控除する形式で表示する方法
ⅱ）取得原価から国庫補助金等に相当する金額を控除した残額のみを表示し，当該国庫補助金等の金額を注記する方法

(9) 会計処理の具体例

圧縮記帳の会計処理について，具体例を示すと次のとおりとなる。

設例2-7-1　国庫補助金に関する圧縮記帳の会計処理

【前提条件】

企業は機械装置の購入のため，国庫補助金500（返還不要が確定）の交付を受け，それを原資の一部として機械装置を1,000で取得した。なお，法定実効税率を40％として税効果会計を適用するものとする。

【会計処理】

●国庫補助金受領時の処理

（借）現　金　預　金	500	（貸）国庫補助金受贈益	500

●機械装置取得時の処理

（借）機　械　装　置	1,000	（貸）現　金　預　金	1,000

●圧縮記帳の処理
　積立金方式による場合

| （借）繰越利益剰余金 | 300 | （貸）固定資産圧縮積立金 | 300 |
| （借）法人税等調整額 | 200 | （貸）繰延税金負債 | 200 |

※1　国庫補助金受贈益500×（1－法定実効税率40％）＝300
※2　国庫補助金受贈益500×法定実効税率40％＝200
　直接減額方式による場合

| （借）固定資産圧縮損 | 500 | （貸）機械装置 | 500 |

【解説】
　国庫補助金により取得した資産については，企業会計原則注解24により直接減額方式によることできる。貸借対照表の表示上，国庫補助金に相当する金額を取得原価から控除する形式で記載するか，あるいは，控除した残額のみを記載した場合には，当該金額を注記することが必要となる。

設例2-7-2　火災保険金等に関する圧縮記帳の会計処理

【前提条件】
　火災により建物が滅失したため，保険金の支払いを受け，保険金と自己資金により新築建物を取得した。金額は以下のとおりである。なお，法定実効税率を40％として税効果会計を適用するものとする。

　①滅失直前の建物の帳簿価額　　1,000
　②滅失により支出した経費　　　　50
　③保険金受取額　　　　　　　　2,000
　④取得した代替資産の取得価額　3,000

【会計処理】
保険差益の額
　2,000－50－1,000＝950

圧縮限度額

$$950 \times \frac{1,950}{2,000 - 50} = 950$$

●建物滅失時

| （借）火　災　損　失 | 1,000 | （貸）建　　　　物 | 1,000 |

●経費支払および保険金額確定時

| （借）滅　失　経　費 | 50 | （貸）現　金　預　金 | 50 |
| 　　　未　収　入　金 | 2,000 | 　　　受　取　保　険　金 | 2,000 |

●代替資産取得時

| （借）建　　　　物 | 3,000 | （貸）現　金　預　金 | 3,000 |

●圧縮記帳の処理
　積立金方式による場合

| （借）繰越利益剰余金 | 570 | （貸）固定資産圧縮積立金 | 570 |
| （借）法人税等調整額 | 380 | （貸）繰延税金負債 | 380 |

※1　保険差益 950×（1−実効税率40％）＝570
※2　保険差益 950×実効税率40％＝380

　直接減額方式による場合

| （借）建　物　圧　縮　損 | 950 | （貸）建　　　　物 | 950 |

【解説】
　保険金等で滅失資産と同一種類・同一用途の固定資産を取得した場合には，会計上も直接減額方式により処理することができる。

　『監査人はここを見る!!』
☑　圧縮記帳は税務上の経理処理を前提としているため，税務上の圧縮記帳の要件を満たしているか？
☑　直接減額方式を採用している場合，直接減額方式が認められている圧縮記帳の種類か，または，交換取引に準ずるものか？

2 定期借地借家権

(1) 概要

① 定期借地権

定期借地権は，1992年に施行された改正借地借家法に基づき新設されたものである。

従来の普通借地権は，契約により借地期間が定められていても地主側に正当事由がない限り期間が更新され，貸した土地は半永久的に戻ってこないという認識が一般的であったため，強固な土地利用権として定着していた。これは，借地人保護の観点からは歓迎されるものの，逆に地主にとって魅力はなく積極的な借地供給が望めない結果をもたらした。

そこで，円滑な借地供給と多様な借地契約のニーズに対応できるよう，期間延長のない定期借地権という制度が新設された。従来の普通借地権と定期借地権の概略を比較すると図表2-7-1のとおりとなる。

図表2-7-1 従来の普通借地権と定期借地権との比較

	従来の普通借地権	定期借地権
賃借期間	地主側からは正当事由がない限り，更新されるため土地を貸すと半永久的に戻ってこないとの認識が一般的。	契約期間経過により更新はなく借地契約は終了する。ただし，再契約は可能。
一時金	契約締結時の一時金として多額の権利金が授受されることが一般的。	契約締結時の一時金としては保証金によることがほとんど。
立退き	明渡しのためには，立退料が必要となるのが一般的。	契約期間満了により借地契約は終了するため，立退料は不要。

定期借地権には，一般定期借地権，事業用定期借地権および建物譲渡特約付借地権の3種類がある。それぞれの概要は以下のとおりとなる。

【一般定期借地権】

一般定期借地権とは，50年以上の存続期間を定めて借地権を設定し，次の3つの特約を付したときは，それらの特約を有効とする借地権（借地借家法22）である。

（3つの特約）
ⅰ）契約の更新（更新請求および土地の使用継続によるものを含む）がないこと
ⅱ）建物が再築されても期間の延長がないこと
ⅲ）存続期間が満了した場合の建物買取請求をしないこと

上記の特約は従来の普通借地権では認められなかったものであり，定期借地権の特徴といえる。すなわち，当初の約定期間が経過すると借地契約の更新はなく終了となり，たとえ存続期間中に建物が再築されても期間の延長はなされず，さらに，期間満了時に借地上に建物が存する場合にも借地人は地主に対してその建物の買取りを請求することができないことから，借地人は建物を収去して土地を返還しなければならない。

この結果，従来は借地人の立場が強く，地主にとっては必ずしも魅力的ではなかった借地権取引が，大幅に改善されることになった。

【事業用定期借地権】

事業用定期借地権とは，専ら事業の用に供する建物（住宅を除く。）を所有することを目的とする借地権である。期間は10年以上50年未満までであり，存続期間を30年以上50年未満として借地権を設定する場合には，特約により，契約の更新および建物の築造による存続期間の延長がなく，ならびに存続期間の満了により契約が終了する場合の建物の買取りの請求をしない旨を定めることができる（借地借家法23①）。

そして，存続期間が10年以上30年未満の場合においても，法律上は当然に，更新および建替えに関する規定（借地借家法3から8，18）および建物買取りに関する規定（借地借家法13）の適用はない（借地借家法23②）。

なお，いずれの場合も，必ず公正証書による設定が必要となる（借地借家法23③）。

また，当初定めた期間が満了すると，契約の更新や建物の再築による期間の

第7章　個別トピック | 259

図表2-7-2　定期借地権の概要

	一般定期借地権 （借地借家法22）	事業用定期借地権等 （借地借家法23）		建物譲渡特約付 借地権 （借地借家法24）
存続期間	50年以上	10年以上 30年未満	30年以上 50年未満	30年以上
利用目的	限定なし	事業用建物（住宅を除く）の所有	同左	限定なし
契約書式	公正証書等の書面により契約	必ず公正証書で契約	同左	書面化は不要
借地契約の終了	期間満了により終了	期間満了により終了	同左	建物譲渡の時点で終了
契約内容	以下の特約が可能 ①契約更新しない ②建物再築に伴う存続期間の延長をしない ③建物買取請求を行使しない	①契約更新不可 ②建物再築に伴う存続期間の延長不可 ③建物買取請求不可	以下の特約が可能 ①契約更新しない ②建物再築に伴う存続期間の延長をしない ③建物買取請求を行使しない	①建物所有権は，譲渡により土地所有者に移転 ②借地人が建物を継続使用していれば借家関係に移行

延長もないことから，借地人は借地上に構築した建物その他の工作物を収去して土地を原状回復させてから返還する義務を負うことになる。

【建物譲渡特約付借地権】

建物譲渡特約付借地権とは，借地権を設定する場合において，設定後30年以上を経過した日に，借地権の目的である土地の上の建物を地主に相当の対価で譲渡する旨（特約）を定めた借地権である。したがって，期間が30年未満で終了する事業用借地権は対象とならない（借地借家法24①）。

また，当該特約により借地権が消滅した以降も，借地人または建物の賃借人が地主に譲渡された建物の使用を継続している場合で，新たに賃貸借契約を締結していない場合には，借地人または建物の賃借人と地主との間で期間の定めのない賃貸借がされたものとみなされ（借地権の残存期間があるときは，その

残存期間を存続期間とする。），建物の賃借料は，当事者の請求により裁判所が定めることになる（借地借家法24②，③）。

② 定期借家権

定期借家契約では，期間を確定的に定め，公正証書による等書面によって契約することが必要となる（借地借家法38①）。

また，賃貸人は賃借人に対して，契約の更新はなく，期間の満了とともに契約が終了することを，契約書とは別にあらかじめ書面を交付して説明することが必要となる（借地借家法38②）。なお，賃貸人がこの説明を怠ったときは，当該契約は定期借家としての効力は否定され，従来型の契約の更新のある借家契約となる。

さらに，契約期間が1年以上の場合は，賃貸人は期間満了の1年前から6ヵ月前までの間（いわゆる「通知期間」）に賃借人に契約が終了することを通知する必要がある。ただし，引続きその建物を使用することについて当事者双方が合意すれば，再契約した上で，引続きその建物を使用することは可能である。

なお，居住用建物の定期借家契約では，契約期間中に賃借人にやむを得ない事情（転勤，療養，親族の介護など）が発生し，その住宅に住み続けることが困難となった場合には，賃借人から解約の申入れができることになっている（借地借家法38⑤）。この場合，解約の申入れの日から1月経過すれば契約終了することになる。なお，この解約権が行使できるのは，床面積が200平方メートル未満の住宅に居住している賃借人に限られている。

(2) 会計上の取扱い

定期借地権についての取扱いを定めた会計基準などはなく，もっぱら税法上の取扱いに基づき会計上も処理されていることから，ここでは前記の定期借地権の特徴を踏まえ，税務上の取扱いも考慮しつつ会計上の取扱いについて検討することにする。

① 定期借地権に基づく借地の上に建てた建物等に係る耐用年数

ⅰ）現状における耐用年数の取扱い

　固定資産の耐用年数は，本来対象となる資産の経済的使用可能予測期間に見合ったものでなければならない。しかしながら，合理的に耐用年数を見積ることが困難であることや，税法とは異なる耐用年数を適用することによる税務申告上の調整手続が煩雑であることなどの理由から，税務上の法定耐用年数（以下「法定耐用年数」という。）を経済的使用可能予測期間とみなして適用しているのが一般的であると考えられる。

　そのため，会計上および監査上は，監査・保証実務委員会実務指針第81号「減価償却に関する当面の監査上の取扱い」により，法定耐用年数の取扱いについて次のように規定している。

　「法人税法に規定する普通償却限度額を正規の減価償却費として処理する場合においては，企業の状況に照らし，耐用年数又は残存価額に不合理と認められる事情のない限り，当面，監査上妥当ものとして取り扱うことができる。[1]」

ⅱ）定期借地権の内容に基づく耐用年数についての検討

　定期借地権契約については，前記のとおり契約期間の終了により更新しないことを原則としている。そのため，契約期間終了とともに定期借地権契約は終了し，借地上の建物等は契約に従い取壊しされるか，あるいは地主へ譲渡される。すなわち，借地上の建物等の経済的使用可能予測期間は借地権契約の契約期間により拘束されることになるため，耐用年数も当該契約期間との関係で決定することが必要となるが，以下で想定される定期借地権契約の内容に基づき検討することになる。

【一般定期借地権の場合】

　契約期間満了により借地契約は終了となり，一般定期借地権の場合，借地期間は50年以上とされているが，現行の建物の法定耐用年数が最長でも50年であることから，仮に建物の耐用年数として法定耐用年数を適用した場合，定期借地権の契約期間満了時にはすでに耐用年数が満了して減価償却は終了していることが想定される。このため，定期借地契約を締結する場合，その借地契約期間と建物等の経済的使用可能予測期間をどのように考えるかについては，そ

の事業計画等に十分に留意する必要がある。

　すなわち，非常に長い期間の借地契約期間を設定しておりその期間内に建物等の建替えを想定している場合や，あるいは，法定耐用年数を超える定期借地権の存続期間があることと建物等が十分に使用可能であることとの両方を前提にして借地上に建物等の建築を計画している場合もあり得るものと考えられる。特に後者の場合，建物等の経済的使用可能予測期間が法定耐用年数を超えることになり，前記の監査上の取扱いに基づくと法定耐用年数の適用が合理的ではないと判断される場合もあり得る。こうした場合には，定期借地権の存続期間を前提とした耐用年数に基づき減価償却を行う必要があると考えられる。

　また，譲渡等により契約期間満了時に現状有姿の状態で有償または無償で地主に譲渡する場合もある。この点，無償譲渡の場合，契約期間を前提に耐用年数を適用し，残存価額をゼロとして減価償却を実施していれば建物の引渡しに伴う損益は生じないことになる。

　一方，有償譲渡の場合，譲渡価額の算定をどのように決定するかは，譲渡契約の内容に基づき当該譲渡価額相当額を残存価額とし，取得価額との差額を減価償却対象額として償却計算を行うべきと考えられる。

　ただし，譲渡価額が定期借地権契約締結時に決定されていることは限定的であることから，実務上はたとえば不動産鑑定評価等を基礎にして確定される場合が考えられる。

【事業用定期借地権の場合】

　契約期間は10年以上50年未満と非常に幅があるため，契約期間によっては法定耐用年数と比べてかなりの乖離が生ずるおそれがあり，法定耐用年数を適用することが著しく不合理となる場合があることに留意する必要がある。

　こうした場合には，契約期間を前提に経済的使用可能予測期間を見積り，当該年数を耐用年数として減価償却を実施することが考えられる。ただし，定期借地権には更新の制度はないものの，再契約は当事者の同意により可能であり，また，再契約の予約についても契約上規定しておくことは可能であることから，再契約等の実現可能性についても十分に留意して建物等の耐用年数について慎重に検討する場合も想定される。

【建物譲渡特約付借地権の場合】

　借地権設定後30年以上経過した日に借地上の建物を地主に相当の価額で譲渡する旨の特約が付されているため，借地権自体の借地期間は少なくとも30年以上となり，建物等の耐用年数も契約に基づく借地期間と法定耐用年数との関係で検討することになる。

　なお，この特約は借地権者に建物等のプットオプションが付与されていることを意味し，譲渡時にはその時点での時価を反映した相当の価額で譲渡されることになることから，その時点の帳簿価額との関係で売却損益は生ずることになるが，当該特約の行使時期自体は建物等の耐用年数に影響を及ぼすものではないものと考えられている。

② 定期借地権により授受される一時金の会計処理

　定期借地権について借地人と地主との間では，一時金および借地料の授受が行われる。この一時金の種類として，保証金方式，権利金方式および前払賃料方式の3つの方式が考えられる。

ⅰ）保証金方式

　定期借地権契約において授受される一時金としては保証金方式による場合が実務上ほとんどである。この保証金は建物等の賃貸における預託保証金と類似するもので，その預託期間は長期にわたり無利息の場合がほとんどであることから，金融商品会計実務指針133に規定されている建設協力金等の差入預託保証金の会計処理に準じて会計処理することになる。

　すなわち，借地人が借地権設定に際して預託した差入預託保証金については，返済期日までのキャッシュ・フローを割引いた現在価値により当初認識される。この現在価値に割引くための割引率について，建設協力金の場合はリスク・フリー・レートを適用する。一方，定期借地契約の場合，建設協力金のように借地人が対象となった土地に抵当権を設定するのが通常であるかどうか不明なため，借地権契約の内容に基づき，リスク・フリー・レートが適用できるかどうか十分に留意する必要がある。

　そして，支払金額と当該現在価値との差額は長期前払賃借料として計上し，契約期間にわたって各期の損益に合理的に配分する。また，差入預託保証金は

返済期日に回収されることから、現在価値と返済金額との差額は契約期間にわたって各期の損益に受取利息として計上する。

なお、地主の預り預託保証金についても、差入預託保証金等と同様に処理することになる。

ⅱ）権利金方式

法人税法上、借地権設定時に借地人から地主に支払われる一時金で返還されないものは、借地権設定の対価として借地権の取得価額を構成するものであり、その償却は認められていない。ただし、定期借地権設定時の場合も普通借地権の場合と同様なのかどうかについては議論の余地がある。この点、税務当局の見解としては、普通借地権も定期借地権もまた借地借家法上の借地権であり、法人税法上は定期借地権のみの独自規定がないため、借地権として両者は同様に取扱われるものと考えられている。

実務上は、そもそも借地権に関する会計基準が存在しないため、従来から法人税法の規定に準拠していれば会計上も妥当であるものと判断してきた。ただし、定期借地権契約により授受される一時金としての権利金は、返還されることがなく、また、取引事例も少ないことから、その評価についても客観的なものはないのが現状である。さらに、原則として契約期間満了時に借地権契約も終了することが予定されていることから、物価変動等の影響により期間途中で増加する可能性があったとしても、その価値は期間満了時にはゼロに収束していくものと考えられる。したがって、一時金を権利金として授受している場合、たとえば、有形固定資産の減価償却のように何らかの仮定を設けて償却していくことも考えられ、慎重な対応が必要となる。

ⅲ）前払賃料方式

2005年1月に国税庁より「定期借地権の賃料の一部又は全部を前払いとして一括して授受した場合に於ける税務上の取扱いについて」が公表された。これは国土交通省からの事前照会に対する個別的な回答文書であるものの、定期借地権設定時に借地契約期間中の賃料の一部または全部を一括前払の一時金として授受するケースにおける課税当局の取扱いが明らかとなった。この回答文書によると、一時金が一括前払賃料の場合、借地人は「（長期）前払費用」として処理し、地主は「（長期）前受金」として処理し、当該事業年度に相当

する金額をそれぞれ損金または益金の額に算入することができる。

なお，この取扱いを受けるためには，定期借地権設定契約書において後記の内容を明記する必要があるとされている。

- 前払賃料は，契約期間にわたる賃料の一部に均等に充当されること
- 契約期間満了時において，前払賃料として一時金の支払いがあったことを根拠とする借地権の消滅の対価に相当する金銭の授受は行わないこと（前払賃料であれば契約期間満了時にすべて賃料として充当され残高はゼロとなり，金銭授受の根拠がない。）
- 当該借地権の存続期間の満了前に本契約を解除する場合は，前払賃料のうち契約期間の残余の期間に充当されるべき前払賃料の月額換算額の合計額について返還する旨の定めがあること

③ 定期借地権のリース会計基準上の取扱い

リース取引適用指針19によると，土地，建物等の不動産のリース取引（契約上，賃貸借となっているものも含む。）についても，同指針に準拠してファイナンス・リース取引に該当するかオペレーティング・リース取引に該当するかを判定するとされている。ただし，土地については経済的耐用年数が無限であるため，所有権移転条項または割安購入選択権のいずれかの条件の付された契約である場合を除き，オペレーティング・リース取引に該当するものと推定するとされている（リース取引適用指針98）。

この点，定期借地権は土地の賃貸借に係る権利であり，前記のとおり契約に基づく借地期間の終了とともに借地契約も終了となることが想定されていることから，また，土地のリース取引と同様にオペレーティング・リース取引に該当するものと考えられることから，賃貸借処理を行うことになる。

なお，近年では定期借地権によるオフィスビルやマンション等の事例も見受けられる。こうした定期借地権物件を取得した場合には，取得価額を建物等における部分と定期借地権における部分とに分割して資産計上することが求められるが，定期借地権に係る対価部分が全体の購入代金のおおむね10％以下である場合，税務上は強いてこれを定期借地権とせずに，建物等の取得価額に含めて計上することができるとされている（法基通7-3-8）。

上記処理について会計的な検討も当然に必要となるが，首都圏都市部等のオフィスビルやマンション等では10％を超えてしまうケースがほとんどと想定されるため，現実的に適用できるケースは極めて限定的であると考えられる。

一方，定期借家権は土地建物等一括の賃貸借契約であることから，リース取引適用指針20および99に基づき，リース料総額（借家料）を合理的な方法で土地部分と建物等部分とに分割して，建物等についてファイナンス・リースの現在価値基準の判定を行うことになる。この場合，借手においては，ファイナンス・リース取引に該当するかどうかが売却損益の算出に影響を与えるセール・アンド・リースバック取引の場合を除き，土地の賃料が容易に判別可能でない場合は，両者を区分せずに現在価値基準の判定を行うことができるとされている。

さらに，解約不能かどうかの判断については，定期借家契約の内容に留意する必要があり，原則として特約がない限り中途解約は認められず，特約がある場合に限り期間の途中でも借家人からの一方的意思表示により解約することができる。したがって，定期借家契約の場合であっても，たとえば一律にオペレーティング・リース取引に該当するというものではなく，その契約内容等を検討した上でリースの判定基準に基づき判断することが必要となる。

④ 定期借地権契約と資産除去債務に関する会計基準

定期借地権のうち，一般定期借地権および事業用定期借地権については，いずれも当初定めた期間が満了すると契約の更新がなく借地人に建物買取請求権もないことから，借地人は借地上に構築した建物その他の工作物を収去して土地を原状に回復させてから返還するのが原則となる。すなわち，借地人は原状回復義務を負うことから，資産除去債務の認識要件である契約で要求される義務に該当するものと考えられる。

ただし，定期借地契約当事者間の合意により，建物が存在するままで土地を返還する旨の特約を付すことは有効であり，こうした特約のある場合には原状回復義務は負わないことから，資産除去債務は生じないことになる。

したがって，定期借地契約を締結している場合には，個別に契約内容を検討した上で，借地人が原状回復義務を負う場合は，借地の上に構築した建物等に

ついての撤去費用を見積り，その現在価値を資産除去債務として計上するとともに，同額を建物等の取得原価に含めて計上することになる。

また，定期借家権についてオフィスを賃借したケースを想定した場合，定期借家権契約において，賃借したオフィス空間にテナントにとって必要となる内部造作工事を実施することが一般的である。そして，こうした内部造作等の施設は，契約期間満了により退去する際に原状回復のために収去するように契約で要求されていることが通常であることから，上記の資産除去債務に該当することになる。

したがって，定期借家権契約に基づき内部造作等の固定資産がある場合には，原則として契約終了時点で生ずる固定資産の収去費用を見積り，その割引現在価値相当額を資産除去債務として計上するとともに，同額を固定資産の取得価額に含めて計上することになる。

『監査人はここを見る!!』
- ☑ 定期借地の場合，建物の耐用年数が契約書上の借地期間を超過していないか？
- ☑ 定期借地契約により授受される一時金がその性格に応じて適切に会計処理されているか？
- ☑ 定期借地の場合，契約期間満了時に土地の原状回復義務を負うことになるか？
- ☑ 定期借家の場合，ファイナンス・リースに該当する契約であるか？

3 資産除去債務

(1) はじめに

2008年3月に企業会計基準委員会より資産除去債務会計基準および資産除去債務適用指針が公表され，2010年4月1日以降開始する事業年度から適用されることになった。当会計基準は，国際財務報告基準（IFRS）とのコンバージェンス作業の一環として検討され公表されたものである。

(2) 資産除去債務とは（概念および範囲）

資産除去債務とは,「有形固定資産の取得,建設,開発又は通常の使用によって生じ,当該有形固定資産の除去に関して法令又は契約で要求される法律上の義務及びそれに準ずるもの」をいう（資産除去債務会計基準3(1)）。

資産除去債務の定義について留意すべき事項は次のとおりとなる。

① 資産除去債務会計基準の対象となる「有形固定資産」の範囲

資産除去債務の対象となる有形固定資産とは,財規等において有形固定資産として区分される資産のほか,建設仮勘定やリース資産,投資その他の資産に分類されている投資不動産などについても,資産除去債務が存在している場合には本会計基準の対象となる（資産除去債務会計基準23）。

② 「通常の使用」の意義

通常の使用とは,「有形固定資産を意図した目的のために正常に稼働させること」とされている。したがって,たとえば有形固定資産を除去する義務が,不適切な操業等の異常な原因により有形固定資産が著しく毀損したこと等により生じた場合には,資産除去債務会計基準の対象とはならない。こうした場合は,引当金の計上や減損会計基準等に基づき検討することになる（資産除去債務会計基準26）。

③ 「除去」の意義

有形固定資産の除去とは,「有形固定資産を用役提供から除外すること」をいう。除去の具体的な態様として,売却,廃棄,リサイクルその他の方法による処分が挙げられているが,転用や用途変更は該当しない。また,遊休状態になる場合も該当しない（資産除去債務会計基準3(2)）。

ただし,こうした場合は,減損会計基準における「減損の兆候」に該当すると考えられる。

④ 「法律上の義務及びそれに準ずるもの」の意義

　資産除去債務会計基準では，資産除去債務を「法令又は契約で要求される法律上の義務及びそれに準ずるもの」と定義していることから（資産除去債務会計基準3(1)参照），有形固定資産の除去等が企業の自発的な計画のみによって行われる場合は，資産除去債務の対象とはならない。すなわち，有形固定資産の除去等が法律上の義務やそれに準ずるものにより不可避であることが要件となる。

　したがって，経営判断等により除却等が生じた場合には資産除去債務会計基準ではなく，引当金の計上あるいは減損会計基準の対象の観点から検討することになる。

　なお，法律上の義務に準ずるものとは，「債務の履行を免れることがほぼ不可能な義務を指し，法令又は契約で要求される法律上の義務とほぼ同等の不可避的な義務が該当する。具体的には，法律上の解釈により当事者間での清算が要請される債務に加え，過去の判例や行政当局の通達等のうち，法律上の義務とほぼ同等の不可避的な支出が義務付けられるものが該当すると考えられる」とされている（資産除去債務会計基準28）。

　また，有形固定資産に特定の有害物質が使用されており，有形固定資産を除去する際に当該有害物質を一定の方法により除去することが，法律等により義務付けられている場合がある。こうした場合は，必ずしも有形固定資産自体の除去を前提としたものではないものの，法律上の義務に基づき対象となる有害物質を除去する義務は不可避的に発生することから，資産除去債務の対象とされた。具体的に資産除去債務の計上の対象となるのは，当該有形固定資産の除去費用全体ではなく，有害物質の除去に直接関わる費用となる（資産除去債務会計基準29）。

　なお，不動産業の場合，検討すべき対象には，アスベストやPCB（ポリ塩化ビフェニル），定期借地契約に基づく借地上の建物等，賃貸借契約により賃借している建物などが一般に考えられる。

(3) **会計処理の具体例**

　資産除去債務に係る会計処理を具体的に示すと次のとおりとなる。

設例2-7-3　資産除去債務の会計処理

【前提条件】

甲社は，20X1年4月1日に設備Aを取得し，使用を開始した。当該設備の取得原価は10,000，耐用年数は2年であり，甲社には当該設備を使用後に除去する法的義務がある。甲社が当該設備を除去するときの支出は1,000と見積られている。

20X2年3月31日に設備Aが除去された。当該設備の除去に係る支出は1,050であった。資産除去債務は取得時にのみ発生するものとし，甲社は当該設備について残存価額0で定額法により減価償却を行っている。割引率は3.0％とする。甲社の決算日は3月31日であるものとする。

【会計処理】

① 20X1年4月1日

　設備Aの取得と関連する資産除去債務の計上

（借）有形固定資産	10,943	（貸）現金預金	10,000
		資産除去債務(*1)	943

（*1）将来キャッシュ・フロー見積額 $1,000 / (1.03)^2 = 943$

耐用年数到来により設備Aを除去するために必要となる将来キャッシュ・フローの見積額の現在価値を資産除去債務として負債に計上するとともに同額を設備Aの所得価額に含めて資産計上する。

② 20X2年3月31日

　時の経過による資産除去債務の増加

（借）費用（利息費用）	28	（貸）資産除去債務(*2)	28

（*2）20X1年4月1日における資産除去債務 $943 \times 3.0\% = 28$

資産除去債務は設備Aの取得時の現在価値で計上しているため，時の経過による増加額を負債計上するとともに利息費用として計上する。

設備Aと資産計上した除去費用の減価償却

| （借）費用（減価償却費）^{（＊3）} | 5,472 | （貸）減価償却累計額 | 5,472 |

（＊3）設備Aの減価償却費10,000／2年＋除去費用資産計上額943／2年＝5,472
このケースでは，資産除去は耐用年数到来時に行うため，設備Aの取得価額のうち資産除去債務対応額とその他の部分との償却年数は同期間となる。

③ 20X3年3月31日

時の経過による資産除去債務の増加

| （借）費用（利息費用） | 29 | （貸）資産除去債務^{（＊4）} | 29 |

（＊4）20X2年4月1日における資産除去債務（943＋28）×3.0％＝29

設備Aと資産計上した除去費用の減価償却

| （借）費用（減価償却費）^{（＊5）} | 5,471 | （貸）減価償却累計額 | 5,471 |

（＊5）設備Aの減価償却費10,000／2年＋除去費用資産計上額943／2年＝5,471
（端数調整をしている。）

④ 設備Aの除去および資産除去債務の履行

　設備Aを使用終了に伴い除去する。除去に係る支出が当初の見積りを上回ったため，差額を費用計上する。

（借）減価償却累計額	10,943	（貸）有形固定資産	10,943
資産除去債務^{（＊6）}	1,000	現　金　預　金	1,050
費　用（履行差額）	50		

（＊6）20X3年3月31日における資産除去債務 943＋28＋29＝1,000
資産除去債務と実際の支払額との差額は原則として減価償却と同区分の費用として計上する。

(4) 資産除去債務に係る会計処理にあたっての留意事項

① 資産除去債務の負債計上

　資産除去債務は，有形固定資産の取得，建設，開発または通常の使用によって発生した時に負債として計上する。

② 資産除去債務を合理的に説明できない場合

資産除去債務は，除去のために要する割引前の将来キャッシュ・フローを見積りその割引価値に基づき計上することから，将来の最終的な除去費用の見積りとその履行時期を予測することになる。したがって，それらの要素を合理的に見積ることができない場合には，資産除去債務を計上せずに当該債務額を合理的に見積ることができるようになった時点で負債として計上することになる（資産除去債務会計基準5）。

③ 資産除去債務の算定

資産除去債務は，発生時点において有形固定資産の除去に要する割引前の将来キャッシュ・フローを見積り，割引後の金額（割引価値）で算定する。算式は次のとおり。

$$資産除去債務 = \Sigma \frac{有形固定資産の除去に要する将来キャッシュ・フロー}{(1+割引率)^t}$$

すなわち，資産除去債務の算定には，割引前の将来キャッシュ・フローの見積りと，それを現在価値に割引くための割引率が必要となる。

④ 割引前の将来キャッシュ・フロー見積りに際しての留意事項

割引前の将来キャッシュ・フローの見積りに際しては，下記の考え方に基づき算定する（資産除去債務会計基準6(1)，36から39参照）。

- 割引前の将来キャッシュ・フローは，合理的で説明可能な仮定および予測に基づく自己の支出見積りによる
- 割引前の将来キャッシュ・フローの見積金額は，生起する可能性の最も高い単一の金額または生起し得る複数の将来キャッシュ・フローをそれぞれの発生確率で加重平均した金額とする
- 割引前の将来キャッシュ・フローには，有形固定資産の除去に係る作業のために直接要する支出のほか，処分に至るまでの支出（たとえば，保管や管理のための支出）も含める

上記の自己の支出見積りにあたっては，具体的には下記の情報に基づいて行い，見積られた金額に，インフレ率や見積値から乖離するリスクを勘案し，また，合理的で説明可能な仮定および予測に基づき，技術革新などによる影響額を見積ることができる場合には，これを反映させることになる（資産除去債務適用指針3，19から22）。

- 対象となる有形固定資産の除去に必要な平均的な処理作業に対する価格の見積り
- 対象となる有形固定資産を取得した際に，取引価額から控除された当該資産に係る除去費用の算定の基礎となった数値
- 過去において類似の資産について発生した除去費用の実績
- 当該有形固定資産への投資の意思決定を行う際に見積られた除去費用
- 有形固定資産の除去に係る用役（除去サービス）を行う業者など第三者からの情報

なお，資産除去債務の計上後，資産除去に係る手法の変更や時の経過に基づき，より精緻な見積りが可能となったこと等により，除去費用に係る将来キャッシュ・フローの見積りに重要な変更が生じる場合が考えられる。こうした見積りの変更による調整額については，資産除去債務会計基準では資産除去債務の帳簿価額および関連する有形固定資産の帳簿価額に加減して処理する（資産除去債務会計基準10）。また，資産除去債務が法令の改正等により新たに発生した場合にも同様である。

ただし，影響が特に重要である場合には，重要な法律改正または規制強化による法律的環境の著しい悪化（減損会計適用指針14 (3)）として，「減損の兆候」に該当することに留意する必要がある（資産除去債務会計基準52）。

⑤ 多数の有形固定資産について同種の資産除去債務が生じている場合の取扱い

多数の有形固定資産について同種の資産除去債務が生じている場合には，個々の有形固定資産に係る資産除去債務の重要性の判断に基づき，有形固定資産をその種類や場所等に基づいて集約し，概括的に見積ることができるとされ，

簡便的な方法を容認している（資産除去債務適用指針3）。

こうした場合には，毎期末時点，発生実績等に基づき除去が予想される固定資産の面積等を見積り，過去の実績から算定された面積当たりの除去費用を乗じて見積ることが考えられる（資産除去債務適用指針21）。

⑥ 資産除去債務の算定に際して用いられる割引率

割引率は，貨幣の時間価値を反映した無リスクの税引前の利率とする（資産除去債務会計基準6(2)）。

将来キャッシュ・フローがその見積値から乖離するリスクは，将来キャッシュ・フローの見積りに反映されるため，資産除去債務の算定に際して用いられる割引率は，将来キャッシュ・フローが発生すると予想される時点までの期間に対応する貨幣の時間価値を反映した無リスクの税引前の割引率とされた（資産除去債務適用指針5）。具体的には，利付国債の流通利回り等を参考に決定する（資産除去債務適用指針23）。

なお，割引率については，信用リスクとの関係から，無リスクの割引率を用いるか，信用リスクを反映させた割引率を用いるかという問題があるが，資産除去債務会計基準では無リスクの割引率を適用する（資産除去債務会計基準40）。

⑦ 資産除去債務に対応する除去費用の資産計上と費用配分

資産除去債務に対応する除去費用は，資産除去債務を負債として計上した際に，当該負債の計上額と同額を関連する有形固定資産に計上する。その結果，資産計上された資産除去債務に対応する除去費用は，当該資産の減価償却を通じて，その残存耐用年数にわたり各事業年度に費用配分される（資産除去債務会計基準7）。これは，当該除去費用が有形固定資産の稼働にとって不可欠なものであることから，その費用配分および資産効率の観点からの有用性を考慮し，有形固定資産の取得に関する付随費用と同様に処理することとしたものである（資産除去債務会計基準41，42）。

ただし，資産除去債務に対応する金額を関連する有形固定資産と区分して管理することは妨げられていないが，その場合でも財務諸表上は，有形固定資産として表示することが必要となる（資産除去債務会計基準43）。

⑧ 資産除去債務会計基準適用後の減損会計基準適用における留意点

資産除去債務が負債に計上されている場合には，除去費用部分の影響を二重に認識しないようにするため，減損会計基準適用の際の将来キャッシュ・フローの見積りに除去費用部分を含めないことに留意する必要がある（資産除去債務会計基準44）。これは，資産除去債務が支出未済であるものの取得価額に含まれていることから，減損会計基準の適用に際しては支出済みであるとみなしているためである。

⑨ 土地に関連する除去費用の取扱い

土地に関連する除去費用（土地の原状回復費用等）が土地に計上されてしまうと，土地は減価償却が行われないことから，当該土地が処分されるまでは費用計上されないことになる。一方で，土地の原状回復等が法令または契約で要求されている場合の支出は，一般に当該土地に建てられている建物や構築物等の有形固定資産に関連する資産除去債務であると考えられる。このため，土地の原状回復費用等は当該建物等有形固定資産の取得価額に含められ，その減価償却を通じて各期に費用配分されることになる（資産除去債務会計基準45）。

⑩ 資産除去債務が使用のつど発生する場合の費用配分の方法

資産除去債務が有形固定資産の稼働等に従って，使用の都度発生する場合が想定される。たとえば，有形固定資産の使用に応じて汚染等が発生し，原状回復のために除去費用が将来発生するような場合である。こうした場合には，当該有形固定資産における資産除去債務が毎期負債計上されることになる。

そして，資産除去債務に対応する除去費用は関連する有形固定資産に毎期計上し，当該有形固定資産の残存耐用年数にわたって各期に費用配分するといった原則的な処理のほか，除去費用の計上時期と同一期間内に，資産計上額と同一の金額を費用処理するといった簡便な処理も認められている（資産除去債務会計基準46）。

⑪ 時の経過による資産除去債務の調整額の処理

資産除去債務は割引価値に基づき計上されていることから，時の経過により

利息相当額だけ増加することになる。このため、資産除去債務会計基準では、時の経過による資産除去債務の調整額をその発生時の費用として処理する（資産除去債務会計基準48）。

なお、当該調整額は期首時点における資産除去債務残高に、当初負債計上時に資産除去債務算定の前提とした割引率を乗じて算定する。

⑫　特別の法令等により除去費用を適切に計上する方法がある場合

特別の法令等により、有形固定資産の除去に係るサービス（除去サービス）の費消を当該有形固定資産の使用に応じて各期間で適切に費用計上する方法がある場合には、当該費用計上方法を用いることができる（資産除去債務適用指針8）。これは、特別の法令等により除去サービスの費消の態様を考慮して、当該有形固定資産の使用に応じて各期間に適切に費用計上する会計方針を採用する場合、資産除去債務会計基準の通常の処理方法による費用配分に照らして、会計上合理的な費用配分と考えられる場合があるためである（資産除去債務適用指針26）。

ただし、この取扱いは資産除去債務における除去費用の期間配分の方法に関するものであり、この場合でも当該有形固定資産の資産除去債務を負債計上し、これに対応する除去費用を関連する有形固定資産に計上しなければならない。なお、当該費用計上方法については注記する必要がある（資産除去債務適用指針8）。

⑬　建物等賃借契約に関連して敷金を支出している場合

賃借建物等に係る内部造作等の有形固定資産については、賃借契約の解約に際して除去などの原状回復が契約で要求されていることから、資産除去債務を計上しなければならない場合がある。この場合において、当該賃借契約に関連する敷金が資産計上されているときは、当該計上額に関連する部分について、当該資産除去債務の負債計上およびこれに対応する除去費用の資産計上に代えて、当該敷金の回収が最終的に見込めないと認められる金額を合理的に見積り、そのうち当期の負担に属する金額を費用に計上する方法によることができる（資産除去債務適用指針9）。この処理によれば、当期の負担に属する金額は、

同種の賃借建物等への平均的な入居期間など合理的な償却期間に基づいて算定することが適当とされている（資産除去債務適用指針27）。

この処理は，原則的方法によると敷金と資産除去債務に係る除去費用が二重に資産計上されること，賃借建物等に係る原状回復費用については敷金を充当することが慣行となっていることなどを踏まえ，多数の賃借建物等が存在する場合の実務負担を考慮して設けられた簡便的な取扱いである。

設例に基づき会計処理を示すと次のとおりとなる。

設例2-7-4　敷金を支出している場合の簡便処理

【前提条件】

甲社は，乙社との間で建物の賃貸借契約を締結し，敷金10,000を支払い，20X1年4月1日から賃借している。敷金のうち，6,000について原状回復費用に充てられるため返還が見込めない甲社の同種の賃借建物等への平均的な入居期間は6年と見積られた。なお，資産除去債務の処理については資産除去債務適用指針第9項によることにした。

【会計処理】

●20X1年4月1日

（借）差　入　敷　金	10,000	（貸）現　金　預　金	10,000

●20X2年3月31日

（借）費用（敷金の償却）	1,000	（貸）差　入　敷　金	1,000

原状回復費用見込額6,000を平均的な入居期間6年で費用配分している。この場合，利息費用を考慮していないことからも簡便的な処理となっている。

(5)　財務諸表上の表示

①　貸借対照表上の表示

資産除去債務は，いわゆるワン・イヤー・ルールに従い貸借対照表上表示さ

れる。したがって，貸借対照表日後1年以内にその履行が見込まれる場合を除き，固定負債の区分に資産除去債務等の適切な科目名で表示する。その後，貸借対照表日後1年以内に資産除去債務の履行が見込まれる場合には，流動負債の区分に表示する（資産除去債務会計基準12）。

② 損益計算書上の表示

資産除去債務に係る費用は，①資産計上された資産除去債務に対応する除去費用に係る費用配分額と，②時の経過による資産除去債務の調整額とがあるが，損益計算書上，いずれも当該資産除去債務に関連する有形固定資産の減価償却費と同じ区分に含めて計上する。したがって，たとえば当該減価償却費が製品の原価を構成する場合には，資産除去債務に係る費用も製品原価に含まれることになる（資産除去債務会計基準13）。

また，資産除去債務の履行時に認識される資産除去債務残高と資産除去債務決済時の実際支払額との差額についても，原則として当該資産除去債務に対応する除去費用に係る費用配分額と同じ区分に含めて計上する。ただし，当該差額が当初の除去予定時期よりも著しく早期に除去することとなった場合など，異常な原因により生じたものである場合には，特別損益として処理することに留意する必要がある（資産除去債務会計基準15）。

③ キャッシュ・フロー計算書上の表示

資産除去債務を実際に履行した場合，下記の理由により，その支出額についてはキャッシュ・フロー計算書上「投資活動によるキャッシュ・フロー」の項目として取扱う（資産除去債務適用指針12，28）。

- 資産除去債務に対応する除去費用を有形固定資産の取得に関する付随費用と同様に処理するものとしているため，固定資産の取得による支出と同様に扱うことが整合的と考えられること
- 固定資産の除去に伴う支出を固定資産の売却収入の控除項目と考えれば，投資活動によるキャッシュ・フローとみることができること

また，資産除去債務の認識は，それが資金の移動を伴わずに資産および負債

を計上するものであり，当該債務が将来の支出となることから，重要性がある場合にはキャッシュ・フロー計算書に「重要な非資金取引」として注記する（資産除去債務適用指針13，29）。

④　注記事項

資産除去債務の会計処理に関しては，重要性が乏しい場合を除き，下記の事項を注記する（資産除去債務会計基準16）。

ⅰ）資産除去債務の内容についての簡潔な説明

具体的には資産除去債務の発生原因となっている法的規制または契約等の概要（法令等の条項および契約条件等）を記載する（資産除去債務適用指針10）。

ⅱ）支出発生までの見込期間，適用した割引率等の前提条件

ⅲ）資産除去債務の総額の期中における増減内容

ⅳ）資産除去債務の見積りを変更したときは，その変更の概要および影響額

ⅴ）資産除去債務は発生しているが，その債務を合理的に見積ることができないため，貸借対照表に資産除去債務を計上していない場合には，当該資産除去債務の概要，合理的に見積ることができない旨およびその理由

また，多数の有形固定資産について資産除去債務が生じている場合には，有形固定資産の種類や場所等に基づいて，上記の注記をまとめて記載することができる。

なお，資産除去債務を合理的に見積ることができない場合における「その旨及びその理由」の注記にあたっては，「資産除去債務の内容についての簡潔な説明（資産除去債務会計基準16(1)）」と関連付けて記載することが必要とされている（資産除去債務適用指針11）。資産除去債務適用指針の注記例を示すと以下のとおりとなる。

当社は，本社オフィスの不動産賃借契約に基づき，オフィスの退去時における原状回復に係る債務を有しているが，当該債務に関連する賃借資産の使用期間が明確でなく，将来本社を移転する予定もないことから，資産除去債務を合理的に見積ることができない。そのため，当該債務に見合う資産除去債務を計上していない。

『監査人はここを見る!!』
- ☑ 企業には資産除去債務が網羅的に把握できる体制が整備されているか？
- ☑ 新規取得の有形固定資産には資産除去債務の対象となるものが含まれていないか？
- ☑ 建物等の賃貸借契約の原状回復義務によって資産除去債務を計上すべきか？
- ☑ 資産除去債務の算定において，履行時期は企業の設備投資計画等と整合しているか？　また，履行時期と有形固定資産の耐用年数とは一致しているか？（一致していない場合，その理由は妥当か？）
- ☑ 除去費用は，合理的で説明可能な仮定および予測に基づき，見積りされているか？
- ☑ 合理的に見積ることができない場合，その旨およびその理由を適切に注記しているか？　その理由は妥当か？（履行時期が確定していないことをもって，安易に合理的に見積ることができない場合としていないか？）

4　施設利用会員権

　1991年頃を境に，その前後数年間における不動産市況の高騰と暴落の状況は，「バブル経済」という言葉で語り継がれている。国土の狭い日本では土地神話が根強く，土地は必ず上がると信じられていたが，3，4年間で起こった高騰現象はその後10数年にわたる土地の下落を引き起こした。土地神話の崩壊による迷走状態が長い間続いたが，近年では都市部で地価上昇は観察されるものの，過去における日本全国的な爆発的な勢いまでには至っていない。

　施設利用会員権の代表例はゴルフ会員権であろう。バブル崩壊前のゴルフ会員権の高騰は，ゴルフ人口の増加と土地神話を背景にしたキャピタルゲインを期待して急上昇したものだが，バブル崩壊とともに大暴落を起こしたのは，地価の動きと連動していたためと考えられる。

　施設利用会員権には，会員制リゾートホテルの会員権も含まれる。地価上昇を背景としたバブル経済の影響を受けているとはいえ，当時のゴルフ会員権ほどの値上がりは起こらず，比較的緩やかな値動きを示していた。これはリゾートホテル会員権の購入者人口が，ゴルフ会員権に比べて少なかったことが原因

の一つと考えられる。また，当時は会社の接待用にゴルフが利用されることが多かったことから，仕事の一環としてゴルフをプレイするスタイルが浸透したため，ゴルフ人口は急速に増大していったと思われる。ゴルフ人口の増加と地価上昇を背景としたキャピタルゲインへの期待との相乗効果により，ゴルフ会員権の価格は短期間に高騰した。一方，リゾートホテル会員権については，購入者数が比較的少なかったため，爆発的な高騰現象を招かなかったものと考えられる。

(1) リゾートと観光との違い

　リゾート会員権を購入して宿泊することの意義はどのような点にあるのだろうか。外観上は，旅行先の観光ホテルや旅館を利用する方が効率的で手軽に考えられるが，わざわざリゾート会員権を購入してデベロッパーが開発した施設に宿泊することと，どのあたりに違いがあるのか考えてみたい。

　一般社団法人日本リゾートクラブ協会のHPの冒頭にリゾートの語源からの解説があり，そこでは日本語としての「リゾート」とは「保養地という地域・施設」としており，①たびたび行く先，②長期滞在先という，二つの空間を意味するものとされている。つまり，「リゾート」は，大型連休を利用して行っている「観光」とは異なる様相を呈しているようである。両者の違いをいくつか整理してみると次のような点が挙げられる。

ⅰ) 行動目的	新たな発見を求めるのか，くつろぎに行くのか
ⅱ) 期間	数日から1週間程度か，1週間以上か
ⅲ) 滞在スタイル	非日常か，日常の延長か

　観光の場合，ⅲ)のように日々の生活スタイルを離れて旅行を楽しむものであり，食事は施設内か近隣の料理店を利用するかは問わないが，原則として外食となる。宿泊期間が数日程度であるならともかく，1週間以上外食をするとなると，プロの料理人が調理したものでも，飽きが来たり，健康面，経済的側面等にも支障が出ることも考えられる。したがって，長期滞在を前提としたリゾート施設にはキッチンが備え付けられていることが多く，長期滞在に対応した配慮がなされているものと考えることができる。

リゾート地として古くから有名な軽井沢などは，冷房設備が整備されていない頃から避暑地として人気があり，夏の間は生活の拠点ごと別荘に移すというスタイルが一部の特権階級の間で実践されていたようである。華族制度があった時代においては，軽井沢などの避暑地に集まることで，自然発生的に地域的なコミュニティが形成されたと考えられる。身分を意識する時代であったわけであるので，コミュニティに参加すること自体が相当のステータスを代弁しているわけであり，リゾートスタイルといったものが形成されていったと考えられる。華族制度は崩壊しているが，地域的なコミュニティを基礎として，デベロッパーの努力により形成されたコミュニティ，ステータスを，倶楽部活動を通じて維持発展させているものが，現代の会員制リゾートホテルと考えられる。

すなわち，リゾートホテル会員権を所有することは，単なる地方の不動産物件を所有することにとどまらず，倶楽部に所属することが大きな特長といえる。倶楽部会員になるとメンバーとして振舞い，倶楽部の維持発展に尽力することが求められるが，倶楽部活動という側面では，リゾート会員権もゴルフ会員権も同質のものと捉えることができる。入会時のハードルは，各倶楽部が定めた規約にもよるが，一部の倶楽部では非常に厳格な参加資格を定め，入会審査では経済面だけでなく社会面も考慮され，すべての審査条件を満たした後に，理事会による最終承認をもって入会となる場合もある。

一般に社会的なステータスを示す尺度はさまざまだが，ステータスの高い倶楽部に所属することもその一つである。厳格な入会審査は，倶楽部の社会的ステータスを毀損しないための手段に他ならず，ゴルフ倶楽部であれリゾート倶楽部であれ，長年の倶楽部運営により培われてきたステータスの維持はその倶楽部にとっての生命線といえる。

すなわち，施設利用会員権は，利用できる有形資産である不動産と，長年にわたり培われた無形資産であるステータスの両方の価値が一体となったものと考えられる。このうち，不動産部分については不動産鑑定評価基準に従ってある程度客観的に評価できるものの，ステータスについてはより定性的な評価にならざるを得ない。したがって，形成されているコミュニティの質が問われ，デベロッパー固有の開発力，信用力，総会員数等に大きく依存し，会員募集時の会員権価格に直接的に反映されることになる。

(2) リゾート施設の会員とデベロッパーとの関係

　会員制リゾート施設を運営しているデベロッパーは，我が国において複数存在している。そして，会員に与える権利についても，複数のタイプが存在している。

ケース①　施設の区分所有権および共同利用権の両方を会員に与えるケース
　会員とデベロッパーとの関係は，分譲マンションの区分所有者と管理人の関係に近似している。1部屋の所有権を複数の会員で共有するケースもあるが，それは，区分所有者が増えるというだけで，デベロッパーと会員の関係は，区分所有者と管理人の関係に他ならない。なお，複数オーナー制をとっている場合，今後負担することとなる維持管理費は，別荘やリゾートマンションを個人単独で所有する場合に比べればかなり軽減されている。
　また，入会に際して，「特定の施設のグレードないしは何号室に年間何泊利用できる」とする契約も多くあるが，所有権を持ちながら年間宿泊日数が制限されるのは違和感があるものの，複数の所有者とタイムシェアする関係上こうした契約となる。一方で，通常デベロッパーは複数の施設を同時に管理していることから，会員が他の施設の同等グレードの部屋を利用できるよう共同利用契約を締結するのが一般的であり，こうして複数の施設を利用できる点が，特定の別荘等を所有する場合との最大の違いとなる。
　そして，会員が宿泊する際は一定の料金を支払うが，この料金の本質は宿泊料ではなく，部屋のベッドメイキングや清掃料の実費となる。つまり，デベロッパーは会員から施設を預かり，いつでも利用できるように維持管理しているに過ぎず，ホテル事業を営んでいるわけではない点が特徴的である。

ケース②　施設の共同利用権のみを会員に与えるケース
　権利面では，所有権の有無を除けばケース①と同等である。なお，不動産を所有しないことから，購入価格は低くなり，また，維持管理のための費用負担も一部軽減されることから，①と比べて入会時の負担や年間維持管理費を低く抑えることができる。そもそも不動産の所有権を会員に与える考え方は会員権

に対する信用度を向上させる狙いがあることから，購入者側の判断とはなるが，運営管理するデベロッパーの信用力が高ければ所有権まで取得する必要はないことになる。

　なお，実際には①と②を混在させて運営している場合もあるが，これは会員権販売時の社会情勢と販売戦略等を考慮した上で，購入者の選択肢を広げるという効果を狙ったものと考えられる。

ケース③　ポイント制を採用するケース

　特定の施設には紐付いていないものの，デベロッパーからポイントを購入し，宿泊の都度ポイントを消費していく形態である。当初は入会金として数年間利用可能なポイントを購入し，必要のつど買足しできるケースもある。なお，適切な交換比率の算定が可能な場合，他の倶楽部と提携して他倶楽部の施設を利用したり宿泊以外の商品等と交換したりできる形態もあり，自由度が高いものといえる。

　また，利用ポイントについて，平日と休日との消費ポイントに大きな差があるのは，観光ホテルに宿泊すると閑散期と繁忙期とで料金が大きく異なるのと同様である。

　このケース③の場合，デベロッパーが形成しているコミュニティの維持によるステータスがどの程度形成・維持・共有されているかを判断するために，それぞれの契約および会員の利用実態等を観察する必要があると考えられる。

(3)　**収益認識**

　我が国における収益認識基準は，「実現主義」にその原則的な根拠を求めており，財・サービスの役務を相手先に提供した時，すなわち，「役務提供完了」時に収益を認識するものとされている。この点，施設利用会員権を販売する場合の入会一時金の収益認識時期について，後記(4)にて考察する。

　会計制度委員会研究報告第13号「我が国の収益認識に関する研究報告（中間報告）－IAS第18号「収益」に照らした考察－」Ⅱ付録　ケース58では，入会金の収益計上は次のように述べられている。

> したがって，例えば，スポーツクラブやゴルフ場等の入会金について，それが単に会員資格を与えることの対価であり，会員資格の付与以外に特に便益を与えるものではないような場合（別途追加的な便益を得るためには当該追加的な便益に対して公正価値での対価の支払が必要となる場合等）には，入金時に一括して収益を認識することが合理的であると考えられる。

すなわち，入会金が「会員資格の付与」以外に特に便益を与えるものでない場合には，入金時に一括的に収益計上可能となる。

そこで，会員資格の付与以外の場合については以下のこととされている。

> 顧客が入会金を支払い，会員資格を得ることによって，非会員に比して低い価格で施設を利用することができる権利を得られる場合には，会員がそうした権利を行使する（非会員に比して低価格で施設を利用する。）まで契約上の義務を履行したと考えるのは一般的には困難であると考えられる。したがって，このような場合には，過去の経験等に基づき会員一人当たりの会員期間における設備利用回数を合理的に見積もり，当該回数を基礎として収益の認識を行う方法や，会員一人当たりの平均的な会員期間を合理的に見積もり，当該期間を基礎として収益の認識を行う方法が考えられる。例えば，スポーツクラブやゴルフ場等の入会金について，それが単に会員資格を与えることの対価であり，会員資格の付与以外に特に便益を与えるものではないような場合（別途追加的な便益を得るためには当該追加的な便益に対して公正価値での対価の支払が必要となる場合等）には，入金時に一括して収益を認識することが合理的であると考えられる。

以上要約すると，①会員だけでなくビジターも利用できるケースで，②会員になることでビジター料金より安い料金で利用できる場合には，経済的実態として入会金の一部が，今後の施設利用時に支払うべき利用料金の一部を前払いしているものであるとみなせる部分については，一括的に計上できないものとされている。

(4) 入会金の収益認識時期

ケース①の場合

施設利用会員権は，不動産とステータスの両方の価値を持っており，収益計上時期を判断する場合，それらがいつ購入者に移転したのかを見極める必要が

ある。本来的には，両者は相互依存で形成されているため切り離すことはできないものの，日本の法制上の理由から，実務上は不動産部分と入会金部分とに切り離して契約しているものと考えられる。

　すなわち，不動産の原則的な収益認識時期は引渡し時であり，この引渡し時とは，売買契約書上に明記されている引渡し日または引渡しを完了させるための条件が整った時と考えられる。一方，ステータス部分については，入会審査等を経て会員手続がすべて完了した時，すなわち会員登録時に入会金を収益計上するべきと考えられる。なお，実務上はそれぞれ別個の契約で手続も異なるが，不動産部分の手続の完了は会員登録の一部分と考えられることから，不動産部分の手続が先に完了したとしても，その部分のみを収益計上することは本来の趣旨から外れるものと考えられる。

　また，前記のように，会員制リゾートホテルの場合は単なる施設の所有にとどまらず，購入者がそれぞれの倶楽部が形成するコミュニティに対して参加することに価値を見出し，その価値に対して入会金を支払うものと見ることができる。したがって，会員資格審査時をもってステータスの移転が完了したとみなし，不動産部分も含めて一括的に収益計上することになる。なお，倶楽部によっては入会時の一時金をさまざまな内容に分けている場合もあり，それぞれの契約内容に従って，一括的に計上するのか分割的に計上するのか，あるいは預り金として契約年限まで保管するのかを判断するものと考えられる。

ケース②の場合

　契約実態から判断すると，前記におけるステータスの部分の移転のみ考慮すればよいと判断される場合には，ケース①と同様となる。

　なお，実際にはケース①が先行して行われ，施設の利用状況等を考慮した結果として追加的にケース②の募集がなされることも多く，契約実態を慎重に考慮した上で判断する必要がある。

ケース③の場合

　会員制リゾートの場合，各デベロッパーが形成しているステータスが存在し，そのステータスを取得するため入会金として一時的に支出されるものと捉えて

きた。そして，会員側の義務としてステータスを維持・発展させるために尽力することとなるので，会員期間も相当の長期間が前提となる。

この点，ポイント制においても入会金として一時的な支払いが発生し，ある程度まとまったポイントが付与されるが，たとえば，想定されている有効期間内ですべてのポイントを使い切ることができたり，ポイント単価が容易に推定できたり，追加購入ができたりなど，コミュニティへの参加というよりは宿泊料の前払い的な利用実態が認められる場合には，入会金として一括的に収益計上するのではなく，むしろポイントが利用された時に収益計上する方が，より実現主義の要請に応えられる場合もあり得ると考えられる。

5 公共施設等運営権（コンセッション）

(1) 概要

公共施設等運営権（コンセッション）方式とは，利用料金の徴収を行う公共施設（空港，道路等）について，施設の所有権を公共主体が有したまま，施設の運営権を民間事業者に設定する方式であり，プライベート・ファイナンス・イニシアティブ（Private Finance Initiative：PFI）の手法の一つである。

PFIとは，公共施設等の建設，維持管理，運営等を民間の資金，経営能力および技術的能力を活用して行う公共事業を実施するための手法の一つである。PFIは，1990年代前半に英国で生まれた手法であり，官民が協同して，効率的かつ効果的に質の高い公共サービス提供を実現するというPPP（Public-Private-Partnership：官民の連携）の概念から来るもので，PFIはその手法の一つである。日本では，1999年7月に「民間資金等の活用による公共施設等の整備等の促進に関する法律（以下「PFI法」という。）」が制定され，PFI事業の枠組みが設けられ，その後，2011年のPFI法改正で公共施設等運営権制度が導入された。

図表2-7-3　公共施設等運営権方式のイメージ

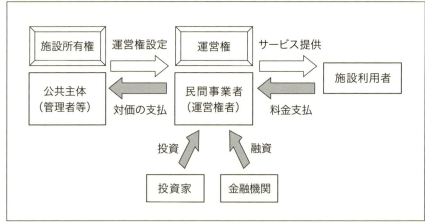

（出所）実務対応報告第35号「公共施設等運営事業における運営権者の会計処理等に関する実務上の取扱い」の公表

この制度を利用することにより、公共主体および民間事業者はそれぞれ以下のメリットを享受することができる。

公共主体のメリット
① 公共施設運営のための追加の財政負担の回避
② 運営権設定に伴う対価の取得（既存債務の削減）
③ 所有権を保持することによる公共主体による関与の確保

民間事業者のメリット
① 事業領域の拡大
② 一定の範囲で運営に係る裁量の拡大
③ 抵当権設定を利用することによる資金調達の円滑化

このようなメリットを享受することにより、民間事業者は安定的で自由度の高い運営を行うことが可能となり、公共施設等において利用者ニーズを反映した質の高いサービス提供が可能となると見込まれている。

(2) 実務対応報告の公表

2011年にPFI法の改正による公共施設等運営権制度の導入を受けて、2017

年5月企業会計基準委員会は，PFI法2⑥に規定する公共施設等運営事業における運営権者（PFI法9四に規定する公共施設等運営権を有する者）の会計処理等に関する実務上の取扱いを明確にするため，実務対応報告第35号「公共施設等運営事業における運営権者の会計処理等に関する実務上の取扱い（以下「PFI実務対応報告」という。）」を公表し，運営権者の公共施設等運営権等における取引に関して当面必要と考えられる会計上の取扱いを規定した。

　PFI実務対応報告は，以下の運営権者の会計処理および開示に適用される（PFI実務対応報告2）。

・公共施設等運営権の取得
・更新投資[2]を実施する取引

　なお，公共施設等運営権の取得は，民間事業者である運営権者が，公共主体が所有権を有する公共施設等を賃借しているかのような取引であるため，リース取引に含まれるとする考え方もあるが，公共施設等運営事業は，管理者等[3]による管理の下で行われ，運営権者が使用収益する権利に大きな制約があるなど，通常のリース取引とは特徴が異なるため，リース取引会計基準の適用範囲外とされた（PFI実務対応報告7，37から39）。

(3) 公共施設等運営権の取得時に関する会計処理

① 公共施設等運営権の計上

　運営権者は，公共施設等運営権を取得した時に，管理者等と運営権者との間で締結されたPFI法22①に規定される実施契約において定められた公共施設等の運営権対価の合理的な見積金額を無形固定資産として計上する（PFI実務対応報告3）。この運営権対価が，実施契約に定められた固定金額ではなく，将来の業績等に基づいて変動する場合であっても，運営権対価の総額を合理的に見積らなければならない（PFI実務対応報告3，33）。また，公共施設等運営権は，無形固定資産の区分に，公共施設等運営権などその内容を示す科目をもって表示する（PFI実務対応報告16）。

　なお，実施契約において，運営権対価とは別にプロフィットシェアリング条項（各期の収益があらかじめ定められた基準値を上回ったときに運営権者から管理者等に一定金額を支払う条項）が設けられている場合，当該条項に基づい

て算定された金額は運営権対価とは性質が異なるため,算定された会計期間の費用として処理する(PFI実務対応報告11)。

② 運営権対価を分割で支払う場合

運営権対価を分割で支払う場合,運営権対価の支出額の総額の現在価値により資産及び負債を計上する。この現在価値の算定にあたっては,割引率に運営権者の契約不履行に係るリスクを反映させる必要があり,たとえば以下の利率を割引率として用いることができる(PFI実務対応報告4,5,36)。

- ・実施契約において明示される利率
- ・運営権設定期間における運営権者の追加借入に適用されると合理的に見積られる利率

なお,運営権対価を分割で支払う場合に計上する負債は,貸借対照表日後1年以内に支払の期限が到来するものを流動負債の区分に,貸借対照表日後1年を超えて支払の期限が到来するものを固定負債の区分に,公共施設等運営権に係る負債などその内容を示す科目をもって表示する(PFI実務対応報告18)。

③ 見積りの変更

公共施設等運営権の取得後に,合理的に見積られた運営権対価の支出額に重要な見積りの変更が生じた場合,その差額は計上した資産及び負債の額に加減する(PFI実務対応報告6)。

④ 公共施設等運営権の減価償却方法および耐用年数

無形固定資産に計上した公共施設等運営権は,原則として運営権設定期間を耐用年数として,定額法や定率法等の一定の減価償却の方法により減価償却を行う。この公共施設等運営権には複数の公共施設等が含まれており,個々の公共施設等の性格や使用の実態はさまざまであることから,PFI実務対応報告では一義的に減価償却の方法を定めていない(PFI実務対応報告8,42)。

なお,実施契約において,一定の条件の下で運営権設定期間を延長することができる条項が定められる場合,運営権者が当該条項を行使する意思が明らか

な場合を除き,延長可能な期間は公共施設等運営権の耐用年数に含めない（PFI実務対応報告9）。

公共施設等運営権の減価償却の方法については，注記が必要となる（PFI実務対応報告20）。

⑤　公共施設等運営権の減損損失

公共施設等運営権は減損会計基準の適用対象である。PFI法26①において公共施設等運営権の分割は認められておらず，個々の公共施設等を処分する場合には管理者等の承認が必要である。したがって，公共施設等運営権に複数の公共施設等が含まれる場合であっても，減損損失の認識の判定及び測定において行われる資産のグルーピングは，原則として実施契約に定められた公共施設等運営権の単位で行う。ただし，公共施設等運営事業の対象となる公共施設等ごとに合理的な基準に基づき分割した公共施設等運営権の単位でグルーピングを行うことも認められている（PFI実務対応報告10，47）。

(4)　更新投資に関する会計処理

①　更新投資に係る資産の計上，減価償却方法および耐用年数

運営権者は運営権設定期間中，PFI法に基づき公共施設等を維持管理する義務を負っている。更新投資のための支払いは不可避的ではあるものの，その内容はさまざまであることから，単一の会計処理を定めることによって更新投資の実態が反映されない可能性がある。このため，PFI実務対応報告では次の2つの方法が認められている。

- 更新投資を実施した時に，当該更新投資のうち資本的支出に該当する部分に関する支出額を資産として計上する。当該資産は，更新投資を実施した時より，残存する運営権設定期間を上限として，当該資産の経済的耐用年数にわたり一定の減価償却方法によりその取得原価から残存価額を控除した額を各事業年度に配分する（PFI実務対応報告12(1)，15(1)）。なお，減価償却の方法については注記が必要となる（PFI実務対応報告20）。
- 運営権者が公共施設等運営権を取得した時に，大半の更新投資の実施時期及び対象となる公共施設等の具体的な設備の内容が管理者等から運営権者

に対して実施契約等で提示され，更新投資のうち資本的支出に該当する部分に関して，運営権設定期間にわたって支出すると見込まれる額の総額及び支出時期を合理的に見積ることができる場合，公共施設等運営権の取得時に見積支出金額の総額の現在価値を負債として計上し，同額を資産として計上する（PFI実務対応報告12(2)）。この時使用する割引率は，運営権対価の現在価値の算定に用いたものと同じ利率とし，運営権設定期間にわたって支出すると見込まれる額の総額とその現在価値との差額は，運営権設定期間にわたり利息法により配分する（PFI実務対応報告13）。更新投資に伴い計上した資産は，運営権設定期間を耐用年数として一定の減価償却方法によりその取得原価から残存価額を控除した額を各事業年度に配分する（PFI実務対応報告15(2)）。なお，減価償却の方法については注記が必要となる（PFI実務対応報告20）。

更新投資に係る資産は，無形固定資産の区分にその内容を示す科目をもって表示し，更新投資に係る負債は公共施設等運営権に係る負債と同様に，貸借対照表日後1年以内に支払の期限が到来するものを流動負債の区分に，貸借対照表日後1年を超えて支払の期限が到来するものを固定負債の区分に，その内容を示す科目をもって表示する（PFI実務対応報告17，19）。

なお，主な更新投資の内容及び投資を予定している時期や運営権者が採用した更新投資に係る資産及び負債の計上方法について，注記が必要となる（PFI実務対応報告20）。

② 更新投資に係る見積りの変更

更新投資のうち資本的支出に該当する部分に関して，運営権設定期間にわたって支出すると見込まれる額及び支出時期に重要な見積りの変更が生じたときは，その差額を資産及び負債の額に加減する（PFI実務対応報告14）。

『監査人はここを見る!!』
- ☑ 運営権対価が固定金額でない場合,運営権対価の総額を見積る際の事業計画の主要な前提条件は合理的か?
- ☑ 運営権対価の支出額の総額の現在価値の算定に用いる割引率は,運営権設定期間の割引率として適切か?
- ☑ 公共施設等運営権の取得時に更新投資に係る資産を計上する場合,当該資産は資本的支出に該当する部分の支出額および支出時期に基づき合理的に見積られているか?
- ☑ 更新投資に係る資産の経済的耐用年数が運営権設定期間を超える場合,当該資産の運営権設定期間終了時の残存価額は合理的か?

注
1 法人税法に定める耐用年数の改正に従って耐用年数を変更した場合も,その変更が明らかに実態と相違する等の事実が認められない限り,耐用年数を合理的なものにするための変更として取扱うことができる。
2 PFI実務対応報告における更新投資とはPFI法2⑥に基づき、運営権者が行う公共施設等の維持管理のこと。
3 PFI実務対応報告における管理者等とはPFI法2③に規定する公共施設等の管理者である各省の長等とされている。

第8章

IFRS

1　不動産業とIFRS

　2017年7月に東証が公表した「『会計基準の選択に関する基本的な考え方』の開示内容の分析」によれば，2017年6月末時点でIFRSを適用している，もしくはIFRS適用を決定している企業は152社にのぼり，分析対象である東証上場企業全3,537社の時価総額617兆円のうち，時価総額ベースで35パーセント弱を占めている。さらに，IFRS適用予定会社は19社，IFRS適用を検討している会社は214社とのことであり，そのプレゼンスには無視しがたいものがある。

　不動産業に限って言えば，現時点でIFRSの任意適用に向けての積極的な動きはあまり見られない。上記の分析においても，不動産業で名前が挙がっているのは適用予定の会社を含めても3社のみと，製造業などの一般事業会社と比べて傾向の違いは明らかである。とはいえ，経済界全般におけるIFRSの存在はすでに無視できないレベルにあり，また今後の日本基準の開発においてIFRSの考え方が何らかの影響を与える可能性も否定はできないことから，ここで不動産業に関連するIFRS上の主要な論点について確認しておくことは有意義と思われる。

　なお，本書は業種別会計シリーズの一環として不動産業の経営・会計・監査について取扱うものであり，IFRSの解説書ではない。したがって，以下の記載においても，不動産業を営む企業がIFRSで財務諸表を作成する際の要検討事項や論点を網羅的に取上げることは目的としておらず，むしろ，特に検討が

必要と思われる会計上の論点について取捨選択の上，基本的な考え方を紹介する方式を採用した。また，IFRSでの用語の定義や，適用除外事項等については，説明を一部省略しており，開示についても実務に重要な影響があると考えられるごく一部分を紹介するにとどめている。さらに，本書は2018年2月時点における情報に基づいているが，既存基準に対する実務上の対応を機動的に取込むなど，IFRSは頻繁に改訂が行われており，内容によっては実務に重要な影響を与えるものもあると考えられる。

よって，実務への適用においては，上記の点を念頭において，あらためてIFRSの最新基準書ならびに専門解説書を参照いただきたい。

IFRSでの会計処理の詳細は後記にて解説するが，不動産業にとって重要な論点となり得るのは，主に以下の点である。

① 投資不動産の会計…IAS第40号「投資不動産」の適用対象は自社使用等の有形固定資産とは別に表示され，開示も拡充される。
② 収益認識基準………IFRS第15号「顧客との契約から生じる収益」がどのように適用されるか，今後の実務動向を注意深く観察する必要がある。
③ リース会計…………IFRS第16号「リース」はサブリースの会計処理に大きな影響があると見込まれる。
④ SPE………………IFRS第10号「連結財務諸表」では日本基準に比べて連結対象となるSPE（特別目的事業体。以下同じ。）が増える可能性がある。

その他，借入費用（IAS第23号「借入コスト」）や固定資産税の取扱い（IFRIC解釈指針第21号「賦課金」），広告宣伝費などにも留意する必要がある。

なお，すでにIFRSを適用した財務諸表を有価証券報告書で公表している不動産業の会社には，飯田グループホールディングスとトーセイとがあるが，飯田グループホールディングスの有価証券報告書によると，IFRS初度適用による利益剰余金への影響は次のとおりであった[1]。

IFRS移行日時点における利益剰余金の基準間差異

(移行日：2014年4月1日，単位：百万円)

日本基準	94,876	
広告宣伝用資産の費用化	△1,351	①
固定資産税の調整	△1,819	②
その他	△416	
差異　計	△3,586	
IFRS	91,290	

① 日本基準で有形固定資産・その他流動資産に資産計上していた広告宣伝用資産をIFRSでは一部費用計上しているため。
② IFRSでは納付義務の発生した時期に固定資産税の全額計上が求められているため。
(出所) 2016年3月期　飯田グループホールディングス㈱有価証券報告書

　なお，上に挙げた重要な論点のうち投資不動産の会計は，原価モデルを採用する場合には主に財政状態計算書に影響を与えるのみであり，利益剰余金への影響は一般的に重要ではない。また，飯田グループホールディングス㈱がIFRSに移行した時点ではIFRS第15号とIFRS第16号はまだ適用されていない。

　上記は一つの例にすぎず，個々の不動産会社がIFRSに移行した時の影響がどの程度なのかは，日本基準でどのような会計処理がされていたかにより相当の違いがあるものと考えられる。

2　不動産の会計処理

(1) **IFRSにおける不動産の分類**

　IFRSにおいて，企業が保有する不動産は以下の会計上の区分に分類される。

	自己所有	賃借
販売目的	棚卸資産 （IAS第2号）	NA
自己使用目的	有形固定資産 （IAS第16号）	使用権資産 （IFRS第16号）
投資目的	投資不動産（IAS第40号）	
売却予定	売却目的非流動資産 （IFRS第5号）	NA

各カテゴリーについての会計基準上の定義は以下のとおりとなる。

区　分	定　義
棚卸資産	（a）通常の営業過程において販売を目的として保有される資産 （b）販売を目的とする生産の過程にある資産 （c）生産過程または役務の提供にあたって消費される原材料または貯蔵品
有形固定資産	（a）財貨の生産または役務の提供に使用する目的，外部への賃貸目的または管理目的で企業が保有するもので，かつ， （b）1会計期間を超えて使用されると予測される有形の資産
投資不動産	所有者またはリースの借手が保有する不動産で， （a）物品の製造，販売またはサービスの提供，経営管理目的 （b）通常の営業過程における販売目的 ではなく，むしろ，賃貸収入，資本増価またはその両方を目的として保有されるもの
売却目的非流動資産	継続的使用よりも主に売却取引により帳簿価額が回収される非流動資産
使用権資産	借手が原資産をリース期間にわたり使用する権利を表す資産

(2) 棚卸資産

　棚卸資産の概念については日本基準におけるものと大きな相違はなく，日本基準における販売用不動産（開発用不動産・仕掛販売用不動産を含む）や未成工事支出金は，IFRSでも概ねIAS第2号の適用対象になると考えてよい。
　棚卸資産の会計処理について，IFRSではいわゆる洗替低価法が強制される

点が日本基準との大きな違いである（IAS第2号「棚卸資産」9, 33）。なお，減価償却は行われない。

原価の範囲については，概ね固定資産としての不動産の取得の場合に準じると考えてよい。なお，棚卸資産ではあっても借入費用は原価に含める必要がある。この点，日本基準においては借入費用の資産化は選択可能な会計方針に過ぎないが，IFRSでは要件に該当する限り資産化が要求される。

(3) 有形固定資産

① 当初測定

有形固定資産は，当初認識時には原価で測定する。原価に含まれるものは以下の3つの要素とされており，日本基準とはやや範囲が異なる。

ⅰ）値引きおよび割戻し控除後の購入価格

輸入関税や，取得時に係る税金で還付対象外のものを含む。通常の信用期間を超えて支払いが繰延べられる場合は，現金価格相当額のみを原価に計上し，支払額との差額は財務費用とする。日本基準では一般的に発生時費用処理されているものも，原価算入が必要となる場合がある。

ⅱ）資産の設置費用，経営者が意図した方法で稼働可能にするために必要な状態にするための直接的付随費用

外部費用であるかどうかにかかわらず，たとえば，内部人件費であっても要件を満たすものであれば，原価算入しなければならない。日本基準では内部人件費のような付随費用が原価算入されているケースは実務では限定的であると考えられ，原価算入の範囲が広がる可能性がある。

ⅲ）資産除去債務（後記「④(2)資産除去債務」参照）

なお，「意図した使用又は販売が可能となるまでに相当の期間を必要とする資産」については，その資産に関連する支出がなければ避けられた借入費用を原価算入しなければならないとされている。したがって，不動産の取得や建設等のために生じた借入費用（支払利息に限定されない。）は原価算入する必要がある（IAS第23号「借入コスト」8）。すなわち，資産の支出や借入費用が発生し建設等に係る活動が開始された時点から原価算入は開始され，対象資産

が実質的に完成して使用・販売が可能となった時点で原価算入は終了する。この場合、紐付きの借入金で資金調達されているかどうかは問われない。

運転資金の範囲内で購入された場合は、

対象資産にかかる支出額 × その期の借入金の加重平均利率

を、当該期における借入費用の額を限度に、原価算入する必要がある。

圧縮記帳の制度は日本の税法に基づくものであるため、IFRSでの規定はない。ただし、交換による資産の取得ならびに補助金の交付による資産の取得については、IFRSに会計処理についての規定がある。まず、交換による資産の取得であるが、交換取引に経済的実質（commercial substance）がない場合、または取得した資産・引渡した資産のいずれの公正価値も信頼性をもって測定できない場合を除き、公正価値をもって取得資産を測定しなければならない（IAS第16号「有形固定資産」24）。ここで、交換取引が経済的実質を有しているかについては、以下の観点から判断する。

(a) キャッシュ・フローの構成が取得資産と引渡資産とで異なるか。
(b) 企業の営業活動のうち取引の影響を受ける部分の企業固有の価値が当該交換取引により変化するか。
(c) (a)または(b)の相違は交換された資産の公正価値と比べて大きいか。

交換取引が経済的実質を有している場合、取得資産の原価は（取得資産の公正価値のほうがより信頼性をもって評価できる場合を除き）引渡資産の公正価値で測定する。

そして、補助金（低利融資による財務費用の軽減を含む。）の交付を受けた場合であるが、補助金による受贈益相当額について繰延収益として処理するか、もしくは資産の取得原価から直接減額して資産の使用期間にわたって減価償却費の軽減を通じて実質的に収益に計上するか、いずれかの処理とする（IAS第20号「政府補助金の会計処理及び政府援助の開示」24）。

② 事後測定

原価モデルと再評価モデルのいずれかを、資産の種類ごとに選択できる。こ

こで再評価モデルとは，簿価と公正価値が大きく乖離しない程度の頻度で再評価を実施し，原則として，評価益については包括利益，評価損については当期純利益に計上する処理を指す。なお，原価モデルと再評価モデルのいずれを選択した場合でも減価償却と減損会計の適用が必要となる。

　減価償却に際しての減価償却方法は，資産の将来の経済的便益が企業によって費消されると企業が予測するパターンを反映するものでなければならず，不動産の場合，通常は定額法が採用される。なお，減価償却方法の妥当性は，耐用年数ならびに残存価額の見積りの妥当性とともに，毎期見直しを行わなければならない。ここで耐用年数とは，企業によって資産が使用されると見込まれる期間であり，資産の持つ経済的耐用年数の全期間とは限らない。減価償却の方法ならびに耐用年数等の見積りについて，税法基準が容認されるという規定はないため，各企業において不動産の利用実態に合わせた検討が必要となる。

　減損会計の実施においては，減損の兆候に関する概念自体が日本基準と大きく異なるものではないものの，維持コストの上昇，キャッシュ・フローや損益の予算未達，使用価値算定上の割引率の上昇，資本の帳簿価額に対し企業の時価総額が低い場合なども減損の兆候として例示されており，また，減損の兆候の目安となる市場価値の下落も50％の数値基準がないことなどから，より早い段階で減損の兆候が識別されると考えられている。

　また，日本基準では減損の兆候が認識されても第2ステップとして割引前キャッシュ・フローと帳簿価額との比較を行うが，IFRSでは減損の兆候があれば減損テストを実施し，簿価が回収可能価額を上回れば減損損失を認識しなければならない。そのため，一般に日本基準よりも減損損失が認識されるタイミングが早くなる。もっとも，日本基準とは異なり，減損の兆候が事後的に解消（もしくは軽減）すれば減損損失を戻入れる必要がある。

　その他にグルーピングの方法，共用資産の取扱い，予測キャッシュ・フローの見積り方法など，細かい点においても日本基準とIFRSとの基準の差異と考えられる点がある。

(4) 投資不動産

　「投資不動産」はその定義からも分かるとおり，コンバージェンスの一環と

して日本基準においても時価開示が求められるようになった「賃貸等不動産」に近似した概念である。日本基準における「投資不動産」は「投資その他の資産」を構成する表示科目の一つであるが，不動産賃貸事業を営む不動産会社においては賃貸収入目的で保有する不動産は有形固定資産の一部である。

　IFRSの概念での投資不動産を，社用資産と分けて会計処理・表示する考え方は日本基準にはない。そして，IFRSでは賃貸・資本増価目的で保有される部分とそれ以外の目的での保有（いわゆる「社用資産」）部分とが混在している不動産で，それぞれを区分して売却等ができない場合，社用資産部分の重要性が低い場合を除き，全体を一括して有形固定資産とするとされている。たとえば，所有ビルの40％を連結子会社が事務所として使い60％を外部に賃貸しているような場合，当該40％部分を区分して売却等ができるかどうかを判断する必要がある。また，10階建ての建物で4階までが事務所で5階より上層が外部に賃貸されている場合であれば，分けて売却することが可能かもしれない。

　この点，許認可を得なければ売却等ができない場合であっても，申請すれば許可が得られることが合理的に推測できれば，それは「売却等ができる」と考えられる。区分登記されていないから「売却等できない」と判断してよいかどうかは，慎重に検討する必要がある。

　当初認識時における測定について，投資不動産と有形固定資産とでは概ね変わるところはない。

　事後測定においては有形固定資産と異なり，原価モデルと公正価値モデルのいずれかを会計方針として選択し，すべての投資不動産に原則として一律に適用する。ここで公正価値モデルとは，再評価モデルと異なり，毎期投資不動産を公正価値で評価し，評価差損益を当期純利益に認識する方法である。そのため，減価償却は行われず，減損会計も適用しない。一方，投資不動産における原価モデルは，有形固定資産において適用される原価モデルと同じであるが，有形固定資産と異なり，公正価値を注記しなければならない。なお，日本基準における賃貸等不動産の時価開示では，重要性等によって簡便的な評価方法が認められているが，これに対応する記載はIFRSには存在せず，原価モデル・公正価値モデルのいずれを採用する場合であっても，同一の方法で公正価値評価を行うべき旨が明記されている。したがって，簡便的な評価方法を使えるか

どうかは一般的な重要性の基準で判断されることになる。

　IAS第40号における公正価値は，概ね「正常価格」に近い概念であると考えられるが，具体的にはIAS第40号の「結論の根拠」に，国際評価基準（International Valuation Standards: IVS）への言及があるので，これを参考にすべきと考えられる。

　原価モデル・公正価値モデルのいずれのモデルを採用している場合であっても，公正価値算定における重要な前提や外部鑑定の取得状況などについての開示が必須とされていることから，公正価値の信頼性が重視されていることがうかがえる。さらに，公正価値モデルを採用している場合にはIFRS第13号「公正価値」に基づき，重要な観察不能インプットの開示（定量情報や感応度に関する説明）などが求められる。一方，原価モデルを選択して公正価値を開示している場合のIFRS第13号の開示は，定性情報のみにとどまっており，開示作成の負担には大きな違いがある。なお，公正価値測定にどのような評価技法を使っているか，どのようなインプットを用いているかなどは，原価モデル・公正価値モデルのいずれによる場合でも開示が必要となる。

　なお，前記のとおり，基準では原価モデルと公正価値モデルが選択できるとされているものの，公正価値モデルから原価モデルへの変更は原則として正当な会計方針の変更とは認めがたい旨も明記されている。また，先行する海外での事例によると，投資不動産に重要性がある不動産会社においては公正価値モデルの採用が実務上主流となっており，さらに，外部鑑定を毎期取得している旨を注記している会社も多い。

　そのほか，投資不動産については，賃貸料収益を稼得しているものとそうでないものの別に，修繕費等を含む運営費用を開示する必要があるが，これは日本基準には該当がない開示であるため，追加のデータ収集が必要となる。

　なお，不動産賃貸事業を営む企業の場合，SPEを用いたさまざまな取引も行われていることから，日本基準で連結対象外であったSPEがIFRSでは連結が必要になることもある。こうした場合，SPEが保有する投資不動産のスキームによっては，「すべての投資不動産は原則として公正価値モデルもしくは原価モデルのいずれかの測定方法で一貫して測定されなければならない」という会計方針統一の対象外として，たとえば，本社で所有する投資不動産には公正価

値モデル，SPEの持つ投資不動産には原価モデル，というように異なる測定方針を採用することが可能な場合もあることから，該当する企業は事前の十分な検討が有用となる。

(5) 売却目的非流動資産

　投資不動産や有形固定資産に該当する所有不動産であっても，その帳簿価額が売却によって回収されると見込まれ，所定の要件を満たす場合には，売却目的非流動資産として会計処理され，財政状態計算書において別掲される。この売却目的非流動資産では減価償却が停止され，簿価と売却費用控除後公正価値のいずれか低い額で測定される（ただし，公正価値モデルを採用する投資不動産から売却目的非流動資産への振替えの場合は，公正価値による測定を継続する。）。

　なお，売却予定のすべての資産が売却目的非流動資産に該当するのではなく，現況での即時売却が可能であることや分類から1年以内での売却の可能性が非常に高いことなど，IFRS第5号「売却目的で保有する非流動資産及び非継続事業」に詳細な要件が規定されている。このため，これらの要件を満たすまでは，売却が予定されていても従来どおりの会計処理が継続されることになる。

(6) 使用権資産

　IFRSにおける従前のリース会計（IAS第17号）は日本のリース会計と同様，リースをファイナンス・リースとオペレーティング・リースとに分類し，うち前者についてのみ，借手はリース資産および付随する債務を財政状態計算書に認識するものであった。しかしながら，2019年1月1日以降に強制適用が開始されるIFRSの新リース会計では，すべてのリース取引は「貸手から融資を受けて特定の資産を一定期間にわたり使用する権利（使用権）を借手が取得する取引」であるとされた。たとえば，日本基準では不動産の賃借によって借手がリース資産を認識することはきわめて稀であるのに対して，IFRS第16号では不動産の賃借は「使用権資産」とそれに対応するリース負債の認識を伴うことになった。なお，オンバランスされるのはリースの対象となった「原資産」そのものではなく，リース期間にわたって原資産を使用する「使用権」であり，

図表2-8-1　使用権資産とリース負債の当初測定

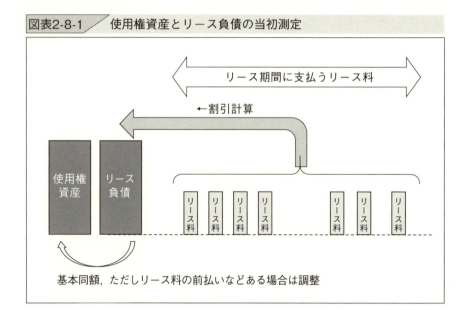

具体的には「リース期間」を通じて貸手に対して支払われる「リース料」の割引現在価値に基づいて使用権資産およびリース負債が当初測定される。

ここで「リース期間」とは，賃貸借契約の契約期間や解約不能期間とは異なる概念であり，借手にとってリースの継続が合理的に確実な期間を指している。すなわち，解約不能期間に加えて，延長オプションや更新オプションの行使が合理的に確実視されるオプションの行使を前提として算定し，逆に，契約期間内であっても解約オプションの行使が想定される場合のオプション期間は含めない。

たとえば，「契約期間は2年でその後は申し出がなければ1年ごとに自動更新されるが，6ヵ月の事前通知で退去が可能」といった条件で不動産を借り，借手は当該不動産に大規模なカスタマイズや改造を実施したと仮定する。この際，原状回復義務の履行コストやこれに代わる物件の確保の困難性などを考えたとき，借手が10年以内にこの物件から退去することはあまり考えられない状況にあるとすると，このケースでのリース期間は少なくとも10年であり，10年分以上のリース料が資産・負債計上の対象となる。このように，リース期間は解約不能期間や契約期間と必ずしも連動するものではなく，実務上その

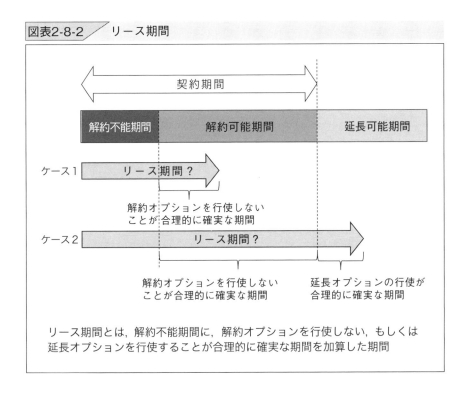

図表2-8-2　リース期間

見積りは非常に困難な場合がある。

　使用権資産の測定に用いられる「リース料」には固定リース料のほか，たとえば，リース期間の算定において解約オプションの行使が前提となっている場合であれば，オプション行使に伴って要求される解約手数料などが含まれる。また，変動リース料についても，「変動」とされているものの実際には固定であるもの（最低保証賃料など）のほか，消費者物価指数などインデックスやレートに連動するものや，市場の賃料水準に合わせるために将来見直される賃料も含まれる。その他の変動リース料，たとえば借手の売上に連動して歩合形式で支払われる賃料は発生時の費用とされ，使用権資産の測定には織込まれない。

　リース料を現在価値に割引くときの割引率は，本来はリースの計算利子率（主にリース料とリース終了時の回収資産の予想残存価値を基に計算される，貸手から見たリース取引の利回り）を使用することが原則であるが，借手はこのリースの計算利子率を通常は入手できないため，一般的には借手の追加借入利子

率を使用することになると考えられる。

　使用権資産は，それが投資不動産に該当し公正価値モデルを採用する場合を除いて，一般の有形固定資産と同様に減価償却を行い，減損会計を適用する。そして，リース負債については残存債務額に見合った支払利息を時の経過に伴って認識し，リース料の支払いを返済として処理する。結果として，日本基準においてオペレーティング・リースとして毎期の支払賃借料を安定的に発生させていた取引は，IFRSにおいてはリース期間の初期に比較的多額の費用を発生させ，リース期間を通じて費用が逓減するという効果を生じさせる。これは，使用権資産の減価償却費は通常毎期定額であるのに対して，リース負債から生じる支払利息は負債額がより大きなリース開始当初ほど多額に発生するためである。

　なお，転貸目的で賃借された物件など，使用権資産が投資不動産の定義を満たす場合，使用権資産は投資不動産に分類され，IAS第40号の規定に従うことになる。このため，投資不動産の測定に公正価値モデルを採用している企業は，投資不動産に該当する使用権資産についても公正価値で測定し，その変動は純損益に計上しなければならず，公正価値モデルを採用しない場合であっても，IAS第40号に従って公正価値の開示が必要になる。

　なお，使用権資産の公正価値は原資産の公正価値ではなく「リース期間を通じて原資産を使用する権利（賃借権）」の公正価値であり，日本においてそのような公正価値についての鑑定実務は確立されていないため，実務上の対応には困難も予想される。

3　収益認識

(1)　不動産賃貸事業における収益認識

　不動産賃貸事業における収益認識は，IFRS第16号「リース」で取扱われている。すなわち，リース取引を通じて，リース対象資産（原資産）の所有に係るリスクと経済価値が貸手から移転するかどうかにより，リースはファイナンス・リースとオペレーティング・リースとに分類されることになる。この点フ

ァイナンス・リースでは，リース対象の資産（原資産）の認識を中止して未収金を計上し，それ以降はリース期間にわたって実効金利法に基づく受取利息を認識し，リース料収受を未収金の回収として会計処理する。一方，オペレーティング・リースは，フリーレントやリース・インセンティブをリース期間にわたって配分し，原則として賃貸期間を通じて定額法により収益認識する。

日本基準では「ノンキャンセラブル・フルペイアウト」がファイナンス・リース判定の原則であるが，IFRSの場合，解約不能期間ではなくリース期間に基づいて，すなわち，解約が可能であっても解約されないことが合理的に確実な場合は，当該解約可能期間（および当該期間に対応するリース料）を含めてリースの分類を判定するため，日本基準とは異なる判定となる場合も考えられる。

賃貸仲介業者に支払った仲介手数料など，リース契約の獲得に直接要した増分コストは，「初期直接コスト」としてリース期間を通じて費用化する。すなわち，ファイナンス・リースの場合は未収金の計上に織込むことで受取利息を圧縮する形で費用化し，オペレーティング・リースの場合は繰延処理を行った上でリース期間にわたって償却することになる。この点，日本基準には初期直接コストの明確な概念がないため，発生時に費用処理されて把握されていない場合もあるものと考えられる。その場合，IFRSの初期直接コストに該当する支出を識別する必要があり，データの捕捉方法の検討も必要となる。なお，初期直接コストはリース契約の「獲得」に直接要した「増分」コストのみが対象であるため，リースを獲得したかどうかにかかわりなく，発生する間接費や内部人件費，交渉に要したコストなどは含まれない。

不動産賃貸事業に関する会計上の論点としては，リース判定における土地部分・建物部分へのリース料の配分およびサブリースの論点が挙げられる。

① リース判定における土地部分・建物部分へのリース料の配分

IFRSにおいても，土地・建物一体のリースでは，原則としてリース料総額をそれぞれの賃借権持分の相対的な公正価値の比率に基づいて比例的に土地と建物とに配分した上で，それぞれ別個にリース分類の判定を行う。この相対的な公正価値に比例したリース料総額の配分は，賃借権持分の公正価値の比較で

あり，対象資産の公正価値そのものを比較するものではない。また，リース料総額を，信頼性をもって土地部分と建物部分とに分けることができない場合には，土地と建物の両方がオペレーティング・リースであることが明らかな場合を除き，全体をファイナンス・リースとして取扱う必要があることから，日本基準での取扱いとは相違が生じる場合も考えられる。

② サブリース

IFRSにおけるリース会計の改訂は，主に借手会計の改善を意図したものであり，原則として貸手に大きな影響を及ぼすものではない。しかしながら，サブリースはその例外である。重要な変更点としては，サブリースが「使用権資産」を原資産とするリース取引であると明確化されたことである。たとえば，不動産オーナーからリース期間5年間で物件を借上げ，これを5年間第三者に転貸する場合，このサブリースはファイナンス・リースに該当する可能性が高いことになる。これまで不動産の転貸は，不動産（原資産）の耐用年数に対して転貸期間が短いということでオペレーティング・リースに分類されることが多かったが，IFRS第16号では不動産の転貸がファイナンス・リースに該当するものが増えると見られている。

前記のとおり，IFRS第16号は，リースの借手に使用権資産とこれに対応するリース負債の計上を要求している。このため，サブリースがファイナンス・リースと判断された場合，ヘッドリースによる使用権資産の認識は中止され，転貸に係るリース料の現在価値で未収金が計上されることになり，それ以降は賃料収入に代わって未収利息が認識されることになる。この点，ヘッドリースから生じる支払利息やサブリースから生じる受取利息が，いずれもリース期間の初期に多く発生して期間の経過とともに逓減するため，後記のオペレーティング・サブリースほどの損益の歪みは生じないものの，サブリースによる賃貸差益が金融収益と金融費用として発生することが直観的に違和感なく受け止められるようなるには時間を要する可能性がある。

一方，転貸がオペレーティング・リースに分類される場合，サブリースからは賃料収入がリース期間にわたって毎期定額で収益認識されることになる。この点，不動産オーナーから借上げたヘッドリースによって生じる費用（使用権

資産の減価償却費＋リース負債から生じる金利費用）はリース期間を通じて逓減するため，たとえ毎期一定額の転貸差益が期間を通じて確保されていたとしても，サブリースの初期は収益性が悪く，期間の経過に伴って収益性が改善したかのような結果をもたらす。

IFRS新リース会計におけるサブリース取引の基本的な考え方である「サブリースとは使用権資産の譲渡取引である」という概念になじみがない不動産会社にとっては，新たに導入された方法は管理会計上の損益との不整合を感じさせる処理であることは否めない。

(2) 不動産販売事業その他における収益認識基準

不動産分譲事業，請負工事事業，仲介・あっせん事業などの各種手数料，プロパティマネジメント（以下「PM」という。）その他の各種サービスの提供に伴う役務提供収入はすべて，収益認識の一般基準であるIFRS第15号に基づき，契約上の義務を履行し顧客に対して約束した財・サービスの支配を移転した時点で収益として認識する。

具体的には以下の5ステップを通じて，いつ，いくらの収益を認識するかを検討することになる。

① 契約の識別	取引がIFRS第15号の規定する「契約」に基づくものであるかどうかを検討する。 契約が複数に分かれているとしても，一定の要件に該当し，その実質が一体として機能していると考えられるような場合，複数の契約をまとめて一つの契約とみなす(契約の結合)
② 履行義務の識別	一つの契約の中で，たとえば，別個の財・サービスを複数移転するような場合であれば，それぞれの財・サービスごとに履行義務を識別する。
③ 取引価格の算定	各契約にそれぞれ対応する会計上の「対価」を決定する。
④ 取引価格の各履行義務への配分	契約に複数の履行義務が含まれている場合，会計上の契約対価を，各履行義務に割振る。

⑤ 履行義務の充足に基づく収益の認識	履行義務ごとに，履行義務が充足された時点，すなわち財・サービスに対する支配が顧客に移転した時点で，収益を認識する。 履行義務の充足パターンは，①一時点で充足，②一定の期間にわたって充足の2パターンがある。

① 契約の識別

　IFRS第15号における「契約」に該当するためには，①各当事者が契約を承認し義務の履行を確約している，②移転される財またはサービスに関する各当事者の権利が識別可能である，③移転すべき財またはサービスに関する支払条件を識別できる，④契約に経済的実質がある，⑤企業が最終的に権利を得ることとなる対価の回収可能性が高い，以上の5要件のすべてが満たされる必要がある。たとえば，不動産を売却したが購入資金をグループ内の別の会社が提供しており，諸般の状況から融資資金の回収に疑念がある場合，「⑤対価の回収可能性」の要件が満たされていない。そのため，IFRS第15号ではそもそも「契約が識別されない」ことから，収益の認識はできないことになる。具体的には，売却対象不動産を取得するための資金をノンリコースローンで売主が提供するような場合（セラーファイナンス）にそれが起こりうる。すなわち，不動産の売却を認識した上で，融資した資金について適切な貸倒引当金を計上すればよいというわけではない。

② 履行義務の識別

　「顧客がその財またはサービスからの便益を，それ単独でまたは顧客にとって容易に利用可能な他の資源と組合わせて得ることができ」，かつ「財またはサービスを顧客に移転するという企業の約束が，契約の中の他の約束と区分して識別可能」である場合に，それぞれの財・サービスについて別個の履行義務が識別される。たとえば，分譲マンションのケースでは，区分登記されているマンションの居室に関する権利と，敷地利用権およびエレベーター等の共用部分の利用権とは一体不可分であり，全体で一つの履行義務と考えるのが適切と考えられる。他方，マンションとマンションに隣接する駐車場の区画と同時に

売出され，駐車場はマンションの区分所有者でなければ購入できないとしても，転売が法律上は可能という状況であれば，駐車場の区画は別個の財・サービスとして履行義務が識別されると考えられる。

③　取引価格の算定

　IFRS第15号での取引価格は「財またはサービスの顧客への移転と交換に企業が権利を得ると見込んでいる対価の金額」と定義される。そして，変動対価が含まれている場合は，期待値と最も可能性の高い金額とのいずれか，より適切な方法で見積る。ただし，変動対価に関する不確実性がその後に解消される際に，認識した収益の累計額に重大な戻入れが生じない可能性が非常に高い範囲に限られる。また，代金が割賦決済されるように，履行義務の充足時点と支払いとの間に重要なタイミングのずれ（たとえば1年超）があり，利息分が実質的に含まれているような場合は，利息相当額は対価の一部とはみなされない。同様に，手付金を前受けし，履行義務の充足までに相当な期間がある場合には，取引価格に当該期間に対応する利息を加算する必要がある。こうした利息分は「ファイナンス要素」と呼ばれる。

④　取引価格の各履行義務への配分

　会計上の契約対価は，相対的な独立販売価格の比率に基づき契約内の複数の履行義務に比例的に配分される。実務では（一部の）履行義務に関する独立販売価格が観察可能でないことも想定されるが，そうした場合のガイダンスも提供されている。

⑤　履行義務の充足と収益の認識

　収益を認識する「単位」（履行義務）と，その単位ごとに配分された「対価」が決定されたら，収益は各履行義務が充足された時点で認識する。そして，履行義務は，財・サービスに対する支配を顧客に移転することによって充足される。

　履行義務が一定の期間にわたって充足されるときは，収益も一定の期間にわたって認識し，履行義務が一時点で充足されるときには，収益もその時点で認

識する。

ここで「履行義務が一定の期間にわたって充足される」とは，以下のいずれかに該当する場合をいう。

> - 企業が義務を履行するにつれて顧客が便益を受け，かつ，同時にそれを消費する。
>   たとえば，PM業務等によるサービス提供はこれに該当すると考えられる。
> - 企業の履行につれて資産が創出または増価し，かつ，資産の創出または増価につれて顧客がその資産を支配する。
>   たとえば，顧客が所有する建物を改修・修繕するような場合は，一般的にこれに該当すると考えられる。
> - 企業の履行により企業にとって他に転用できる資産が創出されず，かつ，企業が現在までに完了した履行義務に対する支払いを受ける強制可能な権利を有している。
>   たとえば，建売住宅を竣工前に売却したケースで，もし工事進捗に応じた支払い義務が顧客にあるのであれば，この条件に該当する可能性が考えられる。なぜならば，売却契約が成立していることは「創出された資産を他に転用できない」ことを通常は意味するからである。この点，支払いに対する強制可能な権利とは，必ずしも契約上での明記を必要とするものではなく，訴訟などにより企業が実質的な請求権を合理的に主張できる可能性が高ければ足りるとされている。企業に瑕疵がないと仮定した場合に，すでに完了した部分に対する支払い義務を顧客が拒絶できるかは難しい判断であり，強制可能な権利が存在するかどうかを判断する上で，法律専門家のアドバイスが必要になる場合も考えられる。
>   「履行義務が一定の期間にわたって充足される」場合，契約に約束された財・サービスに対する支配をどの程度顧客に移転したか（つまり履行義務がどの程度充足されたか）を示す適切な「進捗度」に基づき収益を認識する。いわゆる工事進行基準はこの一種といえるが，見積総原価に対する既発生原価の割合が適切な進捗度を示す指標であるか検討が必要な場合も考えられる。

上記のいずれの要件も満たさず，履行義務が一定の期間にわたって充足されないと判断される場合，収益の認識は，企業が財・サービスの支配を顧客に移転した一時点で認識する。この点，どの時点で支配が移転したかを判断する上で，対価の支払いを請求する権利を現時点で企業が有しているか，資産の法的所有権を顧客が有しているか，対象資産を顧客が物理的に占有しているか，資産の所有に係る重要なリスク・経済価値が顧客にあるか，顧客が対象資産の引

渡しを受けて検収したか，といった財・サービスに対する支配の移転を示す指標が挙げられてはいるものの，それぞれは必ずしも履行義務の充足を結論付けるものではない。たとえば，不動産分譲事業において所有権移転登記が未了であることのみをもって，必ずしも履行義務が充足されていないことにはならない。

また，対価の支払いが複数回に分かれて行われる場合で，収益が一時点で認識される場合には，「収益認識時点（履行義務の充足時点）」と支払い時点とを比較することで，ファイナンス要素の影響を比較的容易に算定できる。しかしながら，履行義務が一定の期間にわたって充足されるようなケースでは複雑な計算が要求されることになる。特に，工期の遅れが見込まれる場合や支払いの

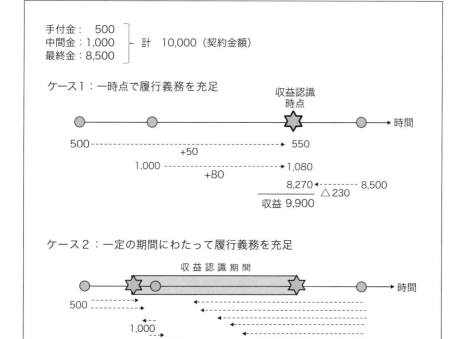

図表2-8-3　履行義務の充足時点とファイナンス要素の識別

タイミングが進捗に左右される場合は，実務に困難を生じさせる可能性がある。

なお，IFRS第15号は収益認識の基準であり，これに対応する原価・コストの認識についての包括的な規定を含んでいない。従来適用されていたIAS第11号「工事契約」では収益およびコストを進捗度に応じて認識することとされていたが，該当する規定はIFRS第15号にはなく，収益の会計処理方法とコストの会計処理方法とが自動的には連動していない。IFRS第15号は契約獲得のための増分コストと契約履行のためのコストについて規定しているが，それ以外のコストについては，他の基準（たとえばIAS第2号「棚卸資産」）に特段の定めがない限り，原則として発生時に費用処理しなければならない。これは，一般的にそのようなコストは概念フレームワークに定める「資産」の要件を満たさないことが多いためである。

そのため，たとえば建築中の販売用不動産の広告宣伝に要した費用について，日本基準では前払広告宣伝費として物件竣工時まで繰延べることが実務では一般的と考えられるが，こうした処理はIFRSでは認められず，広告宣伝費として発生時に費用処理しなければならない。IFRS第15号に関しては，実務の醸成にはまだ時間を要すると思われるため，今後の実務動向を注意深く見守る必要がある。

4　その他のトピック

(1)　連結（SPEの連結）

連結に関する基本的な考え方は，日本基準・IFRSともに支配力基準によっており，その概念において重要な基準間差異はない。しかしながら，支配力基準をどのように適用して「支配」の有無を判定するかについて，IFRS第10号には原則主義に基づく判断のプロセスが明確化されているため，実際の判定結果には相違が生じる場合があると考えられる。

すなわち，IFRSにおける「支配」とは，投資先への関与から生じるリターンの変動性にさらされており，投資先に対する「パワー」を通じてそのようなリターンに影響を与える能力を有している（つまり，投資先から生じるリターンに

図表2-8-4　連結判定における「支配」の概念

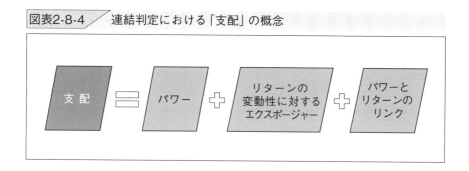

重要な影響を与える活動（いわゆる「関連する活動」）に関して意思決定権がある。）ことをいう。

　一般的な株式会社においてそのような「パワー」は議決権を通して行使されるが、いわゆる「SPE（特別目的事業体)」においてはパワーと議決権との間に関連性がないことも多い。こうした場合、その投資先がどのような目的で設立されたか、どのような事業体としてデザインされているか（どのようなリスクを生じさせ、誰にどのようにリスクを負担させる仕組みとなっているか）、誰が「関連する活動」に対して実際に指揮する能力を保有しているか、などを分析・検討した上で、誰がパワーを持っているかを判断しなければならない。たとえば、投資先の立上げやプロジェクトスキームの構築に積極的に関与した企業は、当該投資先に対するパワーを掌握できるように投資先における意思決定の構造をデザインしているかもしれない。また、関連する活動を管掌する経営幹部が企業の従業員や元従業員である場合や、投資先の事業が資金や重要な技術や知財などの面で企業に依存している場合、あるいは投資先のリターンの変動性に対するエクスポージャーや権利が企業の保有する議決権割合に対して不釣合いに大きい場合などは、企業が議決権以外の何らかの重要な権利を有し、これによりパワーを行使できる状況を示唆する可能性がある。

　一般的に、リターンの変動性に対するエクスポージャーや権利をより多く有している企業が、投資先における関連する活動の意思決定についてのパワーも有していることが多いが、エクスポージャーや権利が最大であることのみをもって当該企業が投資先を支配していると結論付けることはできない。また、企業がパワーを有していたとしても、そのパワーを自身へのリターンを創出する

ために行使できなければ、企業は他の当事者の代理人として機能しているにすぎず、投資先を支配していることにはならない。たとえば、不動産投資ファンドにおけるファンドマネジャーの多くはこれに該当すると考えられる。

このように、IFRS第10号は実務への適用において非常に高度な判断が要求される基準であるため、たとえ類似のスキームであっても、事実関係のわずかな違いによって結論が異なる場合もある。

なお、日本基準では一部の特別目的会社について、特定の要件を満たす場合は子会社に該当しないとする推定規定があるが、IFRSにはこのような規定は存在しない。また、子会社であっても支配が一時的であると認められる企業や連結することによって利害関係者の判断を著しく誤らせるおそれのある企業は、日本基準上の連結の範囲から除かれるが、IFRSにはこのような規定も存在しない。結果として、日本基準からIFRSへの移行により連結の範囲は拡大することが多い。また、子会社についてのみならず、組成された事業体（多くのSPEはこれに該当する）であって連結対象外であるものとの関与についても詳細な開示が要求されていることも、IFRSの特徴である。

(2) 資産除去債務

資産除去債務に係る日本基準の規定は、コンバージェンスの一環として導入されたものであり、IFRSではIAS第16号「有形固定資産」において資産除去債務に対応する額を資産の原価に算入する必要があることが明記されている。なお、資産除去債務として認識すべき金額は、IAS第37号「引当金、偶発負債及び偶発資産」において負債計上すべき金額となる。

コンバージェンスの一環として導入されたとはいえ、資産除去債務の認識についての考え方には基準間の違いがあり、IFRSでは法的債務に限定せず推定債務も債務計上の対象となっているのに対して、日本基準は法的債務のみを対象としている。また、日本基準では、ひとたび認識された資産除去債務は、将来発生するキャッシュ・フローの予測に変更が生じない限り債務計上の金額が見直されることはなく、当初に債務計上を行った時点の割引率を用いて時間価値相当分による負債の増価が事後的に認識されるのみである。したがって、資産の原価に算入された金額についても、規則的に償却を行っていけばよいこと

になる。一方，IFRSでは資産除去債務は毎期見直しを行い，かつ，見直し時点の割引率に基づき再計算する必要があることから，キャッシュ・フローの予測変更がなかったとしても，割引率が変動すれば債務計上の金額は変化することになり，当該差額は追加的に対象資産の原価に加減されることになる。

また，資産除去債務の変動のうち時間価値に起因する部分について，IFRSでは財務費用とされており，減価償却費と同じ区分での処理を求める日本基準とは取扱いに相違がある。

なお，IAS第37号では，資産除去債務について見積りが行えないケースは「極めて稀である」とされており（その場合はIFRSでも開示だけとなる。），見積りが困難であれば開示のみとする日本基準とはやや温度差がある。そのため，日本基準で合理的に見積ることができないとして債務計上を行っていない場合であっても，それが「極めて稀」なケースにあたるのか，代替案としてどのような概算なら可能かについて，検討が必要となる可能性がある。

(3) 敷金等

不動産賃貸事業においては，敷金・保証金が相当の金額的重要性を持つ場合が多い。そして，返還が前提とされる敷金・保証金は，金融資産（差入敷金・保証金）や金融負債（受入敷金・保証金）の定義を満たすと考えられるため，IFRS第9号「金融商品」によって会計処理されることになる。

敷金・保証金は通常無利息であり，また契約終了時に全額が返還・回収されることが前提であるため，IFRS第9号のもとでは償却原価で測定されるものが大半であると考えられる。

なお，IFRS第9号のもとで金融商品は，その当初測定を公正価値で行わなければならない。たとえば，5年後に返還される敷金であれば，5年後の回収額を5年の市場金利で割引いた価額で当初認識しなければならない。また，敷金の差入先の信用状況が悪く回収にリスクがある場合には，当該信用リスクを割引率に反映する必要がある。こうして算定された当初測定額と差入（受入）額との差額は，前払賃料として取扱われることになる（IFRS第16号のリース会計の対象になる）と考えられる。

もっとも，信用リスクは僅少であることが多く，昨今の低金利環境では割引

計算にあまり重要性がないことも考えられる。

(4) 賦課金

　IFRIC解釈指針第21号「賦課金」は，政府から課された賦課金（たとえば税金等。ただし法人所得税は除く。）に関連するガイダンスを提供するもので，法令に従った賦課金の支払いの契機となる活動が生じた時点が，賦課金支払いについての負債（引当金もしくは未払金）の計上時点であることが明確化された。これによって不動産会社が重要な影響を受けると考えられる項目の一つが，固定資産税の計上時期である。

　固定資産税は毎年1月1日現在において土地，建物，償却資産等の固定資産を所有している主体に納税義務が発生するが，これは，1月1日現在の所有者にその年度の固定資産税全額に対する納付義務が生じており，IFRSでの負債計上が要求されることを意味する。

　IFRIC第21号は負債をいつ認識すべきかについてガイダンスを提供するのみであり，当該負債に対応する費用をいつ認識すべきかについては触れていない。しかしながら，一般的には固定資産税の納付を将来の何らかの経済的便益の流入と結付けることは容易ではなく，前払費用としての計上について概念フレームワークに規定する資産の定義を満たすと考えることは難しい。したがって，他の基準，たとえばIAS第2号に基づき棚卸資産（販売用不動産）の原価に含めたりIAS第16号に基づき有形固定資産の原価に含めたりする場合を除いて，通常は1月1日の納付義務発生時点で負債計上額の全額を費用処理する必要があると考えられる。

　すなわち，IFRSには「1年に1度だけ発生する費用なので，1年間を通じて費用を平準化して負担させる」といった考え方は存在しないのである。一方，日本基準では多くの場合，各納付期日に基づいて費用を認識していると考えられており，年4回の分割納付をしていれば四半期ごとにほぼ均等の費用が認識されることになる。この違いは，1月1日を含む四半期の期中財務報告（四半期決算）において最も大きな影響をもたらすものと考えられる。

(5) その他

　IFRSは原則主義を基本としていることから，詳細な規定を持たず，また，不動産業界特有の例外的な処理も規定していない。そのため，IFRSが実務に適用される場合，財務諸表を作成する各企業が経済環境や属する産業や取引形態その他を総合的に勘案し，取引による自社の経営成績・財政状態への影響を最も適切に反映する会計処理・開示のあり方について判断を行う必要がある。

5　初度適用

(1) 概要

① 原則および例外

　前記では，不動産業に関連するIFRS上の主要な論点を説明したが，IFRSを初めて適用する企業（以下「初度適用企業」という。）は，IFRS第1号「国際財務報告基準の初度適用」に準拠し，最初のIFRS財務諸表の作成にあたって，最初のIFRS報告期間の末日現在で有効なIFRSを，原則として遡及適用しなければならない。また，IFRSに準拠した会計方針を，最初のIFRS財務諸表において表示されるすべての期間に一貫して適用しなければならない。

　しかしながら，画一的な遡及適用の要請により財務諸表利用者の便益を超えるコストを初度適用企業に生じさせる可能性や，設立当初に遡って当時の情報を入手することができないために，実質的にIFRSに移行することが不可能となる可能性を考慮し，IFRS第1号では特定の項目についてIFRSの規定の遡及適用を免除または禁止している。

② 開示

　初度適用企業において，最初のIFRS財務諸表では少なくとも直前1事業年度に係る比較情報を開示しなければならず，また，IFRS移行日におけるIFRS開始財政状態計算書を作成して開示しなければならない。すなわち，初度適用企業は最初のIFRS財務諸表において，IFRS移行日・比較期間の末日・報告期

図表2-8-5　初度適用時の開示例

開示例

IFRSに準拠している旨及び初度適用に関する事項

　当社グループの連結財務諸表は，国際会計基準審議会によって公表されたIFRSに準拠して作成しております。当社グループは「連結財務諸表の用語，様式及び作成方法に関する規則」（昭和51年大蔵省令第28号）第1条の2に掲げる「指定国際会計基準特定会社」の要件を満たすことから，同第93条の規定を適用しております。

　本連結財務諸表は，2016年6月28日に取締役会によって承認されております。

　当社グループは，2016年3月31日に終了する連結会計年度からIFRSを初めて適用しており，IFRSへの移行日は2014年4月1日であります。IFRSへの移行日及び比較年度において，IFRSへの移行が当社グループの財政状態，経営成績及びキャッシュ・フローの状況に与える影響は，注記「39. 初度適用」に記載しております。

　早期適用していないIFRS及びIFRS第1号「国際財務報告基準の初度適用」（以下，IFRS第1号）の規定により認められた免除規定を除き，当社グループの会計方針は2016年3月31日に有効なIFRSに準拠しております。

　なお，適用した免除規定については，注記「39. 初度適用」に記載しております。

（出所）2016年3月期　飯田グループホールディングス有価証券報告書

図表2-8-6　初度適用時の開示書類

```
IFRS移行日              比較期間の末日           報告期間の末日

        →   比較期間    →        報告期間        →

    注記                  注記                    注記
　（調整表含む）         持分変動計算書          持分変動計算書
    財政状態計算書       キャッシュ・フロー      キャッシュ・フロー
                         計算書                  計算書
                         包括利益計算書          包括利益計算書
                         財政状態計算書          財政状態計算書
```

間の末日それぞれにおける財政状態計算書，比較期間と報告期間の包括利益計算書，キャッシュ・フロー計算書および持分変動計算書ならびに関連の注記を開示する必要がある。

さらに，この注記では日本基準からIFRSに移行した影響を説明するための調整表など，初度適用特有の追加的な開示が求められる。

(2) 不動産業における初度適用

① 特徴

不動産会社の特長として，不動産の開発は一般に数年を要し，また，開発後も自ら所有し賃貸することで，一般に長期にわたって不動産が保有され，借主との間の賃貸借契約も長期間の契約となることも想定される。

このように取引が長期にわたる状況では，不動産会社がIFRSを適用する場合，遡及適用について特に留意する必要があり，過去の取引データの収集に相応のコストを要することも考えられる。

② 免除規定

前記のとおり，遡及適用のコストが財務諸表利用者の便益を上回りそうな特定の領域については，遡及適用が免除されており，初度適用企業は一つ以上の免除規定を任意に選択することができる。

不動産会社がIFRSを適用する際は，投資不動産について，図表2-8-7に挙げる免除規定の選択を検討することが有用であろう。

ⅰ）みなし原価

投資不動産の事後測定において原価モデルを選択する場合，当初測定における原価の範囲や不動産の交換取引に関する原価の日本基準との相違や，事後測定における減価償却の日本基準との相違等についても，初度適用企業は原則として遡及適用が必要となる。

一方，投資不動産の取得日からIFRS移行日までに長期間経過している場合，過去の取引データの収集や再計算に過大なコストが要することも考えられる。このような背景からIFRSでは，IFRS移行日現在である投資不動産項目を公正価値で測定し，その公正価値をみなし原価として使用することが選択できる。

図表2-8-7　投資不動産に関連する免除規定

項　目	概　　要
みなし原価	事後測定において原価モデルを選択している場合の投資不動産については，IFRS移行日現在の公正価値をみなし原価として使用することができる。
借入コスト	IFRSでは，適格資産が一定の要件を満たした場合は関連する借入コストを資産計上しなければならないが，初度適用企業はこの規定をIFRS移行日（または任意に指定したIFRS移行日より前の特定の日）から将来に向かって適用することができる。
資産除去債務	IFRSでは，通常，資産除去債務が変動する都度，関連する資産の取得原価に加減し，調整後の償却可能額を残存耐用年数にわたり減価償却しなければならないが，初度適用企業は，IFRS移行日以前に発生している資産除去債務の変動に関して遡及適用を行わないことができる。

すなわち，IFRS移行日現在の公正価値をその時点の原価とみなして，IFRS移行日以降の減価償却の計算や減損会計の適用などを行うことになる。

ⅱ）借入コスト

初度適用企業は原則として，適格資産が一定の要件を満たした場合は関連する借入コストを資産計上しなければならないが，不動産のように開発に数年を要する場合は遡及適用が困難なケースも想定される。そのためIFRSでは，IFRS移行日（または任意に指定したIFRS移行日より前の特定の日）から将来に向かっての期間のみに限定して借入コストを資産化することを認めている。

なお，投資不動産にみなし原価を選択している場合，IFRS移行日より前に発生した借入コストは資産化しないことに留意する必要がある。

ⅲ）資産除去債務

投資不動産の事後測定において原価モデルを選択する場合，資産除去債務が変動する都度，投資不動産の取得原価に加減し，調整後の償却可能額を残存耐用年数にわたり減価償却しなければならない。

IFRSでは，日本基準で見直しが求められない資産除去債務の割引率の見直しが毎期必要なことから，日本基準と比べて見直しの頻度は高いと考えられる。

そのため初度適用企業は，原則としてこのような見直しを遡及適用して行わなければならないが，IFRS移行日以前に発生している資産除去債務の変動に関して遡及適用を行わないことも選択できる。なお，この免除規定を選択する場合にも以下の処理を行う必要がある。

ア）　IAS第37号「引当金，偶発負債及び偶発資産」に従ってIFRS移行日現在で負債を測定する。

イ）　投資不動産の原価の一部として認識される資産除去債務である場合，最初に発生した時点で原価に算入されていたであろう金額を見積る。見積り計算は，負債の発生時点からIFRS移行日までの期間にわたり適用されることになっていたであろう過去のリスク調整後割引率の最善の見積りを使用して，発生時点まで割り引いて行う。

ウ）　投資不動産の原価に算入されていたであろう金額に対応するIFRS移行日現在の減価償却累計額を算定する。

(3) 禁止規定

IFRSでは，前記の免除規定のほか，すべての初度適用企業に遵守が求められる遡及適用の禁止規定も存在する。すなわち，会計上の見積りについては，日本基準で誤っていたという客観的な証拠がある場合を除き，日本基準において行われた見積りと首尾一貫した見積りを行うこと，ならびに金融商品会計の一部において遡及適用を行うことが禁止されている。

注
1　適用基準を日本基準からIFRSに変更した場合には，利益剰余金への影響の開示が要求されるが（「⑤初度適用」参照），トーセイは従来からIFRSに基づく連結財務諸表を公開していたため，当該情報は開示されていない。

第3編

監査

第1章

監査の概要

1 監査の分類と三様監査

　「監査」の定義として一律に普遍的なものを挙げることは困難であるが，おおむね，すでに行われた他人の行為を批判的に観察して，その成否，当否，適否を判定することと捉えることができる。

　監査は，分類方法により次頁の図表3-1-1のようにさまざまな種類がある。

　法定監査は，さらに根拠法令等により，金商法（上場会社等），会社法（資本金5億円以上または負債総額200億円以上等）のほか，各種業法の定めるところにより，資産流動化法（特定目的会社），投信法（投資信託および投資法人），労働組合法（労働組合）等の各法に基づく監査に分類することができる。

　一般に，同一の組織に対して実施される，公認会計士または監査法人が行う金商法や会社法等に基づく公認会計士監査と，内部監査部門による監査，ならびに監査役監査を称して，三様監査と呼ばれる。次頁の図表3-1-2のように各々の監査主体や目的は異なるものの，相互に効率性，有効性を高めるため，相違点や，限界を認識したうえで，連携を強化することが求められている。

図表3-1-1　監査の分類

分類基準	監査の種類	分類の視点
①監査主体	「外部監査」「内部監査」「監査役監査」	被監査側の外部者によって行われるか，内部者によって行われるか。
②対象領域	「会計監査」「内部統制監査」「業務監査」	会計処理等に関する主に金額・計数面，財務報告に係る内部統制，または業務組織・活動等に関する法規準拠性や効率面等を対象とするか。
③法的強制力	「法定監査」「任意監査」	法令等に準拠するものか否か。
④実施時期	「期中監査」「期末監査」	主に日々の取引を対象とするか，決算日における勘定残高の妥当性の検証等を対象とするか。
⑤実施内容	「予告監査」「抜打ち監査」「初度監査」「連続監査」	事前に通知を行うか否か。初めて行うか，前回に引き続いて行うか。

図表3-1-2　三様監査の比較

監査主体	公認会計士監査（公認会計士または監査法人）	監査役監査（監査等委員会監査）（監査委員会監査）	内部監査
目的・監査内容	・財務諸表等の監査（金融商品取引法），計算書類等の監査（会社法） ・内部統制報告書の監査	・取締役の職務執行を監査（監査役監査，監査等委員会監査） ・取締役および執行役の職務執行を監査（監査委員会監査）	・経営目標の効果的達成のため合法性，合理性等を監査
法的拘束力	・金融商品取引法 ・会社法	・会社法	・根拠法なし（任意，ただし東証における上場要件）
対象領域	・会計監査 ・内部統制監査	・業務監査 ・会計監査	・業務監査 ・会計監査
選任	・株主総会（監査役設置会社は，議案の内容は監査役（監査役会）が決定）	・株主総会（監査役，監査等委員） ・取締役会（監査委員）	・経営者
主たる情報利用者	・株主，一般投資家，債権者等	・株主，債権者等	・経営者等

2 内部監査と監査役等による監査の連携

　公認会計士による監査，内部監査，および監査役・監査等委員会・監査委員会（以下「監査役等」という。）による監査は，三様監査といわれることもあるが，我が国では伝統的にそれぞれが異なった目的を持ちながら，相互に影響を及ぼし合ってきた。

　監査役等による監査は，会社の機関として，株主や債権者等の保護の観点から　会計および業務監査を担う法定監査であり，内部監査とは位置付けや目的が異なるものの，企業の内部統制を監査対象とする等の共通点も見られる。

　監査役等による監査は，制度のみならずその権限についても会社法に規定が存在する。そのため，内部監査人は有効な内部監査遂行の観点からは，監査役等との定期的な協議・情報交換によって，内部監査計画の立案に際して有用な情報を得ることができる。すなわち，内部監査人は，監査役等のみならず会計監査人とも定期的な協議の機会を確保する意義もあり，このような有効な連携のあり方は監査目的の効果的な達成に寄与するものと考えられる。

第2章 会計監査人と監査役等との連携

1 我が国における監査役等の制度

　我が国の会社法上，監査役は，株主総会，取締役（または取締役会）と並ぶ，株式会社の常設機関であり（非公開会社かつ非大会社および指名委員会等設置会社・監査等委員会設置会社を除く。），株主総会で選任され，取締役の職務の執行を監査する（会381①）。監査役と会社との関係は委任であり，職務の遂行に際しては，会社に対して善管注意義務を負う。

　監査役監査には，業務監査と会計監査が含まれるが，取締役の職務執行における法令・定款の遵守および著しく不当な事項の有無を監査することから，一般に適法性監査と呼ばれる（「著しく不当な事項」の監査部分を妥当性監査と捉える考え方もある。）。会計監査は，計算書類およびその附属明細書を監査することであり，招集通知に監査役の監査報告書が添付される。

　大会社（資本金5億円以上または負債総額200億円以上）については，監査役制度が強化され，大会社かつ公開会社であれば，監査役は3名以上（そのうち常勤監査役が最低1名以上，社外監査役が半数以上）を要し，監査役会が設置される。

　2003年の商法特例法に導入された委員会等設置会社制度は，会社法においても委員会設置会社として引き継がれ，2014年の会社法改正で指名委員会等設置会社と名称が改められた。取締役会のなかに過半数の社外取締役から構成される委員会（監査委員会，指名委員会，報酬委員会）を設置し，取締役が経営の監督機能を担う一方で，業務執行は執行役に委ねることにより，コーポレ

ート・ガバナンスの強化と経営合理化を目的としたものである。

さらに2014年の会社法改正により、監査役会設置会社と委員会設置会社に次ぐ株式会社の第三の機関設計として監査等委員会設置会社制度が導入された。監査等委員会設置会社は指名委員会等設置会社と同様、取締役会のなかに過半数の社外取締役から構成される監査等委員会を設置し、業務執行を行う他の取締役と同等の立場で取締役会の監督を行うことによるガバナンス強化とともに、定款によって重要な業務執行の全部または一部を取締役に委任することを可能とした経営合理化を目的としたものである。

監査役等監査基準は各社の実態に応じて規定されるものだが、以下の内容は（公社）日本監査役協会が公表している「監査役監査基準」によっている。

2　会計監査人と監査役等との連携強化の制度的背景

「企業内容の開示に関する内閣府令等の一部を改正する内閣府令」により、有価証券報告書上「コーポレート・ガバナンスの状況」の記載の一部として監査役等と会計監査人の連携に関する記載が義務づけられた。

会計監査人との関係において、監査役等の権限強化の潮流は、商法から会社法へと引き継がれ、具体的には以下のような権限を有している。

① 会計監査人の選任・解任・不再任に関する議案または議題の同意権・請求権（会344，会344の2，監査役監査基準34），会計監査人の解任権（会340）
② 会計監査人の報酬等の同意権（会399，監査役監査基準35）
③ 会計監査人から報告を受ける権限（会397）
④ 会計監査人に報告を求める権限（会397）
⑤ 会計監査人の会計監査報告の内容の通知を受ける権限（会計規130）
⑥ 会計監査人の職務遂行に関する事項の通知を受ける権限（会計規131，監査役監査基準31）

また、金商法においても、2008年4月1日以降開始事業年度より、内部統制報告制度や確認書制度が導入され、同法193の3では、公認会計士または監査法人が「特定発行者における法令に違反する事実その他の財務計算に関する

書類の適正性の確保に影響を及ぼすおそれがある事実（法令違反等事実）」を発見した場合には，遅滞なく発行者に書面で通知しなければならず，その通知を「監査役又は監事その他これらに準ずる者」が受けることとなった。このような制度的整備も背景として，監査役等と会計監査人の連携の充実強化の要請は高まっている。

なお，「会計監査人」という用語は会社法上の用語であるが，以下，金商法に基づく財務諸表監査および内部統制監査を実施する公認会計士または監査法人の場合を含めて「会計監査人」といい，特段区別しないことにする。

3　会計監査人と監査役等との連携の必要性とその効果

監査役等は，会計監査人の監査の結果の相当性を判断するのみならず，会計監査人と定期的に会合を持つことにより，緊密な連携を保ち，積極的に意見および情報の交換を行い，効率的な監査を実施するよう努めなければならない。また，監査役等は，会計監査の適正性および信頼性を確保するため，会計監査人が公正不偏の態度および独立の立場を保持し，職業的専門家として適切な監査を実施しているかを監視し検証しなければならない（監査役監査基準47，30②）。

コーポレート・ガバナンスの充実・強化へ寄与する観点から，監査役等と会計監査人の連携の必要性として以下の諸点が挙げられる。

① 監査役等の善管注意義務を果たすため
② 監査役等監査と会計監査の品質，効率向上のため
③ 会計監査人の監査結果の相当性を判断するため
④ 会計監査人の独立性，適格性についての監視を行うため
⑤ 会計監査人の報酬等に関する監査役等の同意権を適正に行使するため
⑥ 金商法の財務報告に係る内部統制に関する適切な連携を図るため

4 会計監査人と監査役等との連携に関する基本的事項

会計監査人と監査役等の連携方法は,監査役監査基準47に具体的な例示が見られるほか,(公社)日本監査役協会・日本公認会計士協会「監査役等と監査人との連携に関する共同研究報告」,(公社)日本監査役協会「会計監査人との連携に関する実務指針」,日本公認会計士協会「監査役等とのコミュニケーション」のなかで詳述されている。

連携に際して,両者の期待に相違が生じないように情報提供範囲等を事前協議事項として定めたうえで,連携を行う。詳細については「監査役等と監査人との連携に関する共同研究報告」に定められているが,年度に関する連携項目の主要なものは図表3-2-1のとおりである。会社の規模や業種,その他の状況に応じて両者間で協議を行い,効率的,効果的な連携を図ることとなる。連携の具体的方法は,会合,口頭,文書,監査役等による会計監査人の監査現場への立会等が考えられる。

図表3-2-1 会計監査人と監査役等の連携に関する基本的事項

会合時期	基 本 的 事 項
1. 監査契約の新規締結時	①会計監査人の状況および品質管理体制(不正リスクへの対応を含む。) ②監査役等と前任監査人との連携の状況
2. 監査契約の更新時	①会計監査人の再任に際しての監査役等の評価結果の概要と要望事項 ②会計監査人の状況および品質管理体制(上記1.①と同様) ③監査契約更新前に会計監査人が経営者と協議した重要な事項 ④業務執行役員または監査役・監査委員・監査等委員が交代した場合,その経緯
3. 監査計画の策定時	①会計監査人による監査計画(四半期レビューおよび内部統制監査を含む) ②監査役等による監査方針および監査計画

4. 期末監査時	①会計監査人による監査（グループ監査を含む。）の実施状況（当初の監査計画との相違点及び相違が監査時間等に与える影響を含む） ②監査計画で特定した特別な検討を必要とするリスクの状況とその対応 ③会計監査人の会計・監査上の検討事項（審査の状況を含む）および内部統制の開示すべき重要な不備または重要な不備の内容（改善状況を含む） ④会計監査人の状況および品質管理体制（上記1.①の変更点等） ⑤未修正の虚偽表示の内容とそれが個別または集計して会計監査人の監査意見に与える影響 ⑥会計監査人が要請した経営者確認書の草案 ⑦会計監査人が監査した財務諸表が含まれる開示書類におけるその他の記載内容に修正が必要であるが、経営者が修正することに同意しない事項 ⑧会計監査人の監査報告書の記載内容 ⑨会社法監査終了時点での財務報告に係る内部統制に関する会計監査人の監査の状況 ⑩有価証券報告書および内部統制報告書に関する事項 ⑪内部統制監査報告書に関する事項 ⑫監査役等の企業集団を含む監査の実施状況 ⑬監査役等の監査報告書の記載内容 ⑭監査役等の財務報告に係る内部統制の監視の状況
5. 随時	①会計監査人が監査の実施過程で発見した違法行為またはその疑いに関連する事項 ②会計監査人が会社に影響を与える不正を発見したか、疑いを抱いた事項 ③会計監査人が把握する会計上の変更及び誤謬の訂正に関する事項 ④上記①～③のほか、監査上の発見事項（軽微なものは除く） ⑤会計監査人の監査計画（グループ監査を含む。）の重要な修正に関する事項（当初の監査計画との相違点及び相違が監査時間等に与える影響を含む） ⑥上記①～⑤への監査役等の対応 ⑦監査役等が会計監査人の監査に影響を及ぼすと判断した事項

第3章

会計監査人と内部監査との連携

1 会計監査人との連携

(1) 内部監査の意義・定義

　我が国では，(一社) 日本内部監査協会が公表した「内部監査基準」のなかで，内部監査の本質を「組織体の経営目標の効果的な達成に役立つことを目的として，合法性と合理性の観点から公正かつ独立の立場で，ガバナンス・プロセス，リスク・マネジメントおよびコントロールに関連する経営諸活動の遂行状況を，内部監査人としての規律遵守の態度をもって評価し，これに基づいて客観的意見を述べ，助言・勧告を行うアシュアランス業務，および特定の経営諸活動の支援を行うアドバイザリー業務である。」と位置付けている。国際的な機関である内部監査人協会（The Institute of Internal Auditors）における内部監査の定義・位置付けと基本的な差異はないが，我が国では本質に続いて，明示的に，以下の必要性を掲げている。

- 経営目標および最高経営者が認識しているリスクの組織体全体への浸透
- ビジネス・リスクに対応した有効なコントロールの充実・促進
- 内部統制の目標の効果的達成（法定監査の実施に資することを含む）
- 組織体の各階層にある管理者の支援
- 部門間の連携の確保等による経営活動の合理化の促進
- 組織体集団の管理方針の確立と周知徹底
- 事業活動の国際化に対応した在外事業拠点への貢献

- 情報システムの効果的な運用の促進
- 効果的な環境管理システムの確立

(2) **会計監査人と内部監査との連携の意義と制度的背景**

　日本公認会計士協会では，監査基準委員会報告書610「内部監査の利用」のなかで，内部監査の適切性を評価して監査を進める場合および十分かつ適切な監査証拠を入手するために特定の内部監査業務を利用する場合の実務上の指針について定めている。また，（一社）日本内部監査協会も「内部監査の強化・推進のための提言」のなかで監査役とともに公認会計士に対しても，内部監査の積極的活用と三様監査相互間の密接な連携の推進の必要性を説いており，内部監査基準においても連携の必要性を定めている。

　会計監査人の監査は被監査会社から独立した第三者が実施する点で一定の牽制効果が期待されるが，有効な内部統制への依拠を前提とした試査により実施されることから，内部監査によって内部統制が有効かつ効果的に機能することで，会計監査人の監査の実効性がさらに高まるといえる。そのため，相互に問題点等を共有し各々の監査計画の立案に役立てるために会計監査人と内部監査との連携強化の必要性は高まっている。

2　内部監査の概要

(1) **内部監査体制の構築**

　一般に，有効な内部監査の実施を図るため，その体制整備に必要な事項として，内部監査部門の組織内における独立性の確保，内部監査要員の確保，監査上必要な権限の付与，内部監査報告経路の確保などがある。そして，有効な内部監査の実施が担保されるために，内部監査体制の構築はその基礎をなすものであるから，内部監査の意義・目的とともに基礎的な体制整備についても，社内規程等で明記されることが望ましい。

(2) 内部監査プロセス

　内部監査は内部監査体制の構築を前提として，一般には，計画 → 実施 → 報告 → フォローアップ，というプロセスを通じて進行する。内部監査の予定計画としての内部監査計画の立案に始まり，監査実施の事前準備として，必要な資料・情報を収集し，監査手続を定めた監査プログラムを作成する。

　監査の具体的な作業は，実地監査や往査等といわれ，内部監査計画および監査プログラムに則り，被監査部門が提出する資料の閲覧や，被監査部門長や実務担当者に対するインタビュー（聞取り調査）が実施されるほか，必要に応じて，保有資産の現物確認を行うこともある。監査の結果発見された事項は，被監査部門長と協議の上，監査結果として取りまとめられ，取締役会等に報告される。

　発見された事項は，被監査部門において対応計画が立案され，一定期間経過後に，内部監査人がその改善状況を確認する。これを，内部監査のフォローアップという。

① リスク分析・評価

　今日の監査実務においては，リスクアプローチと呼ばれる手法が知られている。ここでリスクアプローチとは，相対的にリスクの高い分野に優先的に監査資源を投入し，有効かつ効率的な監査の実施を図る手法のことである。監査の有効性を阻害しない範囲で，効率性をも追求することにリスクアプローチの主眼はあり，そのための前提として，リスク分析・評価が有用とされている。こうした適切なリスク評価手法（大別して，定性的評価，定量的評価がある。）の選択・適用により，リスクの高い分野・項目の特定に役立てることができ，監査計画の立案等を有意義に行うことができる。

② 内部監査計画の立案

　内部監査計画には，一般に，中長期計画，年度計画，実施計画等の種類があるが，通常は中長期計画との整合性に留意しつつ，年度ごとの監査計画を立案する。年度計画の記載事項としては，内部監査の視点・重点事項，監査対象・範囲，実施時期等がある。このうち，内部監査の視点・重点事項は，重要性の

図表3-3-1　一般的な内部監査プロセス

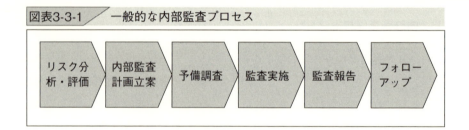

高い記載箇所であるため，リスク分析・評価を通じて判明したリスクの高い分野・項目を当該計画に反映させることになる。

③　予備調査

予備調査とは，内部監査計画に従い，監査対象項目の具体的な選定と監査プログラム（監査手続を指す。）を作成する段階をいう。組織図や社内規程等（規則や業務マニュアル等を含む。）を事前に入手し監査プログラムを作成するが，必要に応じて被監査部門長等にインタビューを実施する。また，一般的には実地監査に入る前に，被監査部門に対して監査対象資料を依頼するための通知を行う。

④　実地監査

実地監査とは，監査プログラムの実施（質問・閲覧等）により，監査証拠を入手し，監査対象に対する心証を形成する段階であり，必要に応じて保有資産の現物確認や文書保管状況の確認も行う。監査実施過程において，監査計画の立案時には予見していなかった事実を認識した場合等は，計画の修正も含め弾力的に対応する必要がある。監査の実施過程において入手した資料や，関係者へのインタビューにより把握した事項等は，監査証拠として監査調書に記録する。監査担当者によって監査調書を作成することは，上長や内部監査部門長の査閲により監査の品質確保を可能とするほか，監査担当者の育成という意味でも重要となる。

⑤ 監査報告

　被監査部門長との協議を経て取纏められた課題や問題点等は，内部監査部門長から取締役会等に適時に報告される。会計監査人による会計監査では，標準化された文言が記載される短文式の監査報告書が採用されているが，内部監査では，記載内容が必ずしも標準化に馴染まないことや，情報提供機能を重視していることから，長文式の監査報告書が採用されるのが一般的である。

⑥ 改善計画立案とフォローアップ

　内部監査において，フォローアップは特徴的な手続であり，内部監査を有意義なものとするために重要度の高いステップといえる。ここでフォローアップとは，監査結果として要改善事項と認識された事項につき，適切な改善措置が講じられたかどうかを内部監査担当者が確認する一連の過程をいう。指摘事項の内容を受入れ，実際に対応を図るかどうかは，被監査部門長や最終的には経営者の判断に委ねられている。内部監査責任者は執行の責任を負うものではないが，問題の指摘に留まらず，フォローアップを通じて業務の改善を図っていくことが重要となる。

(3) 内部監査体制の整備

　本項では，不動産業の業態にかかわらず，一般的に不動産業における内部監査体制の整備として，実務上課題となりやすい事項について説明する。

　内部監査は企業にとって任意の制度であるが，その有効性を保持するためには内部監査部門の組織上の独立性を確保するとともに，当該部門に所属する職員についても現業部門との兼職を避けるなどして内部監査人の独立性を確保する必要がある。内部監査はルーティーンワークではないことから，監査担当者には一定の業務遂行能力や実務経験が求められ，それに起因してリソース確保の問題が生じてくる。　近年では，不動産証券化の進展に伴う関係法令が整備されたことで，たとえば不動産売買では，不動産信託受益権の売買や仲介等を行えば金商法に基づく第二種金融商品取引業者としての規制が及ぶため，アセットマネジメント事業に関してのストラクチャーの理解や業規制等の概念的整理などが必要となってくるなど，内部監査の有効性を確保すべく，法令等に関

図表3-3-2　内部監査体制の整備

項　目	課　題
内部監査部門等の独立性確保	● 組織上，内部監査部門は独立性が確保されているか。 ● 内部監査人の独立性として，他部門との兼任等はないか。
内部監査人の権限・責任	● 監査の実施範囲が制約を受けず，内部監査に必要な情報・資料等へのアクセスにも制約はないか。 ● 被監査部門への質問は，制限されることなく，実施することができるか。
要員確保	● 不動産業の業界特性を含む専門的知識・経験を有する要員が確保されているか。

する広範囲かつ深度ある知見が必要となる。

(4) 内部監査に期待する役割の整理

　前記のとおり，内部監査は任意の制度である以上，内部監査の必要性が企業において認識（浸透）されてはじめて有効に遂行することができるため，経営者の意識・支援・理解が非常に重要となる。これらは社内への啓蒙機能を通じて組織内に浸透するものなので，内部監査を尊重する組織風土がなければ，いかに体制を整備しても有効な監査結果は得られないであろう。また，監査される側の意識も重要であって，指摘を受けることが減点主義的に受け止められてしまうと肝心な改善活動が進まないおそれがある。このような状況を避ける意味でも，「内部監査に何を求めるのか」という経営者の意識の明確化や社内における理解の浸透は，実務上重要な意義を持つ。

　また，監査手続や監査結果報告の面で内部監査と重複する可能性のある制度が社内に並存する場合，被監査部門に重複感などを持たせないように各制度の目的を個々に明らかにしておくことも重要となる。

　たとえば，上場企業にある内部統制報告制度や，CSA（コントロールセルフアセスメント），リスク管理，社内点検といった内部の制度がある場合，それらの目的・手法・実施時期等を峻別し，手続内容や時期等の重複を避けることも検討しておくことが望ましい。

図表3-3-3	内部監査に期待する役割の整理の概要
項　目	問題の所在
組織風土の形成	● 社内に内部監査を尊重する風土があるか。 ● 監査上の指摘を受けることが減点主義的に受け止められてしまうと，肝心な改善活動が進まないことがある。
内部監査の具体的な位置付け	● 内部監査は法定の制度ではなく，任意の制度であるから，内部監査の目的や位置付けを明確にする必要がある。 ● 内部監査のほかに，内部統制報告制度，CSA，リスク管理等の制度が社内に並存する場合，それぞれの目的が混同されたり，手続実施の重複を避けるよう留意が必要。

(5) 重点項目の絞込みと監査計画の立案

　リスクの高い領域や重点項目を監査計画に反映するためには，リスクアプローチの手法が有用であると触れた。監査計画の立案に先立ち，「どこに監査リスクが存在するのか」を特定すべくリスク評価・分析が実施されていることが望ましい。一般に，内部統制報告制度が導入されている上場企業ではリスク管理の実践が進んでいる傾向にあるが，中にはリスク分析・評価の実施が不十分なため，内部監査のほかにもリスク管理体制の構築を課題として認識している企業もある。

(6) 内部監査報告とフォローアップ

　内部監査報告に関して実務上留意すべき事項として，明瞭性・完全性・適時性等が挙げられる。明瞭性とは端的に分かりやすく誤解のないようにという趣旨であり，完全性とは漏れなく報告されるようにという趣旨であり，適時性とは適切なタイミングで報告されるという趣旨である。

　監査報告後におけるフォローアップに関する留意点としては，改善計画に準拠して改善が進んでいるかの進捗を確認するほか，具体的な改善措置の検討に際して被監査部門からの問合せがあれば必要な指導・助言を行うことなども含まれる。そして，改善措置の対応に一定期間を要する事項もあるが，措置対応が放置されるなどして監査上同様の指摘を繰返し受けるような状況は避けるべきである。

第4章

不動産会社における内部監査の実務

　本章において，総論では，不動産会社における内部監査上の一般的な留意事項について触れる。各論では，総合デベロッパー（主に開発・分譲事業，賃貸事業），不動産仲介業者（主に売買・賃貸仲介），および不動産アセットマネジメント会社を想定し，監査上の課題等を個々に整理する。

1　総論

　不動産業に限らず，有効な監査の実施を実施するためには，(1)「内部監査の目的は何か」「どのような体制で監査を行うのか」を明確にした上で内部監査に係る規程や規則等を整備すること，(2) リスクアプローチに基づき監査資源を有効かつ効率的に活用する監査計画を立案し相対的にリスクが高い分野には十分な時間をとること，(3) 主要な論点の洗出しは早期に行うこと，および(4) 被監査部門長と問題の所在についての認識を共有しておくことが重要となる。

　指摘事項を取纏める際は，被監査部門との十分な協議に基づき，監査する側・される側，双方が納得できるものであることが必要となる。実際の監査現場では，提出資料の閲覧のみで監査結果を導くのではなく，被監査部門から事実関係等のヒアリングを十分に行い，問題の所在を明らかにしていく慎重な姿勢が求められる。

　監査手続の実施後は，実施過程にて入手した資料や結果等を監査調書として調書化する必要がある。監査調書の記載が不十分であると，監査の実施過程が

事後的に検証できない可能性があるため，監査結果や監査により判明した問題の所在のみならず，いかなる手続を行い，どのような監査証拠を得たのかを調書化し，その調書の内容を第三者がレビューすることが必要となる。

監査プロセスの終盤には監査報告が行われるが，報告内容が明瞭かつ完全であるほか，報告の適時性が重要となる。取締役会等への報告は適時に行われる必要があるが，重要度の高い事項であれば経営者に早期に報告する必要もあろう。

最後に，フォローアップのプロセスでは，確実に改善措置状況を確認することが重要になる。

以上を踏まえ，内部監査全般の課題事例として，図表3-4-1のような内容が挙げられる。

図表3-4-1　内部監査全般の課題事例

項　目	内　容
監査計画の立案	●リスクアプローチに基づき，監査資源を有用かつ効率的に活用しているか。 ●監査計画書は作成されているか。
内部監査の実施	●内部監査に係る規定と実務に乖離がなく，規定に従って監査が実施されているか。 ●内部監査にて検出された事項について，被監査部署との十分な協議ができているか。
監査調書の作成・査閲	●監査調書には，監査実施過程を事後検証するに足る記録が残され，査閲されているか。
監査報告／フォローアップ	●監査報告は，適時に取締役会等に行われているか。 ●フォローアップは失念することなく，適切な時期に，被監査部門による改善措置状況が確認されているか。

2　総合デベロッパー（主に開発・分譲事業，賃貸事業を中心に）

(1) 開発・分譲事業

　開発事業に関しては，部分的に同時進行する業務プロセスもあるが，一般には，事業計画書の策定 → 用地取得 → 開発許可申請 → 土地の造成 → 造成工事の完了公告 → 建築確認申請 → 建物の建設 → 竣工検査，という流れで業務が進行する。

　事業計画書の策定においては，事業の実現可能性が十分に検討されていることが肝要であるが，それをブレークダウンした個別論点としては，資金計画の立案，プロジェクトメンバーの選定，用地取得の見通し（取得に要する期間と予算の検討等）のほか，環境問題や違法性関連事項の把握等が考えられる。内部監査においては，それらの個別要因がプロジェクト特性に見合って十分に検討されたかという点や，社内手順，社内決裁プロセスへの準拠性を検証することとなる。また，資金調達はプロジェクト全体に与える影響が大きいことから，資金調達手法等の検討過程や，金銭消費貸借契約書等に対するリーガルチェックなどが考えられる。

　用地取得においては，個別業務の社内規程等への準拠性確認のほか，各種デューデリジェンス（物的調査，法的調査，経済的調査等）に係る論点がある。法的調査については，多岐にわたる不動産に関する関連法令に照らして漏れなく遵法性調査・確認が十分に行われ，かつ，取得決裁されているかを確認する必要がある。また，価格算定については，不動産鑑定評価書の検証を含め算定プロセスの妥当性を確認することや，プロジェクト全体の観点から用地取得に関する進捗管理の状況を確認すること等が考えられる。

　各種申請においては，行政機関と事前に不明事項を確認してスケジュール調整を行うなど，各種申請は監査上も留意する必要がある。また，建物の建築には建築確認申請の事務手続の確実な履行のほか，工事計画および収支予算の進捗管理も重要になる。特に開発事業では，一定規模のプロジェクトであるため，総合建設会社（ゼネコン），CM（コンストラクションマネジメント）業者，デューデリジェンス委託業者，工事業者等，さまざまなプレーヤーが関与する

点に留意した監査を行う必要があるほか，工事発注管理に関する監査を実施する必要がある。

　分譲事業に関しては，造成工事の完了公告後に建築確認申請が下りれば販売活動が開始される。その後，広告規制への対応，重要事項説明に係る適切な対応，売買契約書のコンプライアンスチェック，苦情処理対応等，業務管理が多岐にわたる。

　監査上は，以上のような事業特性と各業務プロセスに内在するリスクの所在を正確に捉えることが重要となる。そのため，実地監査においては詳細な事実確認に努める必要があるが，資料の閲覧のみでは検討経緯や判断過程が分からないことも多いことから，プロジェクト責任者のみならず各業務担当者へのヒアリングに相当の時間を要することになる。さらに，業務委託の論点も多いことから，委託先選定や委託先によって実行された業務品質の確認に関する監査項目も存在する。以上を踏まえ，開発・分譲事業における監査項目事例として，次頁の図表3-4-2のような内容が挙げられる。

(2)　賃貸事業

　賃貸事業に関しては，ポートフォリオ戦略，リーシング業務，物件管理業務（収支・経理を含む。），その他（内部管理等）に大別して説明する。事業特性を見ると，開発事業のようなプロジェクトものとしての側面より，むしろ日常の業務活動としての側面が多く，管理活動に留まらずリーシングのような営業活動もその範疇にあることから，業務担当者としては広範な業務範囲をカバーしている。さらに，管理者層にとっても管理対象が広範囲となってくる。そのため，管理者に過度の負担なくいかに業務品質を確保しているかどうかを意識しながら監査を行っていくことが有効であると考えられる。

　ポートフォリオ戦略においては，賃貸事業は一般に事業方針に基づき中長期計画が策定され，年初の予算編成時に組込まれる年度計画が策定されるが，中長期計画あるいは年度計画の立案では通常，ポートフォリオの組換えも併せて検討される。そのため，不動産仲介会社等からのテナント情報の入手や近隣の賃料相場の調査等を踏まえた賃料改訂の状況の把握のほか，稼働率が向上しない物件や自社のポートフォリオ戦略にそぐわなくなった物件の抽出・検討のプ

図表3-4-2　開発・分譲事業における監査項目事例

項　目	内　容
事業計画書の策定	●検討過程において，当該事業の実現可能性が十分に検討されているか（資金計画，共同事業者を含むプロジェクトメンバーの選定，用地取得の見通し，環境問題や遵法性に関連した事項の把握，エグジットプラン，販売計画等）。 ●事業計画書は，社内の決裁過程を経て決定されているか。 ●事業計画の進捗は，適切に管理されているか。
資金調達	●事業特性を勘案のうえ，資金調達方法，借入条件・期間，借入先候補の選定等が検討されているか。 ●開発期間，販売計画等と借入期間とのバランスのほか，事業上の収支（ストレスシナリオを含む）を検討のうえ，資金調達・返済が検討されているか。 ●金銭消費貸借契約書のリーガルチェックは実施されているか。
用地取得	●土地情報は，採番等によって管理されているか。 ●売主の調査は，社内基準等に則り実施されているか。 ●関連法令（宅建業法，建築基準法，都市計画法，条例等）の準拠性チェックは，実施されているか。 ●各種デューデリジェンスは適切に実施されているか（委託業者選定　デューデリジェンス・レポート内容の検証等）。 ●価格算定は，定められた社内手順に則り行われているか。 ●用地取得は，社内の決裁過程を経て行われているか。 ●用地取得計画の進捗は，適切に管理されているか。
開発許可確認申請	●関連法規，条例等の法令等遵守の検証が行われ，不明点は行政機関，法務部門，法律専門家等に確認しているか。 ●開発許可申請前に，行政機関と事前に不明事項の確認・スケジュール調整を行う等，申請に支障が生じないよう対応しているか。
土地造成・建物建設（直営・外注）	●工事発注方式は，プロジェクト特性に見合っていることが確認されており，適切に発注管理されているか。 ●発注に関する契約は，適切に管理されているか。 ●CM（コンストラクションマネジメント）業者の選定は適切であるか。 ●有効なプロジェクトマネジメントのもとに，事業計画の進捗度，全体工期が把握されているか。 ●工事完了時において，完了検査のうえ，検査済証の交付を受けているか。

販売業務	●仲介業者の選定は、社内基準等に則り行われたか。 ●重要事項説明書および売買契約書の内容チェック、ならびに顧客への説明は適切に実施されたか。 ●販売に関する契約は、社内の適切な決裁過程を経て行われているか。 ●広告に関する関連法令への準拠性は事前確認されているか。 ●販売計画の遅延等、進捗管理されているか。
物件在庫の管理	●物件在庫は、管理方針や手順を定め、適切に管理されているか。

ロセスが社内に整備されているかなどを監査上確認することが有効であると考えられる。

　リーシング業務においては、リーシング方針等に準拠した計画立案過程の適切性、リーシング活動の履行状況、テナントの信用調査、重要事項説明の適正な履行のために必要な社内体制の整備状況の確認のほか、未収賃料管理、仲介手数料に関する遵法性確認などの監査項目が挙げられる。

　物件管理業務においては、工事管理、法定点検、遵法性確認、苦情・事故処理対応等があるが、こうした業務にはマニュアル化できるものが多く含まれている。物件管理を委託している場合には、委託会社の選定や業務品質の検証も監査対象に含まれるが、物件収支や経理関連の事務処理も定型的な業務が多いことから、監査上は業務マニュアルの整備・運用状況を確認することが考えられる。また、苦情・事故対応については、情報入手ルートの確保や社内における報告体制の整備状況を監査上確認することになるが、その際に発生時の報告体制・事後の対応措置状況・再発防止策の検討まで含めることが効果的であると考えられる。その他、賃貸物件の時価の把握という監査項目も挙げられる。これは、原則として上場企業等に賃貸等不動産の時価等の開示に対応する必要があることを受けて、所管部門において時価情報・含み損益等を把握するための体制が整備されているかという、財務諸表の開示に関連した事項である。

　以上を踏まえ、賃貸事業における監査項目事例として、次頁の図表3-4-3のような内容が挙げられる。

図表3-4-3　賃貸事業における監査項目事例

項　目	内　容
事業方針	●賃貸事業に関する事業方針は明確であり，中期計画・年度計画等との乖離はないか。 ●賃貸事業における各物件のポートフォリオ（用途別・所在地別等）の見直しは定期的に行われているか。
リーシング	●リーシング方針は明確であり，書面化されているか。 ●リーシングにおける情報の収集・管理，各種リーシング業務は，社内基準等に準拠しているか。 ●テナントおよび仲介会社の信用調査は，社内基準等に則り実施されているか。 ●仲介手数料の遵法性を確保する体制は整備されているか。
物件管理	●重要事項説明書の説明や交付は適切であるか。 ●物件に関する遵法性の検証は実施されているか。 ●物件管理業務を委託している場合，委託業者の選定は適切であり，業務品質は検証されているか。 ●工事実施に関する社内手続は明確であるか。
物件収支の管理	●法定点検（昇降機，消防等）は計画的に実施されているか。 ●月次物件収支報告の作成や内容の確認手続は明確であるか。 ●延滞債権の管理・督促等の社内手順は明確であるか。 ●敷金その他預託金の返還，事務処理手続は明確であるか。
経理関連	●月次・決算時の経理処理手続はマニュアル化されているか。 ●経理部門等の関連部署との業務分掌は，明確か（物件収支の月次管理担当者と，主計部門との役割，責任の所在等）。
苦情・事故対応	●発生時における報告体制，事後の対応措置状況や再発防止策の検討を行う体制が整備されているか。
賃貸物件の時価の把握	●「賃貸等不動産」の定義に該当する物件は，時価情報・含み損益等を把握する体制が整備されているか。

(3) その他（内部管理等）

その他（内部管理等）として，社内規程等の整備状況，各種決裁書・議事録の作成状況，情報管理体制，文書保管に関する監査上の留意点について説明する。

社内規程等の整備状況を確認する際は，社内規程のほか，業務マニュアル類（フローチャート，チェックリスト等を含む。）についても検討することが必要となるが，これは業務マニュアル類を整備することで，ミスの防止等につながり，ひいては業務品質の確保につながるためである。

各種決裁書・議事録の作成状況については，各案件の審議・報告の内容が記載されているかどうか，事後的にどのような審議・報告が行われたかまで把握できる記載となっているかどうかといった記録面や，決裁欄等の閲覧により決裁権限規程等に準拠しているかどうかを監査上確認することが考えられる。併せて，決裁等に必要な添付書類が十分かどうかも確認する必要がある。

情報管理体制については，社内規程等の閲覧により情報管理のための体制が整備されているかどうかの確認のみならず，実際の運用状況を確認する必要がある。

最後に，文書保管については，保管責任の所在や各文書の保存年限の明確化に加え，委託先が保管している文書も含めた保管場所別の管理ができているかなど，情報漏えいリスクも見据えた監査を行うと効果的であると考えられる。

3 不動産仲介業者

仲介事業の業務は，一般に，依頼人との面談に始まり，物件確認・調査を経て，価格査定に関する助言を行う流れになる。物件確認・調査は多数の確認項目を含んでおり，また，価格査定は顧客に対して査定根拠を合理的に説明する必要がある。確認・調査項目についてのチェックリストや手順書，査定シート等の整備状況および運用状況について，内部監査の実施に際し十分に確認する必要がある。

媒介契約締結に際しては，依頼人の審査事務手続を行う。当該契約後には，

重要事項説明や契約締結に関する事務となり，法令遵守が主な論点となる。所定の審査手続を経ているか，契約書雛形が整備されているかなどに加え，有効なチェック体制を担保するための定期的な社内研修の実施状況等も確認する必要がある。

なお，不動産信託受益権の代理・媒介行為を営む場合には，第二種金融商品取引業者として金商法上の業規制に対応する必要があるほか，法令等遵守態勢や内部管理態勢等の金融商品取引業者として備えるべき態勢を整備する必要がある。現物不動産の仲介業務のみを取扱っている場合でも，宅建業法，都市計画法，建築基準法，各種広告規制等，関連法令の範囲は広いが，金商法の適用を考慮すると，法令等遵守態勢や内部管理態勢等の整備のほか，その運用状況を検証するための監査態勢の充実が求められてくる。

以上を踏まえ，不動産仲介事業における監査項目事例として，次頁の図表3-4-4のような内容が挙げられる。

4 不動産アセットマネジメント会社

不動産アセットマネジメント会社（以下「AM会社」という。）は，投資家またはその資金を集めた顧客の委託を受けて資産の運用（上場リート，私募リート，投資一任スキームの私募ファンド等），または，助言（投資助言スキームの私募ファンド等）を行っている。したがって，AM会社は投資家保護および公正な市場形成等の観点から，適切に経営管理や内部管理等の態勢を構築することが望まれる。

また，多くのAM会社は金商法における金融商品取引業（投資運用業および（または）投資助言代理業）の登録を行っている。したがって，内部監査における監査項目を選定するに際しては，金商法等の関係法令および自主規制機関の規則（以下「法令等」という。），主務官庁が所管する各ガイドライン（金融庁「金融商品取引業者等向けの総合的な監督指針」（以下「監督指針」という。）」，証券取引等監視委員会「金融商品取引業者等検査マニュアル（以下「検査マニュアル」という。）」，などに示される確認項目等を十分に踏まえる必要がある。

第4章　不動産会社における内部監査の実務　351

図表3-4-4　不動産仲介事業における監査項目事例

項　目	内　　容
依頼人との面談	●依頼人との面談における調査事項，入手すべき書類はあらかじめチェックリストを利用することなどにより，チェック項目の漏れを防止しているか。
物件確認・調査	●聞き取り調査した事項は，記録として残されているか。 ●媒介対象物件に関する調査（権利関係の把握，遵法性調査のほか，調査のための必要資料の入手等を含む。）および実地検分は，社内基準等に準拠して適切に実施されているか。 ●物件確認・調査は漏れなく実施されており，担当者によって確認項目等に差異が生じていないか。
価格・賃料査定	●価格査定は，合理的な根拠に基づいて行われているか。 ●賃料査定（賃貸の媒介の場合）は，周辺成約事例や募集賃料等，賃料相場に関するデータ等の合理的な根拠に基づいて行われているか。
媒介契約書の締結	●依頼人に関する調査は，社内基準等に準拠して適切に実施されたか。 ●媒介契約締結に際しては，社内の審査手続を経ているか。 ●媒介契約書の標準雛形は整備されているか。
重要事項の説明	●重要事項説明書のコンプライアンスチェックが行われており，記載に漏れがないことを確認しているか。 ●重要事項の説明は，宅地建物取引主任者によって行われているか。
契約締結，精算・決済事務	●契約書ドラフトの内容確認が行われ，契約事務が適切に執り行われているか。 ●精算・決済事務は，漏れがなく確実に履行されるための体制が整備されているか。媒介報酬は，宅地建物取引業法に準拠しているか。
その他	●不動産信託受益権取引の代理・媒介行為を営む場合には，第二種金融商品取引業者として業規制対応が図られており，金融商品取引業者としての態勢が整備されているか。 ●広告に関する関連法令への準拠性は，事前確認しているか。 ●宅地建物取引主任者の配置は適切であるか。 ●社内情報（個人情報を含む。）の管理について，本社機構の体制整備ならびに各営業店の管理体制は整備されているか。 ●苦情やトラブル等に対しては，適切に対応しているか。 ●指定流通機構への登録等に関する事務手続は，適時適切に行われているか。

(1) 基本的考え方

　AM会社の業務運営における，最も重要な概念かつ基本的義務は，「フィデューシャリー・デューティー」である。

　「フィデューシャリー・デューティー」とは，一般的に，①委託者（顧客）のために，②裁量性をもって，③専門的能力（不動産および金融に関する専門家として能力）を提供する者の義務と解されている。また，一般的に，「フィデューシャリー・デューティー」とは「善管注意義務」および「忠実義務」が主な構成要素と解されている。善管注意義務とは，個人的資質・能力に依拠するものではなく，行為者の職業・社会的地位に対して要求される注意義務（つまり，不動産の投資運用または助言の専門家として要求される注意義務）である。忠実義務とは，顧客の利益にのみ専念する義務である。善管注意義務および忠実義務については，一般法における理念であることに加えて，金商法において規定が設けられている。

　また，AM会社の業務運営においては，利益相反管理も重要である。日本のリートや私募ファンド市場においては，スポンサー企業のグループとしての総合力の発揮（いわゆる「スポンサーコラボレーション」）に期待する投資家が存在する一方，それがゆえに，利益相反のおそれのある取引も少なからず見受けられる（例：物件の売主＝利害関係人等）。これについては，ほぼすべての投資運用業者や投資助言代理業者が，金融商品取引業の登録時に利益相反管理に関する規程を整備している。

(2) 主な監査項目

　AM会社の内部監査においては，不動産等の投資運用の各プロセス（不動産等の取得，運用管理，売却，開示等）において，フィデューシャリー・デューティーを適切に履行しているか，利益相反管理は実質的に機能しているか（投資家の利益を不当に損ねていないか），その証跡は十分か，という基本的考え方に立ち，被監査部署の業務執行状況を検証する必要がある。

　具体的監査項目については，関係法令等，監督指針および検査マニュアルにおける確認事項等や過去の検査指摘事例および行政処分事例を踏まえて策定す

ることが多い。たとえば，設立間もないAM会社においては，内部管理等態勢の整備状況の検証するために，検査マニュアルにおける「経営管理態勢」「法令等遵守態勢」「内部管理態勢」「リスク管理態勢」「危機管理態勢」における各確認項目に関して準拠性を調査する事例が見受けられる。また，たとえば設立後一定水準の内部管理等態勢が整備されたAM会社においては，同態勢の運用状況を検証するために，個別取引をサンプリングして不動産等の投資運用プロセスにおける諸手続の適正性について調査する事例が見受けられる。

　たとえば，不動産等の取得プロセスにおける監査項目事例として，次頁の図表3-4-5のような内容が挙げられる。

(3) 内部監査人に求められる専門性

　AM会社に対しては，一般的な事業会社と比べて適用される法令等が多い。たとえば，上場リートのAM会社の場合，①一般的な企業経営に関する法令等（例：会社法，民法，刑法等）に加えて，②資産運用会社としての業務運営に関係する法令等（例：金商法，投信法，宅建業法，投信協会の諸規則，金融商品取引所の諸規則等）およびガイドライン（例：監督指針，検査マニュアル等），③不動産に関係する法令等（例：建築基準法，消防法，各地の条例等）が適用される。

　したがって，AM会社の内部監査人に求められる専門性として，一般的な内部監査のフレームワークや不動産アセットマネジメントビジネスに関する知見に加え，これら関係法令等および主務官庁が所管するガイドラインに関する知見が必須となる。

図表3-4-5　AM会社の不動産等取得プロセスにおける主な監査項目事例

項　目	内　容
不動産等の取得	
ソーシング	●物件情報は台帳により一元管理され、検討対象物件、検討対象外物件が明記されているか。 ●売主との交渉記録が作成されているか。
初期検討	●投資基準との整合性を確認、記録しているか。「原則」基準から外れる物件を検討するに際しては、検討理由が記載されているか、同理由は合理的か。
AM価格査定	●アセットマネジメント会社における価格査定（以下「AM価格査定」といい、査定された価格を「AM査定価格」という。）算定様式（Discounted Cash Flow法（DCF法）、DCF法・直接還元法併用、等）は整備されているか。 ●入力値の正確性、計算ロジックについて、複数名によるチェックを実施しているか ●入力値（賃料、空室率、修繕費等）の採用根拠について、記載されているか。同根拠は妥当か ●AM査定価格が変更となる場合には、同変更の理由が記載されているか、同根拠は妥当か。 ●資本的支出について、エンジニアリングレポート（以下「ER」という。）と異なる数値を採用する場合には、理由が記載されているか、同理由は妥当か。 ●AM査定価格と不動産鑑定評価額との差異について、分析し、記録しているか。
デューデリジェンス	【デューデリジェンス全般】 ●デューデリジェンス（以下「DD」という。）実施項目（経済的要因、物理的要因、法的要因）はチェックリスト等により明示されているか、同項目は適切か。 ●DD実施結果（経済的要因、物理的要因、法的要因）はチェックリスト等により記録されているか。当初識別された問題点および治癒の過程が記録されているか。 ●ポスクロ事項について記録し、適切に運用管理部門に引継がれているか。 【DD委託先の選定】 ●DD委託先（不動産鑑定会社等）選定基準は整備されているか。同基準に基づき、DD委託先は適切に選定されているか。

	【DD成果物のチェック】 ● DD委託先（不動産鑑定会社等）への提供資料について，適切に管理しているか。 ● DD成果物（不動産鑑定評価書等）の検収に際して，チェックリスト等により確認項目が明示されているか，同項目は適切か。 ● DD成果物（不動産鑑定評価書等）の検収に際して，上記チェックリストを用いて，確認を実施しているか（例：不動産鑑定評価書については，提供資料（レントロール，ER等）との整合性等）。 ● 不動産鑑定会社の独立性を損ねる働きかけ（いわゆる「依頼者プレッシャー」）を行っていないか。 ● 不動産鑑定会社との間で，質問およびその回答記録を作成しているか。不動産評価額が変更となる場合，ドラフトベースであっても，変更理由の説明を受けているか。
意思決定	● 取得検討物件のメリット・デメリット，取得後のポートフォリオへの影響について，十分かつ適切な審議が行われているか。 ● 審議の適切性確保の前提として，議案記載事項および添付資料（DDチェックリスト，鑑定チェックリスト，ERチェックリスト，鑑定サマリー，AM価格査定シート，等）は十分であるか。
利益相反管理	【利害関係人等からの物件取得】 ● ポートフォリオ構築上，取得の必要性はあるか（不必要な取引ではないか）。 ● 取得価額は妥当であるか（例：取得価額は，不動産鑑定評価額＋諸費用以下であるか）。 【利害関係人等への媒介業務の委託】 ● 媒介業務委託の必要性はあるか。 ● 媒介報酬と委託業務量との整合性は確保されているか。（単に宅建業法に定める上限以下のため問題なしとしていないか。）

◆参考文献◆

あずさ監査法人『経営に資する統合的内部監査』東洋経済新報社，2009年
あずさ監査法人／KPMG編『国際財務報告基準の適用ガイドブック第4版』中央経済社，2010年
あずさ監査法人『平成26年改正会社法対応　取締役・執行役・監査役実務のすべて』清文社，2014年
あずさ監査法人編，山田辰巳責任編集『詳細解説 IFRS実務適用ガイドブック（第2版）』中央経済社，2016年
磯村幸一郎『最新 不動産業界の動向とカラクリがよ〜くわかる本』秀和システム，2008年
伊藤歩『最新 データで読む産業と会計研究シリーズ＋α　不動産［改訂版］』産学社，2009年
大澤茂雄『図解 いちばんやさしく丁寧に書いた不動産の本』成美堂出版，2016年
岡本正治・宇仁美咲『詳解 不動産仲介契約』大成出版社，2008年
川北博『会計・監査業務戦後史』日本公認会計士協会出版局，2008年
川口有一郎（監修）『不動産証券化協会認定マスター養成講座テキスト　第三分科会：不動産証券化商品の組成と運用』不動産証券化協会（編集，発行），2009年
川口有一郎，三菱UFJ信託銀行株式会社不動産コンサルティング部（著），日経不動産マーケット情報（編）『不動産マーケット再浮上の条件』日経BP出版センター，2009年
鑑定評価基準委員会編著・公益社団法人 日本不動産鑑定士協会連合会監修『要説 不動産鑑定評価基準と価格等調査ガイドライン』住宅新報社，2016年
木村一夫『組合事業の会計・税務（第3版）』中央経済社，2012年
国税庁HP『平成29年分の路線価等について』
国土交通省『建築着工統計調査報告（平成20年計分）』
国土交通省HP『国土交通省告示　宅地建物取引業者が宅地又は建物の売買等に関して受けることができる報酬の額』
国土交通省HP『住宅瑕疵担保責任保険について』
国土交通省HP『土地区画整理事業』
国土交通省HP『市街地再開発事業』
国土交通省HP『平成29年地価公示について』

国土交通省HP『平成29年都道府県地価調査について』
証券取引等監視委員会『金融商品取引業者等検査マニュアル』
杉本茂監修・さくら綜合事務所編『特定目的会社の実務ハンドブック(第2版)』中央経済社, 2015年
住信基礎研究所『Reserch Report 今日のプロパティマネジメント（PM）のありかたおよびPM評価システムについて』2003年2月1日
瀬川昌輝・鼠屋政敏・腰高夏樹・小島正二郎『実践解説！不動産ビジネスのカタカナ語』丸善, 2005年
関孝哉『コーポレート・ガバナンスとアカウンタビリティ論』商事法務, 2008年
(公社) 全国ビルメンテナンス協会HP『ビルメンテナンス業の業務体系と主な資格』
綜合ユニコム『月刊プロパティマネジメント』112号
竹宮裕二監修・渥美坂井法律事務所外国法共同事業,有限責任あずさ監査法人,KPMG税理士法人編『不動産投資法人（REIT）の理論と実務』弘文堂, 2011年
田辺信之（著者），田中俊平（監修），日本不動産マーケット情報（編集）『基礎から学ぶ不動産実務と金融商品取引法 ―変化を読む，対策を知る，利益につなげる―』日経BP出版センター, 2008年
千葉喬監修・不動産総合研究会編『プロ必携マニュアル　不動産取引の実務　改訂第7版』週刊住宅新聞社, 2008年
千葉喬監修・不動産総合研究会編『プロ必携マニュアル　不動産賃貸管理の実務　改訂版』週刊住宅新聞社, 2008年
塚本英巨／内田修平／髙木弘明『改正会社法下における実務のポイント』商事法務, 2016年
東京商工リサーチ『全国倒産企業状況』
都市未来研究所『不動産売買実態調査』
友杉芳正『スタンダード監査論（第3版）』中央経済社, 2009年
内閣府民間資金等事業推進室（PFI推進室）HP『PFI事業導入の手引き』
内閣府民間資金等事業推進室（PFI推進室）HP『PPP/PFIとは』
内閣府民間資金等事業推進室（PFI推進室）HP『PFI推進委員会総合部会・総合部会検討会第30回総合部会資料2-3『公共施設等運営権制度の概要』
日本監査役協会『会計監査人との連携に関する実務指針』2014年4月10日
日本監査役協会，日本公認会計士協会『監査役等と監査人との連携に関する共同研

究報告』2013年11月7日
(一社)日本コンストラクション・マネジメント協会HP
日本ビルヂング協会連合会『不動産経営管理業務委託契約書作成の手引き』
日本ビルメンテナンス協会『BM業務とBM業界』(http://www.j-bma.or.jp/bm/)
(公社)日本ファシリティマネジメント協会HP
(公社)日本不動産鑑定士協会連合会HP『不動産鑑定評価書　活用例』ほか
(一財)日本不動産研究所HP
(一社)日本リゾートクラブ協会　HPの冒頭にある，リゾートの語源の解説
八田進二編『会計・監査・ガバナンスの基本課題』同文舘出版，2009年
羽藤秀雄『新版公認会計士法 —日本の公認会計士監査制度—』同文舘出版，2009年
ビーエムジェー『不動産流通の現場から見るマーケットの現状と今後』『リアルエステイトマネジメントジャーナル』114号
ビーエムジェー『2009年版不動産証券化・不動産金融 総覧』2009年
(一社)不動産協会『日本の不動産業2017』2017年
不動産経済研究所HP『首都圏マンション市場動向』，『近畿圏マンション市場動向』
(一社)不動産証券化協会『不動産証券化ハンドブック2017』2017年
(一社)不動産証券化協会『不動産投資法人(Jリート)設立と上場の手引き(第三版)』2016年
(一社)不動産証券化協会HP『J-REIT　View　J-REIT市場の概況』
(一社)不動産証券化協会HP『銘柄別投資口価格』
プロネクサス『不動産投資法人 有価証券報告書作成の手引き(平成29年度版)』プロネクサス，2017年
三井住友信託銀行HP　調査月報2014年2月号『社会資本整備におけるPPP/PFIの可能性』
矢部樹美男『図解雑学　不動産業界のしくみ』ナツメ社，2009年
山浦久司『会計監査論(第5版)』中央経済社，2008年
(公社)ロングライフビル推進協会(BELCA) HP
脇本和也『最新J-REITの基本と仕組みがよ〜くわかる本』秀和システム，2008年
CSRデザイン環境投資顧問HP
EPRA　Best Practice Recommendations July 2009
GRESB HP https://gresb.com/

■ 執筆者一覧

[第1編　経営]

松本　大明	パートナー，公認会計士		第1章，第3章
佐藤　茂	パートナー，公認会計士		第2章

[第2編　会計・税務]

倉持奈美子	パートナー，公認会計士		第1章
荒川　良介	マネジャー，公認会計士		第2章
田代　大輔	マネジャー，公認会計士		第3章
橋爪　宏徳	パートナー，公認会計士		第4章
渡辺　菊俊	シニアマネジャー，公認会計士		
澤井　正人	KPMG税理士法人，シニアマネジャー，税理士		
柿園　明彦	KPMG税理士法人，シニアマネジャー，税理士		
花島　敏之	KPMG税理士法人，マネジャー，税理士		
大西　重延	シニアマネジャー，公認会計士		第5章
坂井　知子	KPMG税理士法人，シニアマネジャー，税理士		
桑井　秀治	マネジャー，不動産鑑定士		第6章
上杉　篤史	マネジャー，不動産鑑定士		
尾形　英菜	マネジャー，不動産鑑定士		
佐藤　茂	パートナー，公認会計士		
山田　朋宏	シニアマネジャー，公認会計士		
土江　浩平	マネジャー，公認会計士		第7章
藤井　伸也	マネジャー，公認会計士		
植木　恵	パートナー，公認会計士		第8章
新井　貴之	シニアマネジャー，公認会計士		

[第3編　監査]

村尾　宏	シニアマネジャー，公認会計士		第1章，第2章，第3章
北川　真也	シニアマネジャー，CIA		第4章

【レビュアー】

伊藤　浩之	パートナー，公認会計士
小澤　季広	パートナー，米国公認会計士
高橋　秀和	パートナー，公認会計士
田澤　治郎	パートナー，公認会計士
深井　康治	パートナー，公認会計士
松井　貴志	パートナー，公認会計士

中村　太郎　KPMG税理士法人，パートナー，税理士
半田　太一　KPMG税理士法人，パートナー，税理士
松本　直之　KPMG税理士法人，パートナー，税理士

【編集責任者】
　貞廣　篤典　パートナー，公認会計士

【編集】
　松本　大明　パートナー，公認会計士

《編者紹介》

有限責任 あずさ監査法人

有限責任 あずさ監査法人は，全国主要都市に約6,000名の人員を擁し，監査や保証業務をはじめ，IFRSアドバイザリー，アカウンティングアドバイザリー，金融関連アドバイザリー，IT関連アドバイザリー，企業成長支援アドバイザリーを提供しています。

金融，情報・通信・メディア，パブリックセクター，流通・小売業，エネルギー，製造など，業界特有のニーズに対応した専門性の高いサービスを提供する体制を有するとともに，4大国際会計事務所のひとつであるKPMGインターナショナルのメンバーファームとして，154ヵ国に拡がるネットワークを通じ，グローバルな視点からクライアントを支援しています。

業種別アカウンティング・シリーズ⑦
不動産業の会計実務（第2版）

2010年7月20日　第1版第1刷発行	編　者　あ　ず　さ　監　査　法　人
2011年8月20日　第1版第4刷発行	発行者　山　本　　　　継
2018年7月20日　第2版第1刷発行	発行所　㈱中　央　経　済　社
	発売元　㈱中央経済グループ
	パブリッシング

〒101-0051　東京都千代田区神田神保町1-31-2
電　話　03（3293）3371（編集代表）
　　　　03（3293）3381（営業代表）
http://www.chuokeizai.co.jp/
印刷／文唱堂印刷㈱
製本／誠　製　本　㈱

© 2018
Printed in Japan

＊頁の「欠落」や「順序違い」などがありましたらお取り替えいたしますので発売元までご送付ください。（送料小社負担）

ISBN978-4-502-26021-6 C3034

JCOPY〈出版者著作権管理機構委託出版物〉本書を無断で複写複製（コピー）することは，著作権法上の例外を除き，禁じられています。本書をコピーされる場合は事前に出版者著作権管理機構（JCOPY）の許諾をうけてください。
JCOPY〈http://www.jcopy.or.jp　eメール：info@jcopy.or.jp　電話：03-3513-6969〉